Entdecke die Welt der

Tiere

Margot Hellmiß • Hermut K. Geipel

gondolino

Inhalt

Afrika   82

Vorwort

Bunte Papageien krächzen aufgeregt durcheinander. Lustige kleine Affen schwingen sich behände von Ast zu Ast. Eine Riesenschlange hebt ihren Kopf und rollt sich langsam aus ihrem Versteck. Hinter dunklen Büschen richtet sich ein Gorilla majestätisch auf und brüllt durch den Urwald. Doch wo gibt es sie noch, diese bunte Wunderwelt der Tiere?

In Asien, Afrika und Südamerika werden die Urwälder erbarmungslos niedergebrannt und gerodet. In Europa sterben die Flüsse und die Wälder an Umweltgiften und auf der ganzen Welt fliehen die Tiere vor den Menschen und ihren Städten, Flugplätzen und Autobahnen. Noch nie in der Geschichte der Menschheit sind so viele Tierarten ausgestorben und auf Nimmerwiedersehen verschwunden wie in unserem Jahrhundert. Bald sechs Milliarden Menschen benötigen immer mehr Lebensraum und erzeugen immer mehr Abfälle und Gifte.

Aber die Aussichten stehen nicht schlecht, dass der Mensch der Naturzerstörung Einhalt gebietet.

Gesetze zum Schutze der Tierwelt, internationale Artenschutzabkommen und ein rücksichtsvollerer Umgang mit der Natur gewinnen weltweit an Bedeutung. Und so können vielleicht alle in diesem Buch beschriebenen Tiere gemeinsam mit den Menschen auf dem „Raumschiff Erde" überleben.

Natürlich konnten in diesem Buch nicht alle Tiere Platz finden, die es auf unserem Planeten noch gibt. Deshalb wurden nur die bekanntesten und wichtigsten Tiere ausgewählt. Die Gliederung erfolgte nach Erdteilen, in denen die jeweiligen Tiere hauptsächlich vorkommen. Jedes Kapitel wird mit einer genauen Beschreibung der unterschiedlichen Lebensräume eingeleitet.

Im Kapitel „Europa" sind viele Tiere dargestellt, die es auch auf den anderen Kontinenten gibt. Hunde, Katzen, Rinder, Pferde, Mäuse, Ratten, Spinnen, Fliegen und viele weitere Tiere leben fast auf der ganzen Welt.

Margot Hellmiß

Die Polargebiete

Einige Tiere trotzen der Kälte des Nordpolargebietes. Sie leben am Rande der Eiswüste oder in der Tundra.

Der Nordpol

Das Nordpolargebiet ist eine lebensfeindliche Eiswüste. Ewiger Winter beherrscht diese Gegend der Erde. Riesige Eisberge und gefrorene Schneewüsten liegen unter grauen Nebelschwaden. Kein Mensch und nur wenige Tiere wollen da leben. Keine Pflanze kann dort Wurzeln schlagen.

Eisige Stürme fegen über die weißen Weiten und von September bis März ist hier Nacht. Die Sonne geht dann nicht mehr auf; in der Polarnacht bleibt es ein halbes Jahr lang dunkel. Am anschließenden Polartag geht dafür von April bis September die Sonne nicht unter, es ist ein halbes Jahr lang hell.

Der Nordpol ist der nördlichste Punkt der Erde; er ist auf dem Globus ganz oben zu finden. Dort gibt es kein Land, sondern nur eine gewaltige Eisscholle, die auf dem bitterkalten Nordpolarmeer schwimmt. Sie ist bis zu fünf Meter dick und taut nie auf, auch nicht, wenn bei uns Sommer ist.

Am Rande der gefrorenen Eismassen stürzen oft riesige Packeisbrocken unter lautem Getöse ins Meer. Als schwimmende Eisberge treiben sie dann mit der Meeresströmung davon. Hier, nahe am Wasser, leben manche Polartiere, die mit dicken Fettschichten oder dichtem Fell für das raue Klima gerüstet sind, wie Wale, Eisbären oder Robben. Der Eisbär mit seinen behaarten Tatzen stößt am weitesten in den Nordpol vor, sogar bis ins ewige Eis. Das Wort Arktis, wie man das Nordpolargebiet noch nennt, kommt auch vom griechischen „arctos", der Bär.

Die Tundra

Zur Arktis gehören auch die nördlichsten Zipfel von Nordamerika, Europa und Asien. Dazu zählen vor allem Nordsibirien, Alaska, Nordkanada, Spitzbergen, Grönland und zahlreiche Inseln.

Diese Festlandgebiete der Arktis sind von der Tundra bedeckt. Hier wachsen Moose, Flechten, Gräser und verkrüppelte Zwergbäumchen. Im Winter allerdings verwandelt sich diese Region in eine ähnliche Schneewüste wie der Nordpol mit Temperaturen bis zu 50 Grad unter Null. Im kurzen Polarsommer aber regt sich mannigfaltiges Leben, besonders da, wo die ersten Wälder beginnen. Polarfüchse, Hasen und Rentiere, Wölfe und Moschusochsen durchstreifen die arktischen Steppen auf der Suche nach Nahrung.

In den wenigen Wochen im Jahr, in denen die südliche Arktis erwärmt wird, ergrünt das Land. Glockenblumen, Klatschmohn und Leimkraut blühen im Schatten von kleinen Birken und Zwergweiden. Je weiter man nach Süden gelangt, um so mehr wird aus der Wiesentundra eine Waldtundra.

Der Südpol

Ähnliche Bedingungen wie am Nordpol herrschen auch am Südpol, in der Antarktis. Am südlichsten Teil unserer Erde kämpfen nur noch wenige Tiere gegen die Eiseskälte an. Der ewige Winter ist zu unerbittlich.

Das Südpolargebiet besteht aus einem riesigen Kontinent, der so groß ist wie die Vereinigten Staaten von Amerika. Er liegt unter einer ständigen Eisdecke. Sie ist an

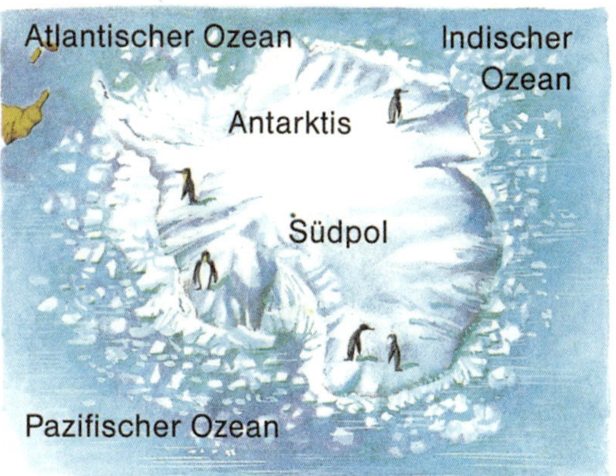

Pinguine gehören zu den wenigen Tieren, die an den rauen Küsten der Antarktis überleben können.

manchen Stellen bis zu 3 600 Meter dick. Unter dieser Eisschicht ist das Festland teilweise noch bis zu 2 000 Meter hoch, so dass sich die Antarktis im Durchschnitt bis zu einer Höhe von 4 000 Meter aus dem Meer erhebt.

Das ganze Jahr über wehen eisige Winde; die Temperaturen können bis 80 Grad unter Null absinken. Im Innern des Kontinents steigt auch an den wärmsten Tagen das Thermometer nicht über minus 20 Grad. Selbstverständlich ist unter solchen Bedingungen kein Leben mehr möglich. Nur an den schmalen Küstenstreifen und auf den antarktischen Inseln gelingt es den Pinguinen, Robben und einigen Vögeln zu bestehen. Die Meere, die das Packeis im Süden unserer Erde umspülen, bieten dagegen Lebensraum für Walrösser, Seebären, Wale und Fische.

In den Polarmeeren treiben gewaltige Eismassen.

Der Eisbär,
Herrscher der Arktis

Alles ist still. Schwere Eisschollen treiben ruhig im Meer und ferne Schneeberge glitzern in der Sonne. Plötzlich durchdringt ein gewaltiges Schnauben und Prusten die Stille. Der wuchtige Kopf eines riesigen Eisbären taucht aus den kalten Fluten auf. Eine Wolke verbrauchter Atemluft strömt aus seinen Nasenlöchern. Mit den Vorderbeinen paddelt er auf eine flache Treibeisplatte zu. Er hält sich daran fest, zieht sich hoch und stellt sich auf alle vier Beine. Dann schüttelt er sich wie ein nasser Hund und das Wasser spritzt aus seinem Fell.

Sein dicker weißer Pelz ist so dicht, dass dieses Raubtier im ewigen Winter der Arktis leben kann. Und die dicke Speckschicht unter dem Fell bewahrt ihn auch dann vor Auskühlung, wenn er stundenlang im eiskalten Polarmeer nach Robben und Fischen taucht. Er kann minutenlang unter Wasser bleiben, und die Schwimmhäute an seinen Tatzen machen ihn zu einem Meisterschwimmer.

Wenn die Arktis im Winter monatelang in Dunkelheit versinkt, gräbt sich der Eisbär eine kleine Höhle und lässt sich einschneien. Er zehrt dann von seiner Fettschicht und döst im Halbschlaf vor sich hin. Wenn er doch einmal Appetit bekommt, muss er ein eisfreies Wasserloch aufspüren. Auf der Eisdecke verharrt er dann so lange regungslos, bis eine Robbe auftaucht um Luft zu holen. Mit einem einzigen wuchtigen Prankenhieb zieht er die Robbe aus dem Loch an Land und macht sich über sie her.

Auch die spärlichen Blau- und Krähenbeeren der arktischen Steppe stehen im Sommer auf dem Speiseplan. Und in Notzeiten

Der Eisbär ist das gefährlichste Raubtier der Arktis. Er stößt am weitesten in das ewige Eis vor.

Moschusochsen sind wehrhafte Tiere, die sich sogar gegen ein Rudel Wölfe behaupten können.

macht er sich sogar über Küchenabfälle oder verendete Tiere her. Nach drei Jahren erst sind seine Jungen ausgewachsene Jäger geworden. Sie können aufgerichtet über zwei Meter groß werden und an die 700 Kilogramm wiegen. Doch trotz ihres Gewichts können sie sehr schnell laufen. Sogar Rentiere und Moschusochsen sind nicht vor ihnen sicher. Auf ihren einsamen Wanderungen sind die Eisbären die uneingeschränkten Herrscher der Arktis.

Die „Ritterspiele" der Moschusochsen

Die beiden stärksten Bullen der kleinen Herde nehmen Kampfhaltung ein. Etwa 20 Meter voneinander entfernt stellen sie sich auf. Sie senken den Kopf, schnauben und scharren mit den Hufen. Dann, wie auf Kommando, rennen sie aufeinander los. Mit einem Knall krachen ihre Stirnplatten aufeinander. Von dem heftigen Zusammenstoß sind sie wie benommen. Erst nach Minuten trotten sie wieder in die Ausgangsstellung und das Ritterspiel beginnt von Neuem. Nach mehreren Durchgängen gibt der Schwächere auf. Der Stärkere hat sich als Leitbulle behauptet.

Auf seiner Stirn hat er eine mächtige Hornplatte, die „Helm" genannt wird. Sein etwa acht Zentner schwerer Leib ist mit langen, zotteligen Haaren bedeckt, die wie ein übergroßer Mantel aussehen. Dieses dichte Wollkleid schützt ihn vor der eisigen Kälte, die im Norden Alaskas, Kanadas oder Grönlands herrscht.

Moschusochsen sind genügsame Pflanzenfresser und Anfang Mai, wenn die Tundra zu grünen beginnt, kommen die Kälbchen

Die Schnee-Eule sitzt gerne auf kleinen Bäumen und lauert dort ihren Beutetieren auf.

zur Welt. Schon ein paar Stunden nach der Geburt können sie mit der Herde mitziehen. Wenn die Kleinen Hunger haben, schlüpfen sie unter den Wollmantel des Muttertieres. Über ein Jahr lang werden sie dort gesäugt.

Sollte ein hungriger Wolf einmal versuchen eines der Kälbchen zu erbeuten, wird er einem undurchdringlichen Schutzwall gegenüberstehen. Wie die Siedler im Wilden Westen, die zu ihrem Schutz vor Indianern eine kreisrunde Wagenburg aufbauten, stellen sich auch die Moschusochsen in einem engen Kreis auf. Außen warten die Bullen und Kühe mit gesenktem Kopf auf den Angreifer. Im Innern des Kreises sind die Kälbchen gut geschützt.

Die Schnee-Eule, eine räuberische Dame

Wie eine feine Dame im Pelzmantel sieht die Schnee-Eule in ihrem weißen, braungesprenkelten Federkleid aus. Das dichte Gefieder bedeckt auch ihre Füße. Nur die Krallen bleiben frei. Die Jungen ähneln kleinen Schneebällen. Sie sind ganz weiß. Erst nach der Jungmauser entwickeln sich die charakteristischen braunen Querbänder an Bauch und Rücken.

Wenn sie auf der Suche nach Beute ist, sitzt die Schnee-Eule am liebsten auf einem Zwergbäumchen oder einem Felsen. Von da hält sie Ausschau nach Lemmingen. Hat sie einen erspäht, schwingt sie sich in die Lüfte und saust in lautlosem Sturzflug auf ihr Opfer nieder. An einem Tag verschlingt sie immerhin drei bis vier der kleinen Nager. Sie ist aber auch ein geschickter Fischer. Sie packt die Beute mit ihren scharfen Krallen, hebt sie mit einem kräftigen Flügelschlag aus dem Wasser und bringt sie sicher an Land.

Mit einer Länge bis zu 70 Zentimeter werden die Schnee-Eulen-Weibchen sehr groß, die Männchen sind viel kleiner. Eulen sind eigentlich Nachttiere. Die Schnee-Eulen jagen jedoch meistens am Tage, denn in den eiskalten Nächten in der Tundra würden sie nur schwerlich Beute finden.

Weil es in der Tundra nur sehr wenige Bäume gibt, legt das Weibchen ihre Eier in eine flache Mulde auf den Boden. Als Standort wählt sie gerne einen Hügel, denn von hier aus kann sie ihr Reich gut überblicken. Das Schnee-Eulen-Männchen beschützt das Nest vor möglichen Nesträubern. Wenn es sein muss, geht es dann sogar auf Menschen los.

Von den Wölfen stammen unsere Haushunde ab.

Zu Hause ist der Wolf ein Kavalier

Immer näher kommen die fünf Wölfe dem erschöpften Tier. Nach Stunden der Jagd haben sie die Elchkuh gestellt. Mit einem mächtigen Satz springt der Leitwolf an ihren Nacken und verbeißt sich. Die Elchkuh sackt in den Vorderläufen zusammen und kippt auf die Seite. Dann fällt die Meute über sie her.

Wäre die Elchkuh gesund gewesen, hätte sie wahrscheinlich entkommen können. Denn Wölfe jagen meist kranke Tiere. Elche, Rentiere, Hirsche und Schafe werden von ihnen oft tagelang verfolgt. Die Jagd geht durch die Wälder und über die Steppen von Nordamerika und Nordsibirien. Herrscht ein besonders strenger Winter, dann tauchen auch in Mitteleuropa noch vereinzelt Wölfe auf.

Ganz im hohen arktischen Norden lebt der weiße Polarwolf. Merkwürdig ist, dass seine jungen Welpen grau geboren werden und erst später ihr typisches weißes Fell bekommen, mit dem sie in verschneiter Landschaft kaum auszumachen sind. Aus-

gewachsen ist der Polarwolf etwas größer als der graue europäische Wolf oder als der schwarze Timberwolf Nordamerikas. Und alle sind mindestens so groß wie ein deutscher Schäferhund.

Mit den Nachfahren des Wolfes kamen die Menschen immer gut zurecht. Der Wolf ist nämlich der Stammvater aller Hunde, vom Dackel bis zum Bernhardiner. Genauso wie der Wolf seinem Rudelführer folgt, gehorcht der Hund seinem Herrn. Diese angeborene Verhaltensweise der Hundetiere hat sich der Mensch zu Nutze gemacht.

Immer der stärkste Wolf wird Rudelführer. Und oft ist das ein Weibchen, weil bei den Wölfen das Gesetz gilt: Ein Wolf darf sich nicht wehren, wenn ihm Frau Wölfin einmal grob kommt.

Noch mehr Freiheiten als die Weibchen aber haben die kleinen Welpen im Rudel. Die ersten 21 Tage ihres Lebens sind sie blind. Dann aber, wenn sie frei herumlaufen, werden sie die Lieblinge des ganzen Rudels und dürfen einem ausgewachsenen Leitwolf auch mal ungestraft ins Ohr beißen.

Es wundert nicht, dass der Mensch den Wolf wegen seines Appetits zu hassen und zu verfolgen begann. Vor einem Jahrhundert sollen allein in Russland in einem einzigen Jahr an die 750 000 Stück Vieh dem Wolf zum Opfer gefallen sein. Da hatte er seinem Ruf als „Isegrim" oder „böser Wolf" alle Ehre gemacht.

Verhaltensstudien zeigten aber auch, dass die Wölfe miteinander eher sanft umgehen. Und sollte es doch zum Kampf kommen, wirft sich schließlich der Schwächere auf den Rücken und bietet in der Demutshaltung seinen Hals ungeschützt dar. Der Angreifer lässt dann sofort ab. Die Biologen sagen dazu, der Angreifer bekommt eine Beißhemmung. So schützt die Natur die Art vor Selbstausrottung.

Rentiere, die Langstreckenläufer der Tundra

Von fern hört man ein leises Donnergrollen. Dann erzittert die Erde. Das Stampfen von 80 000 Paar Hufen erschüttert den hartgefrorenen Tundraboden. In riesigen Herden wandern die Rentiere zu Winterbeginn in südlichere Gefilde. Selbst Flüsse und breite Meeresarme können sie nicht aufhalten. Rentiere sind nämlich auch gute Schwimmer.

Im Frühling, wenn in der Tundra die Weiden kahl gefressen sind und die Mückenplage zu groß wird, ziehen die Rentiere wieder

zurück nach Norden. Mit ihrem Geweih, das wie eine Schaufel verwendet wird, räumen sie geschickt den Schnee beiseite um an ihr Lieblingsfutter, die bläuliche Rentierflechte, sowie Gräser, Zweige, Sträucher und Laub heranzukommen. Obwohl die Rentiere bis zu 1 000 Kilometer im Jahr zurücklegen, heißen sie nicht „Renntiere", wie viele fälschlicherweise glauben.

Das Rentier ist die einzige Hirschart, bei der auch die Weibchen Geweihe tragen. Es bewohnt den hohen Norden der Erde in einem Gürtel rings um den Nordpol. Die Hufe des Rens sind den Umweltbedingungen hervorragend angepasst. Sie sind breit und lassen sich weit spreizen, sodass die bis zu 300 Kilogramm schweren Tiere gut über Schnee und Sumpf laufen können, ohne einzusinken. Das nordamerikanische Rentier heißt Karibu. Es ist größer als die anderen Rentiere und lässt sich nicht zähmen.

Die Eskimos und Lappen haben aus dem nordeuropäischen Rentier ein nützliches Haustier gezüchtet. Die Hausrenkühe geben nahrhafte Milch, die zu Butter und Käse verarbeitet wird. Auch das Fleisch ist sehr schmackhaft. Das dichte Haarkleid wird zu Jacken und Zelten verarbeitet.

In Herden ziehen Rentiere durch die Tundra.

Die Robben robben
am besten

Der Feldwebel brüllt seine Soldaten an: „Hinlegen und zwanzig Meter robben!" Die Soldaten werfen sich auf den Bauch und versuchen sich nur mit den Ellenbogen und Füßen vorwärts zu schieben.

Im Tierreich beherrschen die Robben das Robben am besten. Sie liegen platt auf ihrem dicken Bauch und kommen vorwärts, indem sie die starken Rückenmuskeln zusammenziehen und wieder loslassen. Den Ellenbogeneinsatz besorgen dabei zwei Seitenflossen, die früher einmal Vorderbeine waren. Das Tier hat sich nämlich in Jahrmillionen immer stärker an ein Leben im Meer angepasst. Seine Vorder- und Hinterbeine sind zu Flossen geworden. Sein Rumpf wurde fischähnlich und seine Nase hat Verschlussklappen bekommen.

So hat sich aus dem ehemaligen Landtier ein Meeresbewohner entwickelt. Nur zum Luftholen und zur Paarungszeit kommen

Das Überleben von Ringel- und Sattelrobben (rechts) sowie des Seebären soll durch Schutzabkommen gesichert werden.

sie noch nach oben und an Land. Wenn sie Fische fangen, dann tauchen sie manchmal an die 100 Meter tief und können 15 Minuten lang unter Wasser bleiben. Sie schlafen sogar im Wasser, wobei sie ohne aufzuwachen immer wieder nach oben treiben um kurz Luft zu holen.

Manche der 45 verschiedenen Robbenarten haben ihre Fortbewegung an Land mit folgendem Trick verbessert: Sie knicken den Schwanz ein, ruhen darauf und wenn er wieder nach hinten schnellt, machen sie einen Satz nach vorne.

So bewegt sich beispielsweise der kalifornische Seelöwe. Jeder kennt ihn, wie er Kunststücke im Zirkus macht, Bälle wirft oder mit den Vorderflossen Beifall klatscht. Wirklich bemerkenswert aber ist, dass diese Robben in Freiheit bis zu 10 000 Kilometer weit schwimmen, von der Arktis bis in die wärmeren Gewässer Südkaliforniens, wo sie überwintern.

Besonders traurig ist das Schicksal der Sattelrobben. In den ersten drei Wochen ihres Lebens haben diese jungen Robben ein prächtiges, schneeweißes Fell. Zu Tausenden werden sie deswegen von Robbenfängern erschlagen. Erst wenn sie das

unscheinbare graue Fell der erwachsenen
Tiere tragen, sind sie vor den Menschen in
Sicherheit. Mittlerweile ist der Robbenfang
im Nordatlantik verboten. Aber nicht alle
Fänger halten sich daran.

Viele Robben sind uns unter anderem
Namen bekannt. Sie heißen Seehund,
Seebär, Walross oder See-Elefant. Diese
Säugetiere leben vorwiegend in den kalten
Meeren rund um den Nord- oder Südpol.

Wahrlich „elefantös" ist die größte Robbe,
der See-Elefant. Ein See-Elefanten-Bulle kann
4 000 Kilogramm auf die Waage bringen.
Seine Nase ist zu einem Rüssel ausgewachsen. Den bläht er auf, wenn ein anderer Bulle
in sein Revier eindringt. Lässt sich der Eindringling nicht einschüchtern, dann kommt
es zu einem wilden Kampf und die massigen
Leiber knallen aneinander.

Knapp halb so groß wie ein See-Elefant
wird das Walross. Seine Eckzähne wachsen
mit jedem Jahr ein Stückchen weiter aus dem
Maul heraus und so kann man an der Länge

dieser „Hauer" erkennen, wie alt das Tier
ist. Zwei Jahre lang muss ein junges Walross
üben, bis es mit den Eckzähnen eine Auster
richtig knacken kann. Verliert ein Junges
seine Mutter, so kann es passieren, dass
das Junge diese Kunst nie richtig erlernt.

Elche, die gutmütigen
Riesen des Nordens

Das junge Elchkälbchen hat mächtig Durst.
Es stupst seiner Mutter, der Elchkuh, mit der
Schnauze an die Hinterläufe. Aber da ist kein
Euter. Erst mit der Zeit lernt das Kleine die
Milch zu finden. Den ganzen Sommer über
braucht es täglich zwei Liter davon, obwohl
es von Geburt an schon Gräser und Blätter
fressen kann.

Elche stehen gerne im Wasser und weiden Algen vom Seegrund.

Die Elchkuh kümmert sich rührend um ihre Kleinen, meist sind es zwei. Sie leckt ihnen das Fell, um ihnen das Gefühl der Geborgenheit zu geben, und vertreibt schon mal ein älteres Junges vom Vorjahr, das noch mal Zuflucht beim Muttertier suchen will. Anfang August, wenn die Heideröschen in Alaska verblüht sind, beginnt für die Elche die Zeit des Mästens. Sie brauchen Kraftreserven für die Paarungszeit und für den Winter. Oft stehen sie stundenlang in kaltem Wasser und weiden am Seegrund Algen. In der Hauptsache aber fressen sie zarte Blätter von Büschen und Sträuchern.

Das Geweih eines mehrjährigen Bullen ist jetzt an die zwei Meter breit. Es wächst wie bei allen Hirscharten jedes Jahr vollständig neu. Die Stangen des Geweihs befinden sich anfangs unter einer schützenden Hautschicht, die Bast genannt wird. Mit der Zeit stirbt diese Haut ab und löst sich in Streifen ab. Wie Lametta hängen jetzt die Bastreste von den Geweihen und die Bullen versuchen die vertrockneten Fasern an Bäumen abzureiben. Denn bald schon muss das Gehörn in Ordnung sein. Es ist die wichtigste Waffe im Kampf um die Vorherrschaft im Revier. Denn nur der stärkste Elch, der Platzelch, kann sich einen Harem mit acht bis zehn Kühen halten. Die anderen Bullen müssen vor seinem mächtigen Geweih weichen.

Doch bevor es zu einem Kampf kommt, versuchen die Bullen ihren Widersachern zu imponieren. Aufrecht stolzieren sie herum und zeigen jedem ihre Kampfbereitschaft. Dabei röhren sie nicht wie ihre Artgenossen, die Hirsche, sondern stoßen nur ein klägliches Wimmern aus.

Ist die Paarungszeit vorüber, dann werden die Elche wieder zu Einzelgängern. Vollkommen allein durchstreifen sie die verschneiten Steppen Alaskas und Nordsibiriens.

Der Grizzlybär, Manitus Liebling

Der graue Koloss steht auf den Hinterbeinen, schnaubt wütend und rudert mit seinen wuchtigen Pranken durch die Luft. Dabei hat er sich zu seiner vollen Größe von über zwei Metern aufgerichtet.

Ein Grizzly nimmt nur dann diese „Drohgebärde" ein, wenn er sich angegriffen fühlt. Normalerweise trottet er friedlich auf allen vieren durch die Wälder und sucht nach Beeren, Honig oder verendeten Tieren. Wenn er Jagd auf Hirsche, Schafe oder Rinder macht, kann er über kurze Strecken fast so schnell wie ein Pferd rennen. Ein Beutetier hat ihm gegenüber kaum eine Chance. Schon ein einziger Prankenhieb des 300 Kilogramm schweren Riesen ist meist tödlich.

Die Indianer haben geglaubt, dass ihr Gott Manitu mit dem Grizzly das stärkste und klügste Geschöpf der Welt erschaffen hatte. Und sie erzählten sich, dass Manitu höchstpersönlich einmal Reißaus nehmen musste vor einem wildgewordenen Grizzly.

Die Krallen des Bären galten bei ihnen als Zeichen des Mutes. Und die Krieger trugen sie stolz an Halsketten und Armreifen.

Die wüsten Geschichten aber, die den Grizzly als menschenmordendes Ungeheuer darstellen, sind zumeist erfunden. Aus ganz Nordamerika ist er vor den Menschen geflohen und lebt heute nur noch im hohen Norden von Kanada und Alaska. Wie seine Verwandten, die Braunbären, hält auch er keinen Winterschlaf. Er döst nur gelegentlich in einer Mulde.

Nur alle zwei Jahre bekommt die Grizzlybärin Junge. Selten sind es mehr als zwei. Sie sind in ihren ersten Lebenstagen nicht größer als Kaninchen.

Die Indianer Nordamerikas glaubten, dass das Lieblingstier ihres Gottes Manitu der starke Grizzlybär sei.

Pinguine – schwimmende Vögel im Frack

Es ist stockfinstere Nacht. Das Thermometer steht auf minus 50 Grad. In der Antarktis herrscht tiefster Winter. Das Weibchen des Kaiserpinguins hat soeben in klirrender Kälte und Dunkelheit ein Ei gelegt. Das Männchen legt sich rasch das Ei auf die Füße und umhüllt es mit seiner dicken Bauchfalte. So brütet es die nächsten 62 Tage, fast neun Wochen lang. In dieser Zeit nimmt es keinerlei Nahrung auf. Wärme geben die anderen brütenden Männchen, die sich dicht an ihn drängen.

Erst wenn das Junge geschlüpft ist, kommt das Weibchen von der Küste zurück, den Kropf – eine Erweiterung der Speiseröhre – prall gefüllt mit Futter für das Neugeborene. Der frischgebackene Papa ist erst einmal entlassen. Abgemagert macht er sich auf in Richtung Meer. Hier frisst er sich mit Fischen, Tintenfischen und kleinen Krebsen erst einmal sein altes Körpergewicht wieder an.

Die Kaiserpinguine sind mit einer Größe von 120 Zentimetern und einem Gewicht von 45 Kilogramm die größten Pinguine überhaupt. Sie leben an den Küsten der Antarktis, wo das Klima so rau ist wie nirgendwo auf der Welt. Pinguine gibt es aber auch an der Südküste Australiens, Neuseelands und Südafrikas.

Pinguine sind Meeresvögel. Sie können aber nicht fliegen. Stattdessen sind sie hervorragende Schwimmer und gewandte Taucher. Ihre kurzen Flügel benutzen sie wie Flossen, Schwanz und Beine sind das Steuerruder. Wenn sie nach Meerestieren tauchen, erreichen sie die Geschwindigkeit von Motorbooten, nämlich bis zu 40 Kilometer pro Stunde.

Wie ihre anderen Artgenossen sind auch die Adeliepinguine (rechts unten), die Königspinguine und die Zwergpinguine (links) gesellige Tiere.

Der Kaiserpinguin ist das einzige Tier, das dauerhaft an den eisigen Küsten der Antarktis lebt.

Pinguine können 20 Meter tief tauchen. Sie bleiben zwei bis drei Minuten unter Wasser. Wie ein Delfin schießen sie manchmal mehrere Meter in die Luft und landen geschickt auf einer gemächlich treibenden Eisscholle. An Land machen die Pinguine bei weitem keine so gute Figur. Hier halten sie sich nur in der Paarungs- und Nistzeit sowie zum Füttern der Jungen auf. Ihr kennt sicher den lustigen Watschelgang der schwarzweißen Frackträger. Pinguine rutschen aber auch gerne auf dem Bauch über Schnee und Eis. Sie schieben sich dann mit den Füßen und den Flossen vorwärts.

Die Adeliepinguine bauen sich auf den nackten Felsen ein Nest aus Steinen, damit die zwei Eier nicht davonrollen können. Auch hier brüten die Männchen die Eier alleine aus.

Mit knapp einem halben Meter Größe sind die Zwergpinguine die kleinste Pinguinart. Sie leben vorwiegend in Neuseeland und nisten in Fels- und Erdhöhlen. Pinguine sind sehr gesellige Tiere. Sie leben in großen Kolonien, die aus Zehntausenden von Tieren bestehen.

Der Vielfraß, Schrecken der Tundra

Der Vielfraß trägt seinen Namen wirklich zu Recht. In seinem gefräßigen Schlund verschwinden Eier, Aas und Insekten, Würmer und Beeren ebenso wie kleine Säugetiere, Vögel und Fische. Im Winter greifen Vielfraße sogar Rentierkälbchen und deren Mütter an. Die sind von der Geburt noch so geschwächt, dass sie sich nicht zur Wehr setzen können. Auch vor Füchsen und Luchsen machen Vielfraße nicht halt, wenn sie der Hunger plagt. Sie lauern ihrem Opfer von einem Felsen aus auf und töten es mit einem Nackenbiss.

Obwohl die Raubtiere aus der Familie der Marder nur etwa 30 Kilogramm schwer und einen Meter lang sind, sind sie sehr stark. Sogar Bären und Wölfe fürchten sie und überlassen ihnen manchmal freiwillig ihre Beute. Hat der Vielfraß genug gefressen, so verscharrt er die Reste seiner Mahlzeit gerne im Schnee. Vorher bespritzt er sie mit einem übelriechenden Sekret aus seiner Duftdrüse, damit anderen Tieren der Appetit darauf vergeht.

Der Vielfraß verdankt seinen deutschen Namen einem Übersetzungsfehler. Skandinavisch „Fjellfross" heißt nämlich eigentlich Bergkater. Man nennt den Vielfraß auch Järv oder Bärenmarder, weil er mit seinem langen, dichten, dunkelbraunen Fell einem Bären sehr ähnlich sieht.

Vor dem Vielfraß nehmen sogar Wölfe Reißaus.

Die riesigen Albatrosse sowie Skuas, große
Raubmöwen, leben in den südlichen Polarmeeren.

Skua, die große Raubmöwe

Blitzschnell wie ein Pfeil jagt die Skua durch den eisigen Wind. Kaum ein Vogel der antarktischen Küsten ist sicher vor ihren Angriffen im Sturzflug. Sie macht auf alles Jagd, was kleiner ist als sie. Besonders der Pinguinbrut und schwächeren Möwen stellt sie nach. Im Luftkampf ist sie unschlagbar. Verfolgte Vögel würgen deshalb im Flug Speisereste aus um die angreifende Raubmöwe von sich abzulenken. Meist schnappt sie die Brocken noch in der Luft und ist vorerst besänftigt. Die meisten Möwenarten sind weiß; nur die etwa 60 Zentimeter große Raubmöwe oder Skua trägt ein braunes Federkleid.

Der Albatros, Weltmeister im Segelflug

Unter Seeleuten erzählt man sich die Sage, dass die Seelen der Matrosen, die auf See geblieben sind, in die Körper der Albatrosse schlüpfen. Deshalb bringe es Unglück, einen Albatros zu töten.

Der größte Seevogel der Erde ist ein Weltmeister im Segelflug. Stundenlang gleitet er einsam über das südliche Polarmeer ohne mit seinen langen, schlanken Flügeln einen einzigen Schwingenschlag zu tun. Wie ein Segelflugzeug nutzt er geschickt die Luftströmungen für seinen Gleitflug aus.

Lemminge sind keine Selbstmörder, sondern sie werden Opfer eines verhängnisvollen Irrtums.

Der Wanderalbatros hat eine Flügelspannweite von dreieinhalb Metern. Dabei ist sein Körper nicht größer als der einer Gans. Der Langstreckenflieger kann bei günstigem Wind Geschwindigkeiten bis zu 160 Kilometer pro Stunde erreichen. Wie er sich in der Unendlichkeit des Ozeans zurechtfindet, ist der Wissenschaft noch immer ein Rätsel.

Albatrosse fressen Fische, Tintenfische und Krustentiere. Gern mögen sie auch Küchenabfälle, die von Walfängern und anderen Schiffen ins Meer gekippt werden. Die Flugkünstler können ohne Süßwasser überleben, was in der Tierwelt nur ganz selten vorkommt. Sie trinken Salzwasser und scheiden das Salz durch eine große Nasendrüse wieder aus.

Die „lebensmüden" Lemminge

Ungefähr alle vier Jahre ist ein gutes Lemmingjahr. Da werden so viele der wuscheligen Nagetiere geboren, dass Gräser, Blätter und Rinde knapp werden. Was also tun die klugen Wühlmausverwandten aus dem hohen Norden? Sie machen sich zu Tausenden auf die Suche nach neuem Lebensraum. Stoßen die mutigen Tierchen dabei auf ein Hindernis, ein schmales Bächlein etwa oder einen kleinen Fluß, so stürzen sie sich die Böschung hinunter – und schwimmen ans andere Ufer. Erreichen die Lemminge das Meer, so reagieren sie genauso: Sie springen ins Meer und schwimmen hinaus, bis sie vor Erschöpfung sterben.

Jahrelang hatten die Forscher geglaubt, die Lemminge begingen massenweise Selbstmord. Das stimmt jedoch nicht. Sie können nur nicht unterscheiden zwischen Seen und Flüssen, die sie überwinden können, und dem lebensgefährlichen Meer.

Lemminge sind die häufigsten Kleinsäugetiere der Nordpolargebiete. Ihr langer, dichter, wasserfester Pelz schützt sie vor Nässe und Kälte. Alle Lemmingarten sind von gedrungener Gestalt. Weder das Schnäuzchen noch der Stummelschwanz oder die kleinen Ohren ragen besonders hervor. Das Sommerkleid der Lemminge ist hell- bis dunkelbraun. Der Winterpelz hingegen ist bei vielen Arten rein weiß.

Lemminge sehen ein bisschen aus wie unsere Meerschweinchen. Mit einer Länge von etwa 15 Zentimetern sind sie allerdings kleiner. Mit den langen Krallen der vorderen Zehen können sie ausgezeichnet graben. Tiefe Gänge können die Nager allerdings trotzdem nicht buddeln, denn dazu sind die Tundraböden in Sibirien, Skandinavien, Kanada und Grönland viel zu hart. Im Winter leben die Lemminge unter der Schneedecke. Hier sind sie vor den eisigen Winterstürmen gut geschützt. Lemminge finden auch im hartgefrorenen Boden noch kleine Wurzeln und Zweige; deshalb brauchen sie keinen Winterschlaf.

Dicht unter dem Boden bauen sie ein Nest aus Gräsern und Blättern. Das Lemmingweibchen wirft sechs- oder siebenmal im Jahr jeweils drei bis vier Junge und das sogar im Winter unter der geschlossenen Schneedecke.

Der nimmersatte Polarfuchs

Der Polarfuchs ist ein verfressener Geselle. Seine Lieblingsspeise sind Mäuse und Lemminge, Vögel und Vogeleier. Er verschmäht

Der Blaufuchs hat im Sommer ein braunes Fell.

aber auch Fische, angeschwemmte Meerestiere und Beeren nicht. Und wenn ein Schneehase oder ein Robbenjunges seinen Weg kreuzt, so sagt er auch dazu nicht nein. Der Polarfuchs jagt sogar, wenn er satt ist. Anschließend vergräbt er die Beute im Schnee und buddelt sie erst wieder aus, wenn er Hunger hat.

Polarfüchse sind nicht so scheu wie ihre Brüder aus unseren Breiten, die Rotfüchse. Sie wagen sich nah an menschliche Siedlungen heran und stöbern auf der Suche nach etwas Essbarem ungeniert im Abfall. Solche unfeinen Manieren hätte man dem

Ein Weißfuchs in verschneiter Winterlandschaft

edel aussehenden Eisfuchs eigentlich gar nicht zugetraut. Sein Fell ist im Sommer unscheinbar kurzhaarig und schmutzig-braun, erst im Winter präsentiert es sich in seiner vollen Pracht. Sein Winterpelz ist lang, dicht und schneeweiß. Der ideale Schutz in den eiskalten Polarnächten. Da er sich in seinem weißen Kleid nur schwer von der verschneiten Winterlandschaft abhebt, kann er sich unbemerkt an seine Beute heranschleichen.

Der Polarfuchs kommt als Weißfuchs und als Blaufuchs vor. Das Winterkleid vom Blaufuchs ist nicht weiß, sondern silber-grau. Weil die Felle von der Pelzindustrie sehr begehrt sind, müssen viele Blaufüchse ihr Leben lassen. Sie werden auch eigens zu diesem Zweck auf Pelzfarmen gezüchtet.

Der Polar- oder Eisfuchs wohnt in den Tundren rings um den Nordpol. Er lebt gesellig in kleinen Rudeln, schläft in selbst gegrabenen Bauen oder auf der Erde, versteckt zwischen Steinen.

Schlittenhunde standen schon vor Jahrtausenden im Dienste des Menschen.

Schlittenhunde, Gefährten in Eis und Schnee

Roald Amundsen startete im Januar 1911 mit 110 Schlittenhunden eine Südpol-Expedition. Am 14. Dezember setzte er als erster Mensch seinen Fuß auf den südlichsten Punkt der Erde. Diesen Erfolg verdankte er nicht zuletzt seinen leistungsstarken Grönlandhunden, die die Lastschlitten über Tausende von Kilometern treu gezogen hatten.

Die Grönlandhunde sind neben den eisgrauen Huskies und den schneeweißen Samojeden die bekanntesten Schlittenhunde. Diese Haushunde der nördlichen Erdgebiete stammen alle vom Wolf ab und sehen aus wie eine besonders stark behaarte Mischung aus Spitz und Wolf.

In Grönland werden diese Hunde noch heute im Winter als Arbeitshilfen eingesetzt. Im Sommer jedoch überlässt man die Vierbeiner sich selbst. Sie leben dann in freier Wildbahn ohne menschliche Betreuung und suchen sich ihre Beute wie Wildhunde. Erst im Herbst fängt man sie wieder ein und treu gehen sie wieder ins Geschirr.

Europa

*Die Tierwelt Europas ist noch vielfältig und arten-
reich, obwohl in den vergangenen Jahrhunderten
viele Tiere ausgerottet wurden.*

Europa ist Vielfalt. So könnte ein Werbespruch lauten, der unsere Heimat kurz und treffend beschreiben soll. Von der kalten Polarzone im hohen Norden bis zum Mittelmeergebiet mit heißen Sommern und milden Wintern ist in Europa alles vorhanden. An die baumlose Tundra im Norden schließen sich nach Süden zu Nadelwälder und schließlich wildreiche Laub- und Mischwälder an. Charakteristisch für den Mittelmeerraum ist der immergrüne Buschwald.

Europa hat Hoch- und Mittelgebirge, Flüsse und Seen, Steilküsten und Küsten mit weiten Sandstränden. Es gibt große Inseln wie Island, Irland, Sizilien, Sardinien und Korsika. Aber auch viele kleine unbewohnte Inseln und Felsenfjorde an den Küsten Nordeuropas. Sie sind ein wahres Vogelparadies.

Europa ist nach Australien der kleinste Kontinent der Erde. Aber nur aufgrund seiner historischen Eigenständigkeit betrachtet man Europa als selbstständigen Kontinent. In Wirklichkeit ist es keine abgeschlossene Landmasse wie andere Erdteile, sondern eine Halbinsel von Asien, mit dem es in einer breiten Landfront verbunden ist. Asien und Europa zusammen bezeichnet man deshalb als den Kontinent Eurasien.

Die Wälder

Unsere Wälder sind krank. Gefährliche Umweltgifte haben ihnen schweren Schaden zugefügt. Die grünen Lungen und Tierreservate Europas sind in den vergangenen Jahrhunderten ohnehin stark geschrumpft. Der Mensch hat die Wälder gerodet um Platz für Siedlungen, Industriegebiete und Verkehrswege zu schaffen.

Große Nadelwälder gibt es nur noch im Norden Europas südlich der baumlosen Tundra. Ein breites Band von immergrünen

Kiefern, Tannen und Fichten zieht sich entlang des nördlichen Polarkreises rund um die ganze Erde. In Nordosteuropa nennt man diesen Vegetationsgürtel die Taiga. Ein Wort, das die Vorstellung von endlosen, geheimnisvollen Wäldern wachruft. Typische Bewohner des kargen Nadelwaldes sind Pelztiere wie Füchse, Dachse, Murmeltiere, Eichhörnchen und andere Nager.

Je weiter wir nach Süden kommen, desto mehr Laubbäume mischen sich unter die Nadelhölzer. Der sommergrüne Laub- oder Mischwald bedeckte einst fast ganz Mitteleuropa. Eichen und Buchen, Ulmen, Pappeln und Birken, Eschen und Kastanien bieten vielen Vögeln, Insekten und kleinen Säugetieren Schutz und Nahrung.

Der Wald in den Ländern rund um das Mittelmeer heißt Buschwald. Buschwald wächst da, wo die Sommer heiß und trocken sind, die Winter dagegen mild und regnerisch. Zwischen niedrigem Ginster und Oleander ragen vereinzelt Aleppokiefern und

Wiesen und Felder, Wälder und Flüsse prägen die mitteleuropäische Landschaft, wie wir sie kennen.

Strandfichten empor. Darunter wachsen Steineichen, Pinien, Zedern und Ölbäume. In dieser Macchia, wie man diese Waldform auch noch nennt, fühlen sich Wildkaninchen, Wildkatzen und Stachelschweine besonders wohl.

Wiesen und Felder

Der schönste Spielplatz ist immer noch eine blühende Wiese. Aus Margeriten, Glockenblumen und Klatschmohn binden wir die hübschesten Sträuße. Löwenzahn bringen wir den Stallhasen als Futter heim. Den bitteren Sauerampfer essen wir an Ort und Stelle selbst. Und aus den Blüten der Gräser stellen wir Juckpulver her, das wir uns dann gegenseitig in die Pullover schütten.

Nicht nur wir lieben diese Spielwiese. Auch die Schmetterlinge und die Heuschrecken, Wespen, Bienen, Hummeln und ganze Wolken von Mücken sind hier zu Hause. Abends, bei Einbruch der Dämmerung, und ganz früh am Morgen kommen die Hirsche und Rehe auf die Lichtung um hier zu äsen.

Nebenan auf dem abgeernteten Stoppelfeld leben die kleinen Nagetiere. Die Feldmaus und die Waldmaus, die Wühlmaus, der Maulwurf und die Ratte haben hier ihre unterirdischen Baue. Eifrig spähen die großen Greifvögel – Falken, Eulen und Bussarde –, bis sich einer der flinken Nager blicken lässt.

Im Gebirge

Seid ihr schon einmal auf einen hohen Berg gestiegen? Wenn ja, dann wisst ihr sicher, dass der Laub- in einen Mischwald und schließlich in einen Nadelwald übergeht, je höher ihr steigt. Wenn ihr in den Alpen die Baumgrenze erreicht, seid ihr in etwa 2 000 Meter Höhe.

Vereinzelt schmücken Enziane oder ein Edelweiß die kargen Bergwiesen. Diese Alpenblumen stehen streng unter Naturschutz. Ihr dürft sie auf keinen Fall pflücken. Weiter oben gedeihen nur noch Flechten und Moose, die aber den Murmeltieren, Gämsen und Alpensteinböcken besonders gut schmecken. Ihre größten Feinde waren früher die Adler, die es auf die Jungtiere abgesehen hatten. Heutzutage bedrängt der Mensch, der auf Wanderwegen, mit Skiliften oder Bergbahnen ins Hochgebirge kommt, diese seltenen Alpentiere.

Flüsse und Seen

Europa ist ein wasserreicher Kontinent. Seine längsten Flüsse sind die Wolga und die Donau. Die größten Seen in Deutschland sind der Bodensee, der Chiemsee und die Müritz in Mecklenburg. In Millionen von kleinen und kleinsten Gewässern haben sich interessante Lebensformen entwickelt.

Die heimische Fischwelt hat große Räuber wie den Hecht und die Forelle vorzuweisen,

Im Hochgebirge leben viele seltene Tiere.

aber auch friedliche Dümpler wie den Karpfen. Viele Vögel und Amphibien sind ebenfalls auf Flüsse, Seen und Feuchtgebiete angewiesen. Die größte Bedrohung für alle unsere Wassertiere stellen Chemieabfälle dar, die achtlos in die Gewässer eingeleitet werden.

In der Nähe des Menschen

Katzen, Hunde und Pferde sind die beliebtesten Haustiere. Schon seit Jahrtausenden begleiten sie den Menschen als Freunde. Bei den Bauern leben seit Urzeiten Kühe, Schafe, Schweine, Ziegen, Gänse, Enten und Hühner. Sie geben uns Milch und Eier, Wolle und Fleisch.

In der unmittelbaren Umgebung des Menschen existieren aber auch viele freie Tiere, die nicht vom Menschen gehalten werden. Das sind die Kulturfolger, die immer den menschlichen Siedlungen gefolgt sind. Dazu gehören etwa die Tauben, Amseln, Spatzen und Schwalben.

Die Gämsen sind hervorragende Kletterer, die auf den Steilhängen des Hochgebirges zu Hause sind.

Die Gämsen, immer obenauf

Knuff, knuff. Fest stößt das Gämsenjunge von unten mit seinem kleinen Kopf gegen den Bauch von Mutter Gämse. Die Mutter wehrt sich nicht gegen die kräftigen Stöße; sie fördern den Milchfluss in ihrem Euter. Nach weiteren Knuffen trinkt das Kleine schließlich gierig.

Dann tollt es mit anderen Jungen auf einem steilen Schneefeld herum. Die Kleinen sind vier Monate alt und üben „Schlittenfahren". Sie hüpfen im Kreis herum, bis eines ausrutscht und auf dem Hinterteil den Schneehang hinuntersaust. So trainieren die jungen Gämsen für ihre beschwerlichen Wanderungen durch die europäischen Hochalpen, wo ein Ausrutscher schon mal abgefangen werden muss.

Die braunen Horntiere mit dem hellen Bauch sind sehr scheu. Die ausgewachsenen Böcke tragen graue Haarbüschel am Nacken. Die Menschen haben sie deswegen verfolgt: Sie wollten den „Gamsbart" als Hutschmuck. Sowohl die Männchen als auch die Weibchen haben spitze Hörner. Sie leben von Gräsern und Blattspitzen.

Der Warnpfiff der Murmeltiere

Wer ihn einmal gehört hat, wird ihn nie vergessen: den scharfen, alles durchdringenden Warnpfiff der Murmeltiere. Wenn sich ein Adler den munteren Alpenbewohnern nähert, dann pfeifen sie los, so schrill wie manche Vögel. Sie warnen sich damit gegenseitig und flugs sind alle Familienmitglieder in ihrem Bau verschwunden.

So ein Bau besteht aus vielen Schächten, Gängen und Gruben und ist ein weitverzweigtes System. Jeder Bau wird nur von einer einzigen Familie bewohnt. Wenn die Tiere aus ihren Löchern kommen, dann huschen sie zuerst zu einer kleinen Erdmulde, die vor dem Bau liegt. Jedes Tierchen reibt sich die Backen in der Mulde und hinterlässt damit seinen Erkennungsduft. Alle Düfte zusammen vermischen sich zu einem Gruppenduft. Gebietsfremde Murmeltiere respektieren diese Duftgrenze und gehen nicht bis an den Bau heran.

Die dickfelligen Murmeltiere verschlafen den Winter in ihrem Bau. Sie fressen in dieser Zeit keinen einzigen Bissen und verlieren ein Drittel an Gewicht. Die größeren wiegen jetzt noch drei bis vier Kilogramm und haben einen kräftigen Frühjahrsappetit.

Damit beginnt für die Murmeltiere ihre gefährlichste Zeit. Die Almweiden ruhen noch unter einer dicken Schneedecke. Die Tiere müssen oft weite Schneefelder überqueren, bis sie an Wurzeln und Gräser herankommen. Sie brechen mit ihren zarten, langfingerigen Pfoten in die Schneedecke ein und kommen sehr schlecht voran. Der hungrige Adler kreist schon oben in der Luft. Und die ersten schrillen Warnpfiffe der Murmeltiere sind ein Zeichen dafür, dass in den Alpen das Frühjahr begonnen hat.

Gämsen und Murmeltiere leben in den einsamsten
Gegenden der Alpen, wo sie nicht durch
Menschen gestört werden.

Der Rothirsch ist das größte Tier in unseren Wäldern. Mit dem stolzen Geweih sollen rivalisierende Männchen in die Flucht geschlagen werden.

Hirsche, die stolzen Herrscher der Wälder

Die Waldlichtung ist in den rötlichen Schein der untergehenden Sonne getaucht. Es knackt im Gebüsch. Ein kapitaler Rothirsch mit weit ausladender Geweihkrone tritt vorsichtig aus dem Unterholz. Dicht gefolgt von seinem „Harem", etwa 15 Hirschkühen mit größeren Kälbern. Die Hirschkühe erkennt man daran, dass sie kleiner sind als das Männchen und kein Geweih haben.

Der Achtzehnender, dessen Geweih also 18 Spitzen zählt, hebt plötzlich den Kopf und lässt einen langgezogenen Schrei erschallen. Man sagt dazu, der Hirsch „röhrt". Er tut dies nur im Herbst zur Zeit der Brunft. Es ist ein Signal, das anderen Hirschen kundtut, dass dieses Revier besetzt ist.

Hirsche leben normalerweise in Rudeln. Aber eine Besonderheit ist, dass in dem einen Rudel nur die männlichen Tiere ab dem dritten Lebensjahr leben und in dem anderen nur die Weibchen mit ihren Kälbern. Erst im Herbst, wenn Paarungszeit ist, erobert jedes Männchen ein Weibchenrudel.

Andere Bewerber werden mit lautem Röhren und stundenlangen Drohgebärden aus dem Feld geschlagen. Wenn das nichts nützt, prallen die Geweihe der beiden Männchen laut knallend ineinander. Die Gegner schieben und drehen sich im Kreis, bis der Schwächere aufgibt. Es ist schon vorgekommen, dass sich die beiden Geweihe so stark verhakt haben, dass sich die Gegner nicht mehr voneinander lösen konnten und elend verhungern mussten. Den stolzen Sieger, der den Platz bei seinem Rudel beanspruchen kann, nennt man den „Platzhirsch". Scherzhaft nennt man auch einen Mann so, wenn er mit mehreren Frauen gleichzeitig ausgeht.

Nach der Paarung verlassen die Hirsche das Weibchenrudel und schließen sich wieder zu Männergruppen zusammen. Im Frühjahr dann werfen die Hirsche ihre Geweihe ab. Ohne diese Stirnwaffe sind sie besonders scheu. Das Geweih wächst zwar in etwa drei Monaten wieder nach, ist aber während dieser Zeit als Waffe nicht zu gebrauchen. Es ist von einer stark durchbluteten Haut umwachsen, die sehr empfindlich ist. Man nennt diese Haut den „Bast". Er wird, wenn das Geweih ausgewachsen ist, an Büschen und Bäumen abgestreift.

Je älter und größer die Hirsche sind, desto größer und verzweigter wird ihr Geweih. Das größte Geweih eines Rothirsches zählte 22 Enden. Diese Hirschart mit dem rötlichbraunen Fell kann bis zu zweieinhalb Meter lang und bis zu 350 Kilogramm schwer werden. Der Rothirsch ist das größte Tier in unseren Wäldern.

Hirsche ernähren sich ausschließlich vegetarisch, von Blättern, Baumrinden und jungen Trieben. Sehr zum Leidwesen der Waldschützer, denn viele Bäume werden so stark „geschält", dass sie davon eingehen. Im Winter fressen die Hirsche gerne Eicheln und Kastanien, Flechten und Moose.

Der kleinere Damhirsch hat im Sommer ein gelblichbraunes Fell mit hellen Flecken; im Winter ist er einfarbig grau. Die kleinsten einheimischen Vertreter aus der Tierfamilie der Hirsche sind die Rehe.

Hirsche kommen in fast allen Laubwäldern der Erde vor. In Amerika gibt es die großen Wapitihirsche, in Indien, Ceylon und China die Muntjak- und die Schopfhirsche, in Japan die Sikahirsche. Hirsche können bis zu 20 Jahre alt werden.

Dammhirsch

Wapitihirsch

Ein Rehkitz wird nur kurz allein gelassen, wenn seine Mutter auf Futtersuche ist.

Achtung, Rehkitz!

Wenn ihr ein Rehkitz allein im Wald liegen seht, dürft ihr es keinesfalls anfassen. Die Rehmutter würde das Junge, dem dann ein menschlicher Geruch anhaftet, nicht mehr annehmen. Es müsste verhungern. Das Kleine ist nicht von seiner Mutter verlassen worden, auch wenn es auf den ersten Blick so aussieht. Das weibliche Reh, das Ricke genannt wird, ist nur auf Futtersuche. Es kommt aber immer wieder zurück um ihr Junges zu säugen.

Nach der dritten Woche ist das Kitz groß genug um mit der Mama gemeinsam durch die Wiesen und Wälder zu streifen. Rehe sind die kleinsten Vertreter aus der Familie der Hirsche. Sie sind ungefähr einen Meter lang, mit einer Schulterhöhe von 75 Zentimetern, und wiegen etwa 25 Kilogramm. Rehe sind Einzelgänger, nur das weibliche Reh hat ihre Kitze ein bis zwei Jahre bei sich.

Anders als bei den großen Hirschen, die einen ganzen „Harem" haben, hat jeder Rehbock nur eine Ricke, mit der er allerdings nicht länger als drei Tage zusammen ist. Zu Beginn der Paarungszeit folgt der Bock dem

Weibchen, das sich ein wenig ziert und zum Schein flüchtet. Ricken, die alleine bleiben, fiepen laut im Unterholz, damit ein Bock auf sie aufmerksam wird. Jäger machen diesen Fiepton nach um einen Bock vor die Flinte locken zu können.

Rehe sind wie alle Hirsche Wiederkäuer. Haben sie einen guten Weideplatz gefunden, so schlucken sie Blätter, Kräuter, Gräser und Baumrinden hinunter ohne zu kauen. Später würgen sie die Nahrung noch mal hoch und kauen dann erst richtig. Das hat den Vorteil, dass sie in kurzer Zeit große Mengen hinunterschlucken können und sich dann zum Kauen an einen geschützten Ort zurückziehen.

Listig wie ein Fuchs

Am Waldrand grasen friedlich zwei Kaninchen. Plötzlich stellen sie lauschend ihre Löffel auf und blicken in Richtung Wald. Da läuft ein Fuchs übermütig hin und her, schlägt lustig Purzelbäume, dreht sich im

Mit aufgerichteten Ohren und listigen Augen spähen zwei kleine Rotfüchse aus ihrem Bau.

Kreise und versucht seinen buschigen Schwanz zu schnappen. Die Mümmelmänner schauen dem munteren Treiben neugierig zu und denken nicht daran, wegzuhoppeln. Dabei merken sie gar nicht, dass der Räuber in seinem Spiel immer näher an sie heranrückt. Da macht der listige Fuchs auch schon einen Satz, schnappt sich ein Kaninchen und ist blitzschnell im Wald verschwunden. Er hatte seine Verspieltheit nur vorgetäuscht, damit die Kaninchen auf seinen Angriff nicht gefasst waren. Solchen Täuschungsmanövern verdankt der Fuchs das Eigenschaftswort „schlau", das in Verbindung mit seinem Namen immer genannt wird.

Der Rotfuchs hat ein dichtes, rotbraunes Fell; nur die Schwanzspitze und die Körperunterseite sind weiß. Mit seiner langen Schnauze, den spitzen, aufgerichteten Ohren und den wachsamen Augen hat er einen listigen Gesichtsausdruck. Der Rotfuchs lebt in den europäischen Wäldern, ist aber auch in Asien und Nordamerika zu Hause. Er ist ein wahrer Überlebenskünstler. Nachdem seine natürlichen Feinde – Wolf, Luchs und Steinadler – bei uns ausgerottet waren, machten ihm die Jäger das Leben schwer. Sie schossen die Füchse ab, stellten ihnen Fallen, streuten Gift aus und hoben ihre weitverzweigten Baue unter der Erde aus. Und trotzdem ist der Bestand an Rotfüchsen in Europa bis jetzt nicht nennenswert zurückgegangen.

Warum taten die Jäger das? Sie waren so hinter den scheuen Waldbewohnern her, weil sie angeblich Schafe rissen und in den Hühnerställen wahre Blutbäder anrichteten. Dass Füchse nachts Hühner und Enten stehlen, stimmt tatsächlich. Die Schafe jedoch, die man in Fuchsbauen fand, waren vermutlich schon tot, als die Tiere sie fortschleppten. Füchse fressen nämlich sehr viel Aas und zählen damit zur „Gesundheitspolizei" des Waldes.

Der andere Grund für die Verfolgung der Raubtiere aus der Familie der Hunde war die tödliche Tollwut, die durch Füchse übertragen wird. Seit 1983 gibt es jedoch eine einfachere Methode um die Ausweitung der Tollwut in den Griff zu bekommen. Man entwickelte eine „Schluckimpfung" für Füchse: Wildhüter verbergen den Impfstoff in Fisch- und Hühnerköpfen, die in der Nähe von Fuchsbauen ausgelegt werden.

Schweine, die fetten Glücksbringer

Schwein gehabt, sagt der Glückspilz, wenn er mehr oder weniger zufällig Erfolg gehabt hat. Nicht von ungefähr kommt diese Redewendung, denn schon seit 6 000 Jahren hat der Mensch Glück mit dem Schwein. Im Jahre 4 000 vor Christus haben nämlich die Men-

schen die ersten Wildschweine eingefangen und begannen mit der Zucht.

Über 300 Kilogramm kann ein ausgewachsenes Hausschwein wiegen und das bedeutet eine Menge Fleisch und Wurst für den Metzger. Hinzu kommt, dass diese Nutztiere besonders leicht zu halten sind. Als Allesfresser verzehren sie nämlich gerne Küchenabfälle wie Kartoffeln, Salat und Fleischreste oder suchen selbst im Boden nach Knollen und Wurzeln. Auch den schädlichen Schnecken, Raupen und Mäusen spüren sie mit ihren abgeplatteten Rüsselschnauzen hinterher.

Schweine gehören zu den beliebtesten Haustieren des Menschen. Sie sind leicht zu halten und fressen beinahe alles.

Die Vorfahren aller Hausschweine sind die Wildschweine. In vielen Arten haben sie sich fast über die ganze Welt verbreitet. Bei uns leben sie noch in Wäldern und Sumpflandschaften. Die Weibchen, man sagt auch Säue oder Bachen dazu, bringen mindestens zwei, manchmal aber über zehn Ferkel zur Welt. Sie werden Frischlinge genannt und sind braun-weiß gestreift.

Es kann auch für Menschen gefährlich werden, sich den lustigen Frischlingen zu nähern. Eine wütende Sau oder ein angreifender Eber, wie die männlichen Wildschweine heißen, können den Störenfried übel verletzen. Zudem hat ein Eber lange Stoßzähne. Normalerweise benutzt er diese „Hauer" zum Graben bei der Nahrungssuche. In der Paarungszeit aber und wenn er sich angegriffen fühlt, dienen sie als scharfe Waffen. Also Vorsicht!

Den putzigen Frischlingen der Wildschweine sollte man nicht zu nahe kommen.

Weiche Wolle von dickköpfigen Schafen

Wer von euch im Sternzeichen des „Widder" geboren ist, der weiß, was man den „Widdern" nachsagt: Sie seien dickköpfig, wollten immer mit dem Kopf durch die Wand. Ob die Sterndeuter damit Recht haben, muss natürlich jeder selbst nachprüfen.

Bei den echten Widdern, den männlichen Schafen mit den dicken Hörnern, stimmt es allemal. Immer mit dem Kopf voraus, ohne Rücksicht auf Verluste, rennen sie gegen jeden Feind oder Nebenbuhler an. Während der Brunftzeit kämpfen die stärksten Widder wild um die Vorherrschaft in der Herde. Es kracht enorm, wenn sie mit den Köpfen zusammenprallen. Und das Krachen ist weithin zu hören. Die steinharte Stirnplatte des Widders verhindert aber, dass es zu Verletzungen kommt.

Ansonsten sind die Widder friedliche Grasfresser und Wiederkäuer. Sie tun brav ihren Dienst als Beschützer der Herde. Die jungen Schafe, die Lämmer, gelten sogar als Inbegriff der Friedfertigkeit und des Sanftmutes. Gleich nach der Geburt hoppeln sie auf ihren staksigen Beinen mit der Herde mit. Ihr Fell ist noch kurz und wächst sich erst mit der Zeit zu einer dichten, warmen Schafwolle aus.

Wegen dieser Wolle zählen Schafe zu den ältesten Haustieren des Menschen. Schon seit der Steinzeit gibt es den Beruf des Schäfers. Er muss die Herden von Weideplatz zu Weideplatz führen, weil die Schafe alles Grünzeug radikal niederfressen. Es dauert seine Zeit, bis die Wiesen wieder nachgewachsen sind. Zu Beginn der warmen Jahreszeit werden die Schafe geschoren. Heute verwendet man dazu elek-

Die genügsamen Schafe geben wärmende Wolle.

Mufflons sind frei lebende Wildschafe. In Europa leben sie auf Korsika und Sardinien.

trische Scheren und in wenigen Minuten ist alle Wolle herunter. Bis zum Winter wächst sie wieder nach. Die begehrteste Wolle gibt das Merinoschaf. Es stammt aus Spanien, wird aber heute hauptsächlich in Australien gehalten.

In Europa leben nur noch auf Sardinien und Korsika Wildschafe. Es sind die Mufflons. Von ihnen stammen die meisten Hausschafe ab.

Rinder: Holstein-Friesen und Schwarzbunte

Wisst ihr noch, wie es war, als man die Milch direkt beim Bauern holte? Bevor es abends dunkel wurde, musste man im Melkraum sein um noch die ganz frische, warme Milch eingeschenkt zu bekommen. Durch ein Stallfenster sah man die Kühe, wie sie ruhig dastanden. Vor einer Stunde noch hatten sie kräftig gemuht, denn ihre Euter waren prallvoll gewesen. Sie wollten gemolken werden. Ein besonders dickes Euter kann bis zu 15 Liter Milch täglich abgeben. Der absolute Rekord steht bei 50 Litern Tagesleistung.

Der Mensch hat einige der 200 Rinderrassen, die es auf der Welt gibt, so gezüchtet,

dass sie extra viel Milch geben. Wild lebende Rinder wie das Wisent produzieren natürlich viel, viel weniger Milch. Eben nur so viel, wie ihre Kälber brauchen.

Unsere heimischen Milchkuhrassen heißen „Holstein-Friese" und „Schwarzbunte". Wie alle Rinderrassen stammen sie vom Auerochsen oder Ur ab, der im 17. Jahrhundert ausgestorben ist und etwas urwüchsiger und größer war als seine Nachkommen.

Das Wisent lebte früher in ganz Europa.

Der Auerochse ist der Vorfahre aller heutigen Rinder.

Übrigens: Die Kuh ist das weibliche Rind. Der Stier ist das männliche. Der Ochse ist auch ein männliches Rind, kann aber keine Kälber mehr zeugen. Und manche Leute sagen zu allen einfach Kühe. Diese Großtiere sind Wiederkäuer. Sie schlucken bergeweise

Gras ohne richtig zu kauen. Später befördern sie durch Aufstoßen das vorverdaute Gras wieder ins Maul. Erst jetzt kauen sie ordentlich und der Grasbrei wird mit Speichel versetzt. Dann schlucken sie erneut und die Verdauung kommt richtig in Gang.

Rinder müssen täglich fressen. Wenn sie ein oder zwei Tage nichts bekommen, dann verhungern sie anschließend bei lebendigem Leib. Die Verdauungssäfte ihres Magens verderben ohne Futter und können nicht mehr neu gebildet werden. Selbst wenn sie später wieder Futter aufnehmen, der Magen kann nie mehr etwas verdauen.

Diese massigen und fleischigen Tiere dienen dem Menschen schon seit Urzeiten als Zug- und Lasttiere, als Milch- und Fleischlieferanten. In Indien sind die Kühe heilig und dürfen weder geschlachtet noch sonst irgendwie in ihrem behäbigen Lebenswandel gestört werden.

Pferde: Füchse, Rappen und Schimmel

Der Startschuss knallt und auf einen Schlag stürmen alle acht Rennpferde los. Ihre Reiter, die Jockeys, geben ihnen die Sporen und brüllen: „Hüa, hüa!" Im gestreckten Galopp geht es über 1400 Meter. Der Sieger beim heutigen Samstagsrennen ist ein vierjähriger

Rinder fressen beinahe den ganzen Tag. Bekommen sie eine Weile kein Futter, so verderben ihre Verdauungssäfte.

Schon seit über 4 000 Jahren stehen Pferde im Dienste des Menschen.

Araberhengst namens „Windspiel". Er ist rotbraun, also ein Fuchs. Seine stärksten Konkurrenten waren zwei dreijährige Rappen, wie man die ganz schwarzen Pferde nennt. Ein weißes Pferd, ein Schimmel, wurde letzter.

Nach dem Rennen kommen die Stallburschen und bedecken die edlen Zuchttiere mit einer Decke. Sie haben stark geschwitzt und sollen sich nicht erkälten. Später werden sie mit einer Bürste gestriegelt, bekommen einen Eimer voll Hafer und Möhren und natürlich viel, viel Wasser. Davon brauchen sie 20 bis 30 Liter täglich.

Vollblütige Rennpferde wie unser Araberhengst „Windspiel" sind sehr wertvoll und können ihren Eigentümern ein Vermögen einbringen. Weniger wertvoll sind die Halbblüter, die Trakehner oder Hannoveraner. Und für einen alten, schweren Ackergaul, einen Haflinger, muss man froh sein noch einen Stallplatz zu ergattern. Immerhin kann das Zugtier im äußersten Fall an die 40 Jahre alt werden.

Alle diese Pferderassen sind Hauspferde. Sie sind gutmütige Reittiere oder tun brav ihren Dienst vor Pflug und Wagen. Schon vor 4 000 Jahren haben Pferde in Mesopotamien die Streitwagen der Krieger gezogen.

Alle Hauspferde stammen vom Urwildpferd oder Przewalskipferd ab. Nur wenige kleine Herden davon leben noch in freier Wildbahn. Ihr Anführer ist ein starker Hengst. Er verteidigt seine Stuten und die jungen Fohlen mit kräftigen Huftritten und Bissen. Er bestimmt, wo die Herde Gräser und Kräuter sucht. Und er wiehert laut, wenn eine verirrte Stute zurück zu seiner Herde kommt. Das Wiehern ist nämlich der Begrüßungslaut der Pferde.

Die genügsamen Esel und die afrikanischen Zebras gehören auch zu den Pferden. Im Gegensatz zu unseren Hauspferden aber haben sie keine langen Mähnenhaare, sondern nur eine bürstenartig abstehende Mähne.

Auch der anspruchslose Esel gehört zu den Pferden.

Przewalskipferd

Legen Osterhasen Eier?

Jedes Jahr zu Ostern bringt ein Hase den Kindern bunt bemalte Ostereier. Natürlich hat er sie nicht selbst gelegt. Aber die Eier gelten von alters her als Symbole der Fruchtbarkeit. Und insofern ist es richtig, dass sie gerade von Meister Lampe überreicht werden. Hasen sind nämlich überaus fruchtbare Tiere. Bis zu viermal im Jahr wirft die Häsin zwei bis fünf Junge. Die kleinen Häschen haben von Geburt an ein Fell und Zähne, sie können sehen und hoppeln gleich munter herum. Man nennt solche Jungen „Nestflüchter". Die Kleinen werden trotzdem noch drei

Mit seinen langen aufgestellten Löffeln kann der Feldhase ausgezeichnet hören.

Wochen lang von der Mutter gesäugt, ehe sie ihr erstes Grünfutter – Kohl, Gräser, Kräuter und Rüben – knabbern. Die Mutter hat ihre Jungen in einer flachen Erdmulde, der sogenannten „Sasse", zur Welt gebracht. Wenn die Hasen tagsüber schlafen, ducken sie sich fest in die Erdmulde. Mit ihrem graubraunen Fell sind sie dann vom Erdboden kaum zu unterscheiden.

Es knackt leise im Gebüsch. Ein Mensch oder ein Tier ist auf einen trockenen Zweig getreten. Der Feldhase stellt seine langen Ohren, die Löffel, auf und lauscht. Er hat ein empfindliches Gehör. Unverzüglich öffnet er die Augen und starrt angespannt vor sich hin. Noch rennt er nicht weg. Dieses Verhalten des Feldhasen hat zu dem Gerücht geführt, dass die Hasen mit offenen Augen schliefen. Das stimmt jedoch nicht. Sie sind nur sehr schwer im Schlaf zu überraschen, weil sie beim kleinsten Geräusch schon aufwachen.

Jetzt erspäht der Hase einen Fuchs, der sich behutsam seiner Sasse nähert. Da bleibt nur ein Ausweg: die Flucht. Meister Lampe macht einen Satz und rennt davon. Er wird so schnell wie ein Auto auf der Landstraße, bis zu 80 Kilometer pro Stunde. Allerdings hält er dieses Tempo nicht lange durch. Als der Fuchs aufholt, ändert deshalb der Hase ganz plötzlich die Richtung. Man sagt, er schlägt einen Haken. Als der Fuchs reagiert, ist er schon um Meter abgeschlagen und gibt die Verfolgung auf.

Hasen gibt es fast überall auf der Welt. Der bei uns am häufigsten vorkommende ist

Der Hase rennt um sein Leben. Kann er dem Fuchs entkommen?

der Europäische Feldhase. Feldhasen können bis zu sieben Jahre alt werden. Ebenfalls zur Familie der Hasentiere gehört das Europäische Wildkaninchen. Unser Stallhase stammt vom Wildkaninchen ab. Kaninchen haben nicht so lange Ohren wie Hasen. Sie sind insgesamt kleiner und zierlicher. Auch die Hinterbeine sind kürzer.

Wildkaninchen leben in großen Familien.

Das Wildkaninchen lebt mit seiner ganzen Sippschaft in einem weitverzweigten unterirdischen Bau. Die Tiere vermehren sich geradezu explosionsartig. Ein Kaninchenweibchen kann bis zu siebenmal im Jahr fünf bis acht Junge zur Welt bringen. Die kleinen Kaninchen sind bei der Geburt nackt und blind. Sie öffnen erst nach zehn Tagen die Augen und sind daher keine Nestflüchter wie die Hasen.

Hier ein Beispiel für die enorme Fruchtbarkeit der Kaninchen: Im Jahre 1859 setzte ein Großgrundbesitzer in Australien 29 Kaninchen aus. Bis zu dem Zeitpunkt kannte man die Tiere dort noch nicht. In wenigen Jahren vermehrten sich die Kaninchen so sehr, dass sie zur Plage wurden. Sie fraßen die Schafweiden kahl, vernichteten die frische Saat und nagten von jungen Bäumchen die Rinden ab, sodass diese eingingen. 1890 gab es bereits mehr als 20 Millionen Kaninchen in Australien.

Von Haushühnern und Wildhühnern

„Ich wollt', ich wär' ein Huhn, ich hätt' nicht viel zu tun, ich legte jeden Tag ein Ei und sonntags auch mal zwei", heißt es in einem lustigen alten Schlager. Wenn der Text stimmen würde, dann müsste ein einziges Huhn pro Jahr ungefähr 400 Eier legen. So legefreudig sind die Hennen aber doch nicht. Um 250 Eier im Jahr sind das höchste. Und diese Legeleistung haben die Menschen dem Haushuhn erst angezüchtet.

Ursprünglich, vor vielen tausend Jahren, lebten die Hühner als Wildhühner in den Buschwäldern und Savannen Indiens und Malaysias. Noch heute finden wir die wilden Verwandten unserer Hühner dort. Es sind scheue Bodenbewohner, die sehr gut laufen und schlecht fliegen können. Sie picken vom Boden kleine Tierchen, Sämereien und Knospen auf. Die Hennen legen nur im Juni etwa zehn Eier, also bei weitem nicht so viele wie unser Haushuhn.

Die Wildhühner stammen aus Asien.

Nicht jeden Tag liegt ein Ei im Hühnernest!

Das männliche Huhn heißt bekanntlich Hahn. Wilde Hähne haben ganz unterschiedliche Hahnenschreie, „Kukrü" etwa oder „Kükrüü". Das „Kikeriki" unseres Haushahnes hört man nur bei den gezüchteten Rassen. Der Haushahn mit seinen sichelförmigen Schwanzfedern und dem roten Kamm hat es leichter als die wilden Hähne. Er ist meist der unumstrittene Chef auf dem Hühnerhof. Die Hühnerhalter überlegen genau, wie viele Hähne auf einem Hof miteinander auskommen, ohne dass es zu wilden Streitereien kommt.

Die Wildhähne hingegen müssen erbitterte Kämpfe austragen um Konkurrenten aus dem Feld zu schlagen. Sie hacken aufgeregt mit ihren scharfen Krallen auf die Widersacher ein und picken sich die Köpfe blutig. In Mexiko, China und anderen Ländern werden zum Entsetzen der Tierschützer noch heute grausige Hahnenkämpfe öffentlich aufgeführt. Nicht selten sterben die unterlegenen Hähne an ihren Wunden.

Auch die friedlichen Haushühner gehen ziemlich ruppig miteinander um. Es gibt eine strenge „Hackordnung", die regelt, wer zuerst an den Futternapf darf. Immer wieder setzt es böse Schnabelhiebe, wenn die Rangfolge neu und lautstark diskutiert wird.

Zu der großen Gruppe der „hühnerartigen Vögel" gehören auch die Fasane, Wachteln, Auerhühner, Birkhühner und Pfaue. Die Männchen dieser Laufvögel, die Hähne, entfalten oft eine farbenreiche Federnpracht, wie der Goldfasan mit seinen rotgoldenen Federn und dem geringelten Kragen. Oder der Pfau, der als Sinnbild für die eitle Schönheit gilt und seine herrlichen Schwanzfedern mit mehr als einem Meter Länge zur Schau trägt. Der Hahnenschrei des Pfaues ist enorm laut und durchdringend. Man kann ihn kilometerweit hören.

Das schlimmste Schicksal von allen hühnerartigen Vögeln ertragen die Hennen in großen Legebatterien. Sie sind in viel zu kleine Gitterkäfige gepfercht. Die Enge macht sie so krank, dass sie manchmal alle Federn verlieren.

Birkhahn mit Huhn

Haselhuhn

Schneehuhn in Sommer- und Winterkleid

Enten – viele Arten, viel Geschnatter

Die weichen Daunenfedern, die unsere Bettdecken so prima auspolstern, stammen von Eiderenten. Das sind Enten, die in Nordeuropa leben. Beim Nestbau rupft sich das Entenweibchen mit dem Schnabel feine Flaumfedern aus dem eigenen Brustgefieder. Damit polstert es sein Nest. Die Menschen „ernten" einen Teil der Daunen für ihr eigenes „Nest".

Die Eiderente ist nur eine von über 100 Entenarten. Allein von der Hausente gibt es 30 verschiedene Arten. Es gibt Schwimmenten, die kleine Wassertierchen und Algen fressen. Sie „grundeln" mit dem Schnabel im Teich. Es gibt Tauchenten, die wie ein Fisch bis zum Grunde des Sees tauchen. Es gibt Enten mit einem Löffelschnabel und Enten mit ganz langem Hals, wo doch die meisten einen Kurzhals haben. Und es gibt Enten in allen Farben, von grauen bis zu bunten.

Die männliche Ente, der Erpel, ist immer schöner als seine Gattin. Meist trägt er Schmuckfedern oder ist ganz bunt. Das Weibchen hingegen bleibt unscheinbar grau oder braun. Nicht nur die Daunen oder gar ein Entenbraten haben den Menschen immer erfreut, auch das lustige Gewatschel dieser Vögel macht jedem Spaß.

Enten sind äußerst gesellige Tiere. Kolbenenten (links unten), Reiherenten (rechts oben) und Stockenten schwimmen gemeinsam im Teich.

Hunde als Retter
in der Not

Ein Schneebrett hatte sich gelöst und über 1 000 Tonnen Schnee, Schutt und Geröll waren ins Tal gerauscht. Den Sepp und den Hans hatte die Lawine erwischt. Irgendwo eingezwängt zwischen Eis und Schnee mussten die beiden liegen. Hoffentlich waren sie noch am Leben. Die Männer von der Bergwacht banden die Leinen der Lawinenhunde los. Zwei bullige Bernhardiner bekamen das Kommando „Such!" und trabten los. Sie würden den Sepp und den Hans bestimmt finden, genauer gesagt riechen. Denn wie bei allen Hunden ist auch beim Bernhardiner der Geruchssinn sehr ausgeprägt. Selbst durch meterdicke Schneedecken hindurch kann der

Stundenlang suchen Bernhardiner die Lawinen ab, bis sie die Eingeschlossenen gefunden haben.

Lawinenhund Menschen riechen. Er nimmt Gerüche wahr, die tausendmal schwächer sind als die zartesten Gerüche, die der Mensch gerade noch riechen kann.

Der Hund ist der beste Freund des Menschen, sagt man. Das ist bemerkenswert, wenn man bedenkt, dass alle Hunde vom Wolf abstammen, von einem gefährlichen Raubtier also. Der Wolf schlägt in freier Wildbahn unbarmherzig Beute und wegen seines brutalen Tötungsinstinkts wagt sich kein Tier in seine Nähe. Seine Urenkel dagegen, die Haushunde, haben sich friedlich in den Dienst der Menschen gestellt, als Lawinen-, Schlitten-, Such-, Wach- und Schoßhunde.

Dass das einstige Raubtier zum treuen Diener wurde, hat einen einfachen Grund: Hunde wie Wölfe gehorchen immer dem Stärksten im Rudel. Schon vor 12 000 Jahren haben die Menschen erkannt, dass

sie den Platz des „Rudelführers" einnehmen können. Der Hund folgt seinem Herrn bedingungslos.

Schäferhund

Rauhaardackel

Die Menschen haben sich dann mit unzähligen Hundezüchtungen unterschiedliche Wünsche erfüllt: Der Dackel ist ein guter Fuchsjäger geworden, der Schäferhund ein strammer Polizei- und Wachhund. Der winzige Yorkshireterrier wurde ein verspielter Schoßhund und so manche Pudeldame geht sogar in einen Frisiersalon. Ihr gekräuseltes Fell eignet sich besonders für die Schönheitsschuren, die Herrchen oder Frauchen gerade gefallen.

Wenn ihr euch einen Hund wünscht, müsst ihr bedenken, dass Hunde viel, viel Auslauf brauchen. Wer nicht ein bis zwei Stunden am Tag Zeit hat, um mit dem Hund spazieren zu gehen, der sollte lieber auf einen Hund verzichten.

Unsere beiden Bernhardiner, die Lawinenhunde, hatten übrigens Erfolg. Nach Stunden unermüdlichen Suchens fanden sie den Sepp und den Hans. Glücklicherweise hatten sie hinter einer riesigen Tanne Schutz vor den Schneemassen gefunden.

Katzen, die nächtlichen Partygänger

Was machen Katzen eigentlich nachts? Die Antwort ist verblüffend: Sie treffen sich zu regelrechten Katzenversammlungen. Da sitzen dann mehrere Katzen dicht beieinander, lecken und reiben sich, grollen und fauchen ein bisschen. Nach einigen Stunden geht die Versammlung wieder friedlich auseinander.

Vier Millionen Hauskatzen gibt es in der Bundesrepublik Deutschland. Als Haustier ist die Katze sogar beliebter als der Hund. Kein Wunder, denn Katzen sind sauber, machen keinen Lärm und müssen nicht wie ein Hund täglich Gassi geführt werden. Auch wenn Katzen schon lange in einem Haus leben, bleiben sie unabhängig. Sie lassen sich nicht dressieren wie ein Hund.

Unsere Hauskatze stammt entweder von der afrikanischen Falbkatze ab oder von der europäischen Wildkatze. Ganz genau weiß man das nicht. Auf jeden Fall gab es Hauskatzen schon vor rund 4 000 Jahren im alten Ägypten. Die niedlichen Tiere mit den Samt-

Wildkatze

Hauskatze

Manxkatze

Perserkatzer

Abessinierkatze

Siamkatze

pfötchen galten damals sogar als heilig. Bei Todesstrafe war es verboten, Katzen zu töten, zu essen oder außer Landes zu bringen. Der Grund dafür ist einleuchtend: Der höchste ägyptische Gott ist der Sonnengott Ra. Weil Katzenaugen in der Nacht leuchten, glaubten die Ägypter, die Katzen trügen das Licht des Sonnengottes durch die Nacht.

Katzen können auch nachts sehr gut sehen. Ihre Augen nutzen jede noch so kleine Lichtquelle aus. Wenn es allerdings stockdunkel ist, sieht auch die Katze mit ihrem empfindlichen Sehvermögen nichts mehr. Wie ihre wilden Verwandten, die Löwen, Tiger, Leoparden, Pumas und Luchse, sind auch die Hauskatzen Raubtiere. Bis zu 20 Mäuse kann eine Katze in einer Nacht fangen und verspeisen, wenn sie nicht zu Hause schon gefüttert worden ist. Als Mäusefänger werden Katzen aber fast nur noch auf dem Land gehalten.

Im Mittelalter hat man die hübschen Felltiere grausam verfolgt. Man sagte, dass sich die Hexen nachts in schwarze Katzen verwandelten. Noch heute glauben viele Menschen, dass es Unglück bringt, wenn einem morgens eine schwarze Katze von links nach rechts über den Weg läuft.

Es gibt bei den Hauskatzen verschiedene Rassen. Die Perser- und die Angorakatzen haben längere Haare als die bei uns verbreiteten Kurzhaarkatzen. Siamkatzen mit den stahlblauen Augen geben durchdringende, schrille Schreie von sich. Auf der englischen Insel Man gibt es sogar eine Rasse, die keinen Schwanz hat. Eine Legende erklärt, dass die Manxkatze ihren Schwanz verlor, weil sie so spät auf die Arche gekommen ist. Sie ist gerade noch durchgeschlüpft, als Noah die Türe schloss, sodass der Schwanz abgeklemmt wurde.

Mäuse, die kleinen Überlebenskünstler

Speedy Gonzales ist die schnellste Maus der Welt. Die lustige Trickfilmfigur entkommt blitzartig jeder Katze. Unsere graue Hausmaus dagegen hat's viel schwerer. Jeden Tag muss sie auf der Hut sein. Der Hauskater von nebenan fängt glatt 20 Mäuse am Tag, wenn er von seinem Herrchen kein Futter

Hausmaus

in den Napf bekommt. Die Hausmaus versteckt sich deshalb in Löchern, Schächten, Gängen, hinter verstaubten Kisten und in dunklen Kellerwinkeln. Ihr verborgenes Nest polstert sie komfortabel mit bestem Material. Dafür stibitzt sie dem Menschen Stoffreste, Dämmstoffe und Wollfäden.

Schlimmer aber ist, dass sich die Mäuse seit Urzeiten über die Lebensmittel der Menschen hermachen. Riesige Weizenvorräte haben sie schon vertilgt. Der Mensch hat sich mit Gift und Fallen gegen die Nagetiere gewehrt, aber sie sind ihm immer und immer gefolgt. Selbst an den unmöglichsten Stellen, mitten im Großstadtverkehr oder im Antrieb einer Tiefkühltruhe, hat man die kleinen Überlebenskünstler schon entdeckt.

Eigentlich ist die Hausmaus ein Wüstenbewohner und kommt aus Asien. Sie hat sich aber fast auf der ganzen Welt breitgemacht. Sie ist nur zehn Zentimeter kurz und lebt nur zwei Jahre. Dafür bringen die Weibchen bis zu viermal im Jahr an die zehn Jungen zur Welt. Ihre europäischen Verwandten sind die Feld-, die Wühl- und die Spitzmaus. Weltweit gibt es 370 Mäusearten.

Spitzmaus

Die Ratten
fressen nicht alles

„Vorkoster, walte deines Amtes", befahl Kleopatra vor jedem Festmahl. Die ägyptische Königin fürchtete sich vor vergifteten Speisen. Die schlauen Ratten wenden den gleichen Trick an um Giftiges von Nahrhaftem zu unterscheiden. Erst wenn zwei oder drei Vorkoster etwas probiert haben, macht

Die Hausratte sucht die Nähe des Menschen und lebt sogar von dessen Abfällen.

sich das ganze Rudel über den Fund her. Lehnen die Vorkoster ab, dann markieren sie das Gefundene mit Kot und Urin, als Zeichen für die Ungenießbarkeit. Das Rudel sucht dann woanders nach Nahrung.

Ratten sind Allesfresser und haben unermüdlichen Appetit. Große Rattenrudel gehen auf Wanderschaft, wenn ihr bisheriges Revier ratzekahl leer gefressen ist. Die Hausratten suchen die Nähe des Menschen, natürlich wegen der Kornkammern, Küchenabfälle und Obstgärten. So wurden diese Säugetiere zu gehassten Schädlingen. Schlimmer aber war, dass die Ratten die Pesterreger übertragen haben. Millionen von Menschen sind früher dieser grausamen Seuche zum Opfer gefallen. Verständlich, dass im Volksglauben die Ratten als wiedergeborene Hexen bezeichnet wurden. Man hat ihnen auch hellseherische Fähigkeiten nachgesagt und so entstand der Ausspruch „Die Ratten verlassen das sinkende Schiff". Sie spüren angeblich, wenn Unheil naht, und machen sich rechtzeitig aus dem Staub.

Die Bisamratte hat ein schönes Fell.

Neben den Hausratten leben bei uns Wanderratten und Bisamratten. Die Bisamratte ist mit einem halben Meter Länge und über einem Kilogramm Gewicht die größte Ratte. Sie haust an Flussufern und Deichen in selbstgebauten Bauen und frisst mit Vorliebe Wasserpflanzen. Sie hat ein schönes braunes Fell, die sogenannte Wamme, das von Kürschnern zu Mänteln und Jacken verarbeitet wird. Drei- bis viermal im Jahr kommen etwa acht bis zehn Junge zur Welt. So kann eine einzige Rattenfamilie mit Kindern und Kindeskindern in kurzer Zeit Hunderte von Mitgliedern haben.

Igel, die nützlichen Stachelritter

Erschreckt nicht, wenn ihr nachts im Garten ein Schnüffeln, Schnaufen oder lautes Schmatzen hört. Es ist bestimmt ein Igel, der in der Dunkelheit auf Beutefang geht. Igel wohnen im Unterholz der Wälder, in Laub- und Reisighaufen oder in den Hecken von Parks und Gärten. Die Säugetiere haben einen rundlichen Körper, eine spitze Schnauze und kurze Beine. Sie sind etwa 30 Zentimeter lang. Der Igelrücken ist mit zahllosen, zwei bis drei Zentimeter langen, spitzen Stacheln bedeckt. Sobald sich ein Hund oder Dachs nähert, rollt sich der Igel zu einer stacheligen Kugel zusammen.

Zusammengerollt hält der Igel seinen Winterschlaf.

Wenn die Angreifer die schmerzhaften Stiche spüren, lassen sie von dem Opfer meist schnell wieder ab.

Wegen ihres Stachelkleids haben Igel in der Tierwelt nur wenige Feinde. Nur die Krallen des Uhus müssen sie wirklich fürchten. Uhus „schälen" mit ihren Schnäbeln die Stachelhaut ab und verspeisen dann den Körper. Der schlimmste Feind des Igels ist jedoch der Mensch, denn viele tausend Igel werden jährlich von Autos überfahren.

In warmen Sommernächten kann man die Igel laut durch den Garten schnüffeln hören.

Die Menschen mögen die Igel, nicht nur, weil sie so niedlich aussehen, sondern weil sie viele Schädlinge wie Schnecken, Engerlinge, Käfer, Asseln und Spinnen vernichten. Igel fressen aber auch Vogeleier und sogar junge Kaninchen. Auch vor Schlangen laufen die mutigen Stachelritter nicht davon. Sie können mit ihren kräftigen Zähnen Kreuzottern töten und fressen sie mitsamt den Giftdrüsen.

Igel gibt es auch in Afrika und Asien. Der bei uns am häufigsten vorkommende Igel ist der Braunbrust- oder Westigel. Er heißt so, weil seine Unterseite braungrau ist. Man hat an einem Braunbrustigel 16 000 Stacheln gezählt. Diese Igel können zehn Jahre alt werden.

Die Brunstzeit der Igel dauert von April bis Juli. Ihr fragt euch vielleicht, ob sich die Igel mit ihrem spitzen Stachelkleid bei der Paarung nicht verletzen. Das ist nicht der Fall, denn das Weibchen legt bei der Begattung die Stacheln eng an den Körper an.

Nach etwa fünf Wochen Tragzeit bringen die Weibchen in einem sicheren Versteck, das sie mit Moos, Laub und Heu ausgepolstert haben, fünf bis sieben Igeljunge zur Welt. Der Rücken der Igelkinder ist zunächst grau und haarlos. Erst nach 24 Stunden kommen die weißen Stachelspitzen aus einem Hautpolster hervor.

Im Herbst bereitet sich die Igelfamilie auf den Winterschlaf vor. Sie polstert ein trockenes Plätzchen mit Heu gemütlich aus und verabschiedet sich für ein halbes Jahr von der Welt.

Der Biss der Kreuzotter

Der Fall von Elisabeth Jäger ist wirklich schlimm. Die junge Frau wurde von einer Kreuzotter gebissen. Daraufhin war sie zeit ihres Lebens schwer krank. Der Fuß mit der Bissstelle ist nie richtig verheilt und schmerzte ständig. Für drei Jahre ihres Lebens erblindete Elisabeth sogar infolge des Schlangenbisses. Gott sei Dank liegt dieser Fall einhundert Jahre zurück. Heute haben die Ärzte Gegengifte und andere Methoden um mit dem Schlangenbiss fertig zu werden. Todesfälle nach Kreuzotterbissen kommen fast nie mehr vor.

Die Kreuzotter ist eine einheimische Giftschlange.

Trotzdem kann Vorsicht nicht schaden. Festes Schuhwerk in Mooren, feuchten Wäldern und einsamen Flussauen ist dringend anzuraten. Auch in manchen neu angelegten Feuchtgebieten ist die Kreuzotter wieder heimisch geworden. Ihre Hauptfeinde, die Greifvögel, können nämlich in den kleinen Biotopen nicht jagen; sie beanspruchen ein größeres Revier. Die Folge: In solch einem kleinen Naturschutzgebiet wimmelt es oft von Kreuzottern.

Ihr wollt bestimmt wissen, woran man Kreuzottern erkennt. Das ist gar nicht einfach zu sagen, weil die Schlangen viele verschiedene Färbungen aufweisen. Fast immer haben sie ein Zickzackband über den Rücken laufen. Oft sind sie dunkelbraun mit schwarzem Band, manchmal auch hellgrau mit einem dunkelgrauen Zickzackband. Die harmlose Schlingnatter sieht der Kreuzotter sehr ähnlich und wurde unglücklicherweise statt dieser oft getötet.

Kreuzottern gelten als angriffslustig. Sie sind es aber nur, wenn man sie mit einem Stöckchen geärgert hat oder versehentlich draufgetreten ist. Dann beißen sie wild um sich und zeigen ihre nadelspitzen Giftzähne. Normalerweise reagiert die 20 bis 90 Zentimeter lange Schlange kaum, wenn ihr ein Mensch begegnet. Sie bleibt zusammengerollt ruhig liegen oder schleicht sich träge in ein Versteck. Die Kreuzotter ernährt sich hauptsächlich von Mäusen, Eidechsen und Maulwürfen.

Das Problem der kleinen Eidechse

Frech schlängelt die kleine Eidechse herbei. Sie hebt kühn das grüne Köpfchen und stemmt die Vorderbeine mehrmals durch. Das sieht aus, als würde sie Liegestützen machen. Mit offenem Mund hechelt sie wütend in der heißen Sommerluft. Der Grund für ihren Ärger: Zwei Badegäste haben am Seeufer ihre Liegedecken genau dort ausgebreitet, wo das kleine Eingangsloch zum unterirdischen Bau der Eidechse ist.

Eidechsen brauchen ihre unterirdischen Gänge als Schutz vor Raubvögeln und um nachts und im Winter vor Auskühlung bewahrt zu bleiben. Ihre Körpertemperatur steigt und fällt wie bei allen Echsen mit der Außentemperatur. Wird es zu kalt, dann fallen sie in eine Kältestarre. In dieser Starre überwintern sie auch.

In der warmen Jahreszeit sind Eidechsen immer darauf bedacht, die wärmsten Plätzchen zu ergattern. In der prallen Sonne auf einem Stein oder auf sandigem Grund kann man die durchschnittlich zehn bis zwanzig Zentimeter langen Echsen häufig beobachten. Eifrig jagen sie nach Fliegen, kleinen Spinnen, Schnecken und Wasserläufern.

Eidechsen können gut schwimmen und sind dann kaum von einer Schlange zu unterscheiden, weil man ihre vier kräftigen Beinchen im Wasser nicht sieht. Bei uns sind

Nicht anfassen: Der Feuersalamander scheidet durch eine Hautdrüse ein brennendes Gift aus.

die Bergeidechse, die Smaragdeidechse und die Zauneidechse heimisch. Mit Ausnahme der Bergeidechse legen alle Echsen Eier. Die Eier werden nicht bebrütet oder sonst wie versorgt. Aus den Eiern schlüpfen fertige kleine Echsen, die sofort jagen und selbstständig leben können.

Die Bergeidechse bringt als einzige Echse lebende Junge zur Welt. Anfangs sind sie noch schwarz und natürlich viel kleiner als das braungrüne Muttertierchen. Sie können aber ebenfalls sofort selbstständig leben. Alle heimischen Eidechsen sind harmlose Tierchen, die sich sogar bis zu einem gewissen Grad an Menschen gewöhnen. Mit etwas Geschick kann man manche Arten sogar füttern.

Ob Zauneidechse, Bergeidechse oder Smaragdeidechse (von links) – in der prallen Sonne fühlen sich die flinken Tierchen am wohlsten.

Heut ist ein Fest bei den Fröschen am See

Das Mondlicht spiegelt sich im Teich. Ein gepresstes „kroa, kroa" durchbricht die Stille. Es folgt ein zweites „kroa, kroa", fünf Meter entfernt. Dann fällt das ganze Froschorchester mit ein. Im Frühsommer fangen die Frösche abends alle an zu quaken, wenn nur einer mit dem Quaken beginnt. Dabei ist es gleichgültig, ob der „Vorsänger" ein Mensch ist oder ein anderer Frosch. Manchmal reicht sogar ein knarrendes Scheunentor um die Frösche munter drauflosquaken zu lassen.

Das laute Quaken erzeugen die Frösche mit einer dünnen Hautblase unter dem Maul. Bei jedem „kroa, kroa" blähen sie die Blase so weit auf, dass fast ihr ganzer Leib davon verdeckt wird. Die Blase wirkt als Schallkörper wie das feine Holz einer Geige oder einer Gitarre. Mit dem Quaken locken die Froschmännchen die Weibchen an. Hat sich eine Froschdame im Teich eingefunden, dann springt das Männchen auf ihren Rücken und umklammert sie. Nach einer halben Stunde sondert das Weibchen unzählige Eier aus dem Hinterleib ab. Das Männchen befruchtet die Eier und es entsteht der Laich. In Klumpen oder Strängen kleben Hunderte oder Tausende von befruchteten Eiern zusammen. Das Weibchen heftet die Eimasse unter der Wasseroberfläche an Stängel oder Halme an.

Und damit beginnt eine wundersame Entwicklung. Zuerst werden aus den Eiern die

Der vorderste Frosch quakt gerade, was an der aufgeblähten Schallblase zu erkennen ist.

Kaulquappen. Diese Wasserbewohner haben einen langen Schwanz und sehen fast wie kleine Fische aus, ohne Arme und Beine, mit einem Maul und zwei Augen. Sie atmen wie Fische durch Kiemen. Kaulquappen sind zappelige Schwimmer, die fast in allen Seen, Teichen und Tümpeln Europas zu finden sind. Dann wachsen ihnen Hinter- und Vorderbeine und der lange Schwanz verkümmert. Mit jedem Millimeter, mit dem die Vorderfüße

So entwickelt sich ein Frosch: Aus den Eiern entstehen Kaulquappen, denen nach einer Weile Hinter- und Vorderbeine wachsen.

wachsen, bilden sich die Kiemen zurück.
Aus den Kiemen entstehen die Lungen, mit
denen sie an Land atmen können. Nach drei
Monaten erst ist der Frosch erwachsen.

Frösche sind amphibische Lebewesen,
die halb an Land und halb im Wasser
leben. Ihre Nahrung bilden Insekten, die
sie mit ihren langen Zungen schnappen.
Die bekanntesten heimischen Frösche sind
die grellgrünen Laubfrösche und die braun-
grünen Wasserfrösche. Die Biologen rechnen
Unken, Kröten und Frösche zu der großen
Gruppe der Froschlurche zusammen. Sie
sind auf der ganzen Welt verbreitet, sofern
es warm genug ist und ausreichend Wasser
und Insekten vorhanden sind.

Ein Regenwurm hat viele Leben

Jeder weiß, dass ein Regenwurm weiter-
lebt, wenn man ihn versehentlich mit dem
Spaten in der Mitte durchgeschnitten hat.
Der Körper des Wurmes besteht aus vielen
Muskelringen und hat keine Knochen.

Wenn nach einer Verletzung nur genügend viele Ringe übrigbleiben, dann lebt der
Wurm weiter.

*Der grüne Laubfrosch ist der bekannteste
einheimische Frosch.*

Der Regenwurm ist ein nützliches Garten-
tier, das den Boden auflockert und umgräbt.
Regenwürmer fressen nämlich Erde, die
Pflanzenteile enthält, und scheiden auch
Erde wieder aus. Regenwürmer sind Zwitter, also zweigeschlechtlich. Jeder Wurm legt
nach der Paarung ein Ei, aus dem ein kleiner
Wurm schlüpft. Bei der Paarung tauschen
die Regenwürmer nur die männlichen Samen
aus. Obwohl sie, wie die Schnecken, Zwitter
sind, brauchen sie merkwürdigerweise einen
Partner um sich vermehren zu können.

Die Haut des Regenwurmes ist feucht und
schlüpfrig. Sie haben keine Lungen, sondern
nehmen die Luft durch die Haut auf. Sie
vertrocknen, wenn man sie in der prallen
Sonne ungeschützt liegen lässt.

*Erdkröten und Regenwürmer leben in unseren
Gärten.*

Die Weinbergschnecke ist hierzulande die bekann-teste von weltweit über 100 000 Schneckenarten.

Schnecken: Stielaugen und Liebespfeile

Wer sich im „Schneckentempo" bewegt, kommt wahrlich ganz, ganz langsam voran. Kaum ein Tier unserer Erde bewegt sich so zäh und träge wie eine Landschnecke. Sie hat keine Beine, sondern nur eine Kriech-sohle unter dem Bauch, mit der sie sich Stück für Stück nach vorne schiebt. Dabei sondert sie eine Schleimspur ab um besser rutschen zu können.

Die bekannteste europäische Land-schnecke ist die Weinbergschnecke. Wie alle Schnecken ist sie ein Weichtier und hat kein Skelett. Dafür haben Kalkdrüsen auf ihrem Rücken ein hartes Schneckenhaus gebildet. Im Winter zieht sich die Schnecke in dieses Haus zurück und verschließt den

Eingang mit einem Kalkdeckel. Vorher hat sie sich einen halben Meter tief in die Erde eingegraben. Im Frühjahr kommt sie wieder hervor und macht sich über zarte Blätter und grüne Triebe her.

Ihre Augen sitzen auf zwei langen Stie-len. Wenn ihr einen Grashalm nehmt und die Augen damit berührt, dann zieht die Schnecke die Stiele ein. Ist die Gefahr vo-rüber, fährt sie die Stielaugen wieder aus.

Im Mai könnt ihr die Weinbergschnecken unter Buschwerk oder in Salatgärten bei der Paarung beobachten. Zwei Schnecken kleben dann Sohle an Sohle aneinander. Was ihr nicht sehen könnt, ist der „Liebespfeil" der Schnecken. Jede Schnecke schießt aus einer Art Köcher am Bauch einen kleinen Kalkpfeil in den Bauch der anderen Schnecke. Der Liebespfeil enthält ein Reizmittel, damit die Paarung richtig in Gang kommt. Was ihr auch nicht sehen könnt, ist, welche Schnecke das Weibchen spielt und welche das Männchen. Alle Schnecken sind nämlich „Zwitter", also zweigeschlechtlich. Jede Schnecke erzeugt weibliche Eier und männliche Samen zugleich.

Die Weinbergschnecke ist nur eine von über 100 000 Schneckenarten, die es auf der Welt gibt. Die meisten Arten leben im Wasser, also im Meer oder in Flüssen und Seen. Die anderen leben auf dem Land und haben lungenähnliche Gefäße zum Atmen.

Baumschnecke

Schnirkelschnecke

Große Wegschnecke

Das Doppelleben
der Libellen

Keine Angst, Libellen stechen nicht, auch wenn man sie früher fälschlich „Augenstecher" genannt hat. Heute sagt man zu ihnen liebevoll „Wasserjungfern", weil sie an Flüssen, Seen und Weihern zu Hause sind. Wasser ist das Lebenselixier der farbenfrohen Fluginsekten. Libellen führen nämlich ein Doppelleben. Drei Viertel ihres Lebens verbringen sie als Larve unter Wasser und nur ein Viertel in der Luft.

Das Weibchen der Weidenjungfer legt im Sommer die Eier unter die Rinde von Erlen oder Weidenzweigen, die über die

Königslibelle

Wasseroberfläche hängen. Nach sechs Monaten schlüpfen die Larven aus. Sie müssen ins Wasser fallen; an Land würden sie vertrocknen. Die Larven atmen ähnlich wie die Fische mit Kiemen, die am Ende des Unterleibs sitzen. Viele Wochen leben die Larven unter Wasser und ernähren sich räuberisch von Würmern, Schnecken, Kaulquappen und winzig kleinen Fischen.

Ist die Larve ausgewachsen, so klettert sie an einem Pflanzenstängel aus dem Wasser. Das geschieht immer vor Sonnenaufgang, wenn die Luft noch kühl und feucht ist. Auf dem Rücken platzt jetzt die Larvenhaut. Kopf und Brust der unter Wasser fertigentwickelten Libelle schieben sich aus dem überflüssig gewordenen Panzer. Sind auch die Beine aus der Larvenhülle gezogen, ruht sich die Libelle erst einmal aus.

Bald beginnt nämlich die erste Flugstunde. Die Flügel sind groß und durchsichtig wie Glas. Viele Queradern verstärken die Flügelhaut. Der Libellenkörper ist langgestreckt und schillert in einem prächtigen Blaugrün, Goldbraun oder Silberblau. Das Leben der fertigen Libellen ist nicht sehr lang. Zwei Wochen flirren die Seejungfern am Teich, zwei bis drei Monate die vergleichsweise langlebigen Teufelsnadeln. Die größte einheimische Art ist mit rund zwölf Zentimeter Flügelspannweite die Königslibelle.

Libellen verbringen die meiste Zeit ihres Lebens als Larve im Wasser.

Auch die ausgewachsenen Libellen leben räuberisch. Sie fressen kleine Insekten, die sie in der Luft schnappen. Mit ihren riesigen Netzaugen, die den größten Teil des Kopfes einnehmen, können sie ausgezeichnet sehen. Jedes dieser Facettenaugen ist aus bis zu 30 000 Einzellinsen zusammengesetzt.

Die respektlosen Fliegen

Bsss … tack! Bsss … tack! Immer wieder saust die dicke Schmeißfliege gegen die Fensterscheibe im Wohnzimmer. Sie versucht nach draußen zu fliegen und knallt ständig gegen das Fensterglas. Nach einer halben Stunde ist sie erschöpft und krabbelt in eine Ecke des Fensterbretts. Die Schmeißfliege ist eine der größten Fliegen. Wenn sie mit ihrem 15 Millimeter langen Leib gegen die Scheibe prallt, dann „tackt" es ganz schön laut. Sie scheint das Glas nicht zu sehen, obwohl sie zwei große Facettenaugen hat, die fast ihren ganzen Kopf bedecken.

Vorn an den Beinen hat sie kleine Häkchen und winzige Saugstutzen. Damit hängt sie an der Zimmerdecke oder krabbelt quer über eine Fensterscheibe. Sie hat nur zwei Flügel und nicht wie andere Insekten vier. Ihre bei-

Eine Goldfliege auf Nahrungssuche

den Hinterflügel sind zu „Schwingkölbchen" umgebildet. Sie balanciert damit im Flug ihr Gleichgewicht aus. Je nach Bedarf dreht sie die Kölbchen in eine bestimmte Richtung und verlagert damit ihr Gewicht. Eine kleinere Verwandte der Schmeißfliege ist die Stubenfliege. Sie misst nur fünf Millimeter und man hört es kaum, wenn sie gegen eine Scheibe prallt, so leicht ist sie.

Nur wenige Tiere unserer Erde haben so wenig Respekt vor uns Menschen wie die Stubenfliege. Sie setzt sich ungeniert auf unseren Kopf, auf unser Geschirr, auf die Marmelade und trinkt nachts, wenn wir schlafen, die Feuchtigkeit von unseren Lippen. Mit ihrem Saugrüssel beleckt sie alles und jeden auf der Suche nach Nahrung.

Der Schwänzeltanz der Honigbienen

Wer hätte gedacht, dass Honigbienen miteinander sprechen? Natürlich reden diese Insekten nicht wie Menschen. Sie haben aber eine Möglichkeit gefunden, ihren Arbeitskollegen genau mitzuteilen, wo es am meisten Blütennektar gibt. Und das geht so: Kommt eine Biene vom Nektarsammeln zurück zu ihrem Volk, dann „schwänzelt" sie vor den anderen Sammelbienen auf und ab. Die Richtung dieses Schwänzeltanzes zeigt den anderen genau an, in welchem Win-

Der Schwänzeltanz der Honigbiene in Pfeilrichtung zeigt Lage und Entfernung der Blüten an.

kel zur Sonne die Blüten stehen. Und die Entfernung zu den Blüten ergibt sich aus der Anzahl der Tänze. Schwänzelt sie beispielsweise zweimal, so sind die Blüten weit weg, nämlich fünf Kilometer. Schwänzelt sie dagegen neunmal, dann sind es nur knapp 100 Meter bis zur Futterquelle.

Die Honigbienen leben in Völkern zusammen. Ihre Wohn- und Brutstätten sind die Waben. Sie bestehen aus vielen, vielen sechseckigen Wachszellen. Die Bienen haben sie selbst gezimmert. Das dazu nötige Wachs entsteht in Drüsen ihres Hinterleibs. Zigtausend einfache Honigbienen scharen sich um eine einzige Königin. Diese Königin kann über 50 000 Eier in einem Jahr legen. Jedes Ei wird sorgsam in einer eigenen Zelle verstaut.

Nach drei Tagen schlüpft die Larve, ein kleines, weißes Würmlein, aus dem Ei. Hat die Larve zwei Wochen tüchtig gefressen, dann spinnt sie ein Seidengespinst um sich herum und wird zu einer harten Puppe.

Eine der ersten Aufgaben im Leben der jungen Bienen ist der Bau der Waben.

Nach insgesamt drei Wochen schlüpft aus der Puppe die fertige Biene. Anfangs leben die jungen Bienen nur im Bienenstock. Sie müssen Sauber machen, die Königin füttern, die Waben bauen und schließlich den Eingang des Bienenstocks bewachen. Dann erst dürfen sie hinaus um Nektar und Pollen zu sammeln. Schon nach zwei Monaten sterben sie. Ein kurzes arbeitsreiches Leben ist dann zu Ende. Nur die Königin lebt fünf Jahre lang und wird im Winter von den neuen Nachkommen gewärmt.

Der Honig, den der Bienenzüchter, der Imker, aus den Vorratswaben der Bienen gewinnt, ist nichts anderes als umgewandelter Blütennektar. Der Nektar wird im Honigmagen der Biene zersetzt und zu Honig eingedickt. Ist der Honigmagen voll, dann fliegt die Biene nach Hause. Durch die Speiseröhre würgt sie den Honig aus und füttert die anderen Bienen oder füllt die Vorratswaben, wo der Honig gelagert wird. Auch für Menschen ist Honig sehr gesund und nahrhaft.

Eine Motte geht ins Spinnennetz

Der Alarmfaden der Kreuzspinne ruckt und zuckt. Sie hat diesen Faden extra gesponnen, damit sie feststellen kann, wenn sich ein Insekt in ihrem Netz verfangen hat. Der Faden ruckt jetzt so stark, dass die Spinne unverzüglich zu ihrem kunstvollen Radnetz hochkrabbelt. Sie hat an den Fußenden gebogene Krallen um sich gut in ihr Netz einhängen zu können. Da zappelt hilflos eine Motte. Mit ihren stumpfen Flügeln hat sie sich in den Spinnenfäden verheddert. Sie kann nicht mehr entrinnen. Die Spinne überquert im Nu das Netz, packt die Motte und lähmt sie mit ihrem Gift. Dann beginnt sie um die Motte herumzukrabbeln. Dabei

Im Netz der Kreuzspinne zappelt eine fette Beute.

Es gibt auch Jagdspinnen, die ohne Netz und Faden auf ihre Beute lauern und sie mit Gift töten. Auf der Welt leben über 21 000 Spinnenarten. Darunter so berühmte wie die Tarantel, die Wolfsspinne oder der Skorpion. Skorpione haben einen sechsgliedrigen Schwanz mit einem spitzen, giftigen Stachel. Manche Skorpionarten stechen so schlimm, dass ein Mensch daran sterben muss.

Spinnen haben immer acht Beine und nicht wie die Insekten nur sechs. Alle Spinnen legen Eier und bei manchen Arten schlüpfen gleich aus den Eiern die fertigen Jungtiere. Sie werden anschließend noch eine Zeitlang auf dem Rücken der Mutter spazieren getragen.

Bei den Ameisen leisten die Weibchen Schwerstarbeit

spinnt sie das Insekt mit ihrem Faden ein. Die Spinndrüsen sitzen an ihrem Hinterleibsende und produzieren Zentimeter um Zentimeter Faden. Schließlich ist die Motte ganz eingewoben. Die Spinne wird sie erst später verzehren, wenn sie hungrig ist.

Nicht alle Spinnen weben ein Netz wie die Kreuzspinnen oder die Radnetzspinnen. Manche Spinnen ziehen nur einzelne Stolperfäden. Wenn ein Insekt daran hängen bleibt, saust die Spinne aus ihrem Versteck.

Wer von euch einen großen Kleiderschrank ganz alleine tragen kann, der ist so stark wie eine Ameise. Diese kleinen Insekten schleppen nämlich Blätter, Zweige und Hölzchen, die um ein Vielfaches schwerer und größer sind als sie selbst. Ist einer Ameise die Last zu schwer, dann packen die anderen sechsbeinigen Arbeiterinnen mit an und gemeinsam schaffen sie selbst

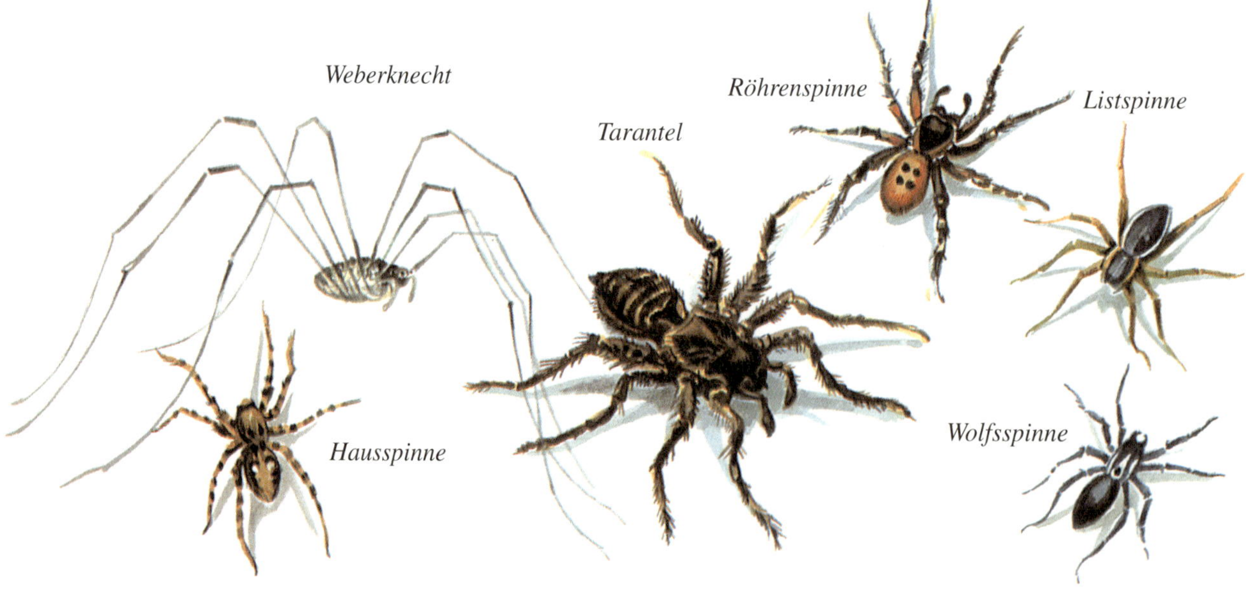

Eine Ameise schleppt ein Stöckchen zum Bau, das viel größer ist als sie selbst.

einen dicken Regenwurm bis zu ihrem Bau. Der Regenwurm ist mit seinen zehn Gramm Gewicht gut tausendmal schwerer als eine einzelne Ameise, die nur etwa zehn Milligramm auf die Waage bringt.

Nur die männlichen Ameisen haben Flügel. Sie arbeiten nicht und dienen dem Ameisenstaat nur dadurch, dass sie die Eier der Königin befruchten. Die Arbeiterinnen tun oft erstaunliche Dinge, die man Insekten eigentlich gar nicht zutraut. Sie sind zum

Jede Ameise hat eine feste Aufgabe.

Beispiel richtige Bäuerinnen. Sie melken, natürlich nicht Kühe, sondern Blattläuse, die dann eine zuckerige Flüssigkeit absondern. Die Ameisen saugen diese Flüssigkeit auf, bis sie ganz dick sind. Dann wanken sie wie betrunken nach Hause.

Der Bau unserer heimischen Roten Waldameise kann über einen Meter hoch sein und beherbergt viele tausend Tierchen. Noch im Umkreis von 150 Metern sieht man die

rotschwarzen Arbeitskolonnen marschieren. Ameisen sind nützliche Schädlingsvertilger und werden deshalb von den Förstern geschützt.

Es brennt ungemein auf der Haut, wenn man von einer Waldameise gebissen wird. Waldameisen haben keine Stachel, sondern beißen ihre Opfer. Dann spritzen sie aus dem Hinterleib die brennende Ameisensäure in die Bisswunde.

Hirschkäfer – sieben Jahre unter der Erde

Es ist Anfang Juni. Am Fuße der alten, knorrigen Eiche regt sich plötzlich das Laub. Die beiden Zangen eines stattlichen Hirschkäfers schieben sich aus dem modrigen Waldboden. Der acht Zentimeter lange Käfer erblickt zum erstenmal in seinem Leben das Licht des Tages. Sieben Jahre lang hat er als Larve und als Puppe im Erdreich gelebt. Jetzt ist er ausgewachsen. Seine Oberkieferzangen sehen aus wie das Geweih eines Hirsches. Die beiden schwarzen Schutzflügel dienen

Das Hirschkäfermännchen trägt ein kräftiges „Geweih".

Sieben Jahre lang lebt der Hirschkäfer als Larve und Puppe unter der Erde.

als Rückenpanzer und bedecken zwei zarte, pergamentähnliche Flugflügel. Er öffnet seinen Rückenpanzer, die Flügel setzen sich in Bewegung, und schon schwirrt er los.

Im August verströmt das Hirschkäfermännchen einen süßen Duft um damit ein Weibchen anzulocken. Das Weibchen trägt kein „Geweih". Es hat nur kurze Kieferzangen. Das ist eine große Ausnahme im Reich der Käfer, wo die Weibchen den Männchen normalerweise sehr ähnlich sind. Und dann ist es soweit: Eine pechschwarze Hirschkäferdame naht. Doch zur Paarung kommt es nicht, denn es haben sich zu viele Männchen eingefunden. Ein erbitterter Kampf hebt an. Die Männchen schieben und stoßen sich mit ihren Geweihen, ganz so wie ihre Namensvettern, die Hirsche.

Zwei Hirschkäfermännchen im Kampf

Der Sieger nähert sich schließlich dem Weibchen. Er trommelt mit zwei zarten Fühlern auf dem Kopf der Angebeteten herum. Dem Weibchen scheint das zu gefallen und endlich feiern die beiden Hochzeit. In wenigen Tagen bilden sich dann im Hinterleib des Käferweibchens zahllose Eier. Ende August

vergräbt es diese Eier tief im Waldboden. Aber immer nur dort, wo Eichen stehen. Denn die weißen Larven, man sagt auch Engerlinge dazu, fressen nur vermodertes Eichenholz. Sie schlüpfen nach zwei Wochen aus den Eiern und werden bis zu sieben Jahre lang in der Tiefe des Erdreichs leben.

Ihre beiden Eltern hingegen sterben schon am Ende des Sommers. Sie haben nur drei Monate als ausgewachsene Hirschkäfer gelebt. Der Anblick der imposanten Hirschkäfer ist leider selten geworden. Und es waren nicht die Wildschweine, die den Käferlarven so gerne nachschnüffeln und ihnen fast den Garaus gemacht haben. Es war der Mensch, der ihnen den Lebensraum entzogen hat. Wilde Eichenwälder sind heute kaum noch zu finden.

Schmetterlinge, die anmutigsten Geschöpfe der Welt

„Auf rosigem Reis
ruht ein Schmetterling weiß
seelenallein: Wessen Geist mag er sein?"

Diese hübsche japanische Strophe ist den anmutigsten Geschöpfen unserer Welt gewidmet, den Schmetterlingen. Einen Sommer lang schweben und flattern die zarten Wesen durch die duftenden Blütenmeere.

Der riesige Atlas-Schmetterling aus Indien schreckt Angreifer mit seinen aufgeklappten Flügeln ab.

Sicher kennt ihr von Wiesenspaziergängen die heimischen Schmetterlinge, den blassen Kohlweißling, den knallgelben Zitronenfalter oder das Tagpfauenauge mit Flügelenden, die wie Pfauenfedern aussehen. Selten hingegen findet man einen der größten europäischen Schmetterlinge, den gelbschwarzen Schwalbenschwanz, der blaue Flügelenden hat, die aussehen, als hätte sie ein Graffiti-Künstler besprüht. Seine Flügelspannweite beträgt manchmal zehn Zentimeter. Der Atlas-Schmetterling ist einer der größten in der Welt und lebt in Indien. Wenn er seine enormen Flügel plötzlich aufklappt, glaubt jeder Feind, das aufgerissene Maul eines Tigers zu sehen. Für viele Schmetterlinge ist die abschreckende Wirkung ihrer Flügelbemalung die einzige Verteidigungswaffe.

Schmetterlinge ernähren sich von Blütennektar. Sie schieben ihre langen Rüssel in die Blütenkelche und saugen damit den Nektar hoch. Mit dem Leib streifen sie nebenbei die Blütenpollen ab und bestäuben damit die nächsten Blumen. So machen sie wieder gut, was sie den Pflanzen früher an Schaden zugefügt haben. Denn bevor ein Schmetterling herangereift ist, war er eine gefräßige Raupe. Aus den Schmetterlingseiern schlüpfen je nach Art ganz unterschiedliche Raupen. Mal haben sie Borsten und stachelige Haare, mal sind sie nackt und voller Warzen. Es gibt bunte und weiße Raupen. Und sie fressen beinahe alle Arten von Pflanzen. Auch Kannibalen gibt es darunter, die ihresgleichen verspeisen, oder Raupen, wie die der Kleidermotte, die einen dicken Wollmantel ruck, zuck durchlöchert. Manche Schmetterlingsraupe lebt übrigens jahrelang. Sie überwintert tief in der Erde allein oder mit anderen in einem dichten Verband.

Zum Verpuppen spinnen die Raupen dann einen Faden um sich herum, der zu einem harten Kokon wird. Den besten Faden spinnt die Raupe des Seidenspinners. Daraus wird kostbare Seide gefertigt, die die Modeschöpfer zu Schals, Blusen und Kleidern verarbeiten. Die Puppe ruht ein paar Wochen, manche Arten sogar Jahre, bis endlich die bunten Insekten mit den großen, schillernden Flügeln schlüpfen.

Eulen – auf leisen Schwingen durch die Nacht

Im lautlosen Sturzflug saust die Eule von hinten an die ahnungslose Feldmaus heran und packt sie im Genick. Wie Dolche graben sich ihre vier Zentimeter langen Krallen in das Fleisch des Nagetieres. Die kleine Maus hatte keine Chance zu entkommen, denn sie konnte das Herannahen des Räubers nicht hören. Der Eulenkörper ist nämlich von einer Schicht weicher Federn umgeben, sodass alle Fluggeräusche verschluckt werden.

Der Waldkauz brütet in ausgehöhlten Baumstämmen.

Die Schleiereule haust am liebsten in dunklen Ecken von abbruchreifen Gebäuden.

Eulen jagen in der Dämmerung und nachts. Sie können zwar im Dunkeln gut sehen, aber noch besser hören sie. Ein für uns kaum wahrnehmbares Piepsen oder Scharren verrät ihnen sofort, wo sich die Maus, der Vogel, der Frosch oder die Fledermaus aufhält. Unmittelbar nach dem Fang schlingt die Eule ihre Beute hinunter. Die kleinen Tiere auf einmal, die größeren zerteilt sie in Stücke. Sie sperrt den Schnabel weit auf und schluckt alles hinunter, auch die Knochen, die Haare, die Federn und die Krallen. Diese unverdaulichen Nahrungsreste würgt sie später als kleine graue Klumpen wieder heraus. Man nennt diese Klümpchen das „Gewölle". Ihr findet diese Gewölle vor ausgehöhlten Baumstämmen, Felsritzen oder Höhlen, in die der Waldkauz sein Nest baut.

Diese bekannteste Eule Europas ist etwa 38 Zentimeter groß und brütet in Wäldern, Parkanlagen und Alleen. Tagsüber schläft sie auf Astgabeln oder verbirgt sich in ihrer Baumhöhle. Erst in der Dämmerung kann man ihr langgezogenes „Huuh-hu-huuuh" weithin hören.

Die Schleiereule wohnt gerne in den dunklen Ecken von Ställen, Scheunen, Kirchtürmen und Dachböden. Weil es aber immer weniger verlassene Gebäude gibt, in denen Schleiereulen tagsüber schlafen und nisten können, werden in Europa diese Mäusejäger immer seltener.

Gesicht und Unterseite der Schleiereule sind rein weiß. Die Oberseite ist rötlich orange und grau gesprenkelt. Das Gesichtsgefieder sieht aus wie ein herzförmiger Schleier. Daher hat diese Eulenart auch ihren Namen. Zusammen mit den unbeweglichen schwarzen Augen und dem langen scharfen Schnabel hat ihr Gesicht etwas Gespenstisches. Ihr Aussehen hat bestimmt dazu beigetragen, dass Eulen früher als Unglücksvögel galten.

Der Uhu ist mit etwa 80 Zentimeter Körperlänge der größte Eulenvogel. Weil er auch Hasen und Kaninchen, Tauben, Blesshühner und sogar Rehkitze oder Katzen frisst, hat man ihn früher als „Wilderer" streng verfolgt und nahezu ausgerottet. Jetzt versuchen Vogelschützer ihn in unseren Wäldern wieder heimisch zu machen.

Nachts hält der Uhu Ausschau nach Beute.

Die lautlosen Schreie der Fledermäuse

Es ist stockdunkel. Eine kleine Nachtmotte schwirrt quer durch die Scheune bis hoch ins Gebälk. Auf einmal ein Flattern in der Dunkelheit. Eine Fledermaus segelt direkt auf die Motte zu und schnappt sie. Im Finstern, ohne ein Fünkchen Licht, hat die Fledermaus die Motte in der Luft erwischt. Wie vollbringen die kleinen Säugetiere mit den ledrigen Flügeln dieses Kunststück des „Blindflugs"?

Wissenschaftler haben diese Frage durch langwierige Beobachtungen geklärt. Die Fledermäuse stoßen Schreie aus, und zwar in einer Tonhöhe, die kein Mensch hören kann, im sogenannten Ultraschallbereich. Die Schallwellen prallen an der fliegenden Motte ab und an der Art des Echos hören die Fledermäuse dann, was da fliegt und wohin.

Sie können mit diesem „Echolotverfahren" auch einen Draht von nur wenigen Millimetern Durchmesser in der Luft ausmachen. Je dichter sie im Flug an ein Beu-

Wasserfledermaus

Tagsüber hängen die Fledermäuse mit dem Kopf nach unten in ihren Höhlen und schlafen.

teinsekt herankommen, desto öfter stoßen sie die Schreie aus, immer schneller, bis sie fast zum Dauerton werden. Haben sie auf diese Weise das Opfer genau geortet, dann beißen sie zu und verschlingen es noch in der Luft.

Tagsüber schlafen die Fledermäuse. Sie hängen mit dem Kopf nach unten in Höhlen und alten Gemäuern. Mit ihren kurzen Hinterbeinen krallen sie sich an der Decke fest. Erst wenn es dunkel wird, strömen sie zu Tausenden aus ihren Schlafverstecken heraus. Sie schreien im Flug wild durcheinander. Strahlt man sie mit einer Taschenlampe an, dann sieht man ihre weit aufgerissenen Mäuler.

An Sommerabenden kann man die Fledermäuse schon vor Einbruch der Dunkelheit über den Abendhimmel flattern sehen. Manche Fledermäuse fliegen so gut wie Vögel. Sie sind in Wirklichkeit aber kleine, fellige Säugetiere.

Fledermäuse wie die Große Hufeisennase (links oben) oder der Große Blutsauger flattern an Sommerabenden über den Himmel.

Wenn die Jungen ausgebrütet sind, müssen die Bussardeltern wochenlang das Futter in den Horst schleppen.

Ein Bussard greift an

Der Mann joggt in gleichmäßigem Tempo die einsame Landstraße entlang. Er blickt nicht nach links oder rechts, sondern immer nur stur geradeaus. Sein erschöpftes Hecheln übertönt den leisen Flügelschlag des über ihm schwebenden Bussards. Da hackt der Greifvogel mit seinem Krummschnabel auch schon auf seinen Hinterkopf ein. Der Mann zuckt vor Schmerz zusammen. Aus der Platzwunde, die der Vogel geschlagen hat, fließt Blut über seine Stirne.

Dies ist keine Szene aus dem Psychothriller „Die Vögel" von Alfred Hitchcock. Es hat sich tatsächlich schon öfter zugetragen, dass Dauerläufer von Bussarden angegriffen wurden. Ein Tierforscher erklärt das so: Jogger, die am Bussardhorst vorbeitraben, wirken auf den Vogel wie eine davonlaufende Beute. Der Bussard will sie packen und geht zum Angriff über.

In unseren Breiten ist der Mäusebussard der häufigste Greifvogel. Er hat ein dunkelbraun-weiß geflecktes Federkleid, ist von gedrungener Gestalt und etwa einen halben Meter groß. Wie der Name schon sagt, ernähren sich die Vögel vorwiegend von Mäusen und anderen kleinen Nagetieren. Sie wühlen aber auch in der Erde nach Käfern, Schnecken, Eidechsen, Heuschrecken und Regenwürmern.

Bussarde jagen tagsüber auf übersichtlichen Feldern, Äckern und Wiesen. Ihr könnt sie gut beobachten, denn sie sitzen meist auf erhöhten Plätzen, den sogenannten „Warten". Das kann ein Hügel sein oder ein Zaunpfahl, ein Telegrafenmast oder ein Baum. Von da aus spähen sie mit ihren bernsteinfarbenen Augen das Revier nach Beute aus. Bussarde können noch viel besser sehen als Menschen; ihnen entgeht kaum eine Bewegung. Wagt sich eine Maus oder ein vorwitziges junges Kaninchen aus dem Bau, dann breitet der Räuber seine 140 Zentimeter weiten Schwingen aus und segelt auf das Opfer hinab. Knapp über dem Boden greift er mit seinen starken gebogenen Krallen die Beute und verspeist sie an Ort und Stelle.

Der Kuckuck lässt brüten

Die Engländer nennen ihn cuckoo, die Franzosen coucou, die Russen Kukuschka und die Japaner Kak-ko. Seinen Namen verdankt der Kuckuck dem langgezogenen Ruf, mit dem er Mitte April den Frühling einleitet. Das Witzige aber ist: Der Kuckucksruf ist in Wirklichkeit nicht „Kuckuck", sondern ein dumpfes „u-uh", bestenfalls noch ein „gu-guh".

Zur Paarungszeit lässt der taubengroße Vogel den lauten Ruf viele Male erschallen. Nicht selten 30-, 40- oder 50mal hintereinander. Er will damit das Weibchen anlocken. Dabei dreht und wendet sich der Kuckuck mehrmals auf dem Ast hin und her.

Früher wurde der Kuckuck häufig mit einem Sperber verwechselt.

Sein Ruf soll in allen Himmelsrichtungen zu hören sein. Das Kuckucksweibchen baut selbst kein Nest, sondern es legt seine Eier einfach in fremde Nester. Beliebte Wirtsvögel sind das Rotkehlchen, die Nachtigall oder der Zaunkönig. Man nennt den Kuckuck deshalb einen Brutschmarotzer.

Nachdem der junge Kuckuck geschlüpft ist, bedankt er sich schlecht für die Gastfreundschaft der Pflegeeltern. Er wirft die übrigen Eier und die frisch geschlüpften Singvogelküken kurzerhand aus dem Nest. Die Singvogeleltern sollen sich jetzt nur um ihn kümmern. Damit haben sie auch alle Schnäbel voll zu tun. Denn der kleine Kuckuck ist sehr gefräßig. Er verschlingt eine Unmenge von kleinen Käfern, Fliegen, Schnecken, Raupen und Würmern. Bald schon füllt der Vogel das ganze Nest des kleinen Singvogels aus; Kopf, Hals und Steiß ragen sogar schon über den Nestrand. Wenn der Kuckuck flügge geworden ist, verlässt er die Zieheltern auf Nimmerwiedersehen. Dass er sich für die aufopfernde Fürsorge bedankt, ist kaum anzunehmen.

Im September bricht der nunmehr ausgewachsene Kuckuck nach Afrika auf, wo er überwintert. Der Kuckuck sieht dem Sperber, einem kleinen Greifvogel, ähnlich. Deshalb hat man früher geglaubt, dass sich der Kuckuck im Herbst in einen Sperber verwandelt und so den Winter hier verbringt. Das ist natürlich nicht richtig.

Der junge Kuckuck ist bald viel zu groß für das Nest des Rohrsängers.

Meisen, die lustigen Akrobaten

Wie ein Akrobat turnt die Kohlmeise auf einem Ast herum. Erst hängt sie mit dem Kopf nach unten, dann zieht sie sich hoch und tänzelt unbeschwert auf und ab. Immer in Bewegung, immer wachsam. Die Kohlmeise bekommt die Note 1 im Turnen und Klettern. Sie ist ein schmucker, kleiner Vogel. Die Kopffedern sind schwarz, die Backen weiß und grünlich der Rücken. Über Brust und Bauch hat sie einen schwarzen Längsstreifen.

Kohlmeisen sind Standvögel, sie bleiben ein Leben lang in einem Revier. Nur die Jungvögel unternehmen im Herbst und im Winter größere Streifzüge. Manchmal schließen sie sich buntgemischten Fluggesellschaften an, die von einem Specht angeführt werden. Vor allem Baumläufer und andere Meisen sind mit von der Partie.

Wo Kohlmeisen herumturnen, sind zumeist die Blaumeisen (oben) nicht weit.

als Zubrot. Wo eine Kohlmeise herumturnt, ist meist auch eine Blaumeise in der Nähe. Weltweit gibt es über 50 Meisenverwandte, zum Beispiel die Tannenmeise, die Nonnenmeise oder die Weidenmeise.

Meisen sind munter, neugierig und verspielt. Vor allem aber sind sie erstaunlich wehrhaft. Selbst größeren Vögeln setzen sie übel zu. Sie springen ihnen auf den Rücken, krallen sich fest und picken heftig auf sie ein. Deshalb kann man in Gefangenschaft die Meisen kaum zusammen mit anderen Vögeln halten.

Vielleicht sehen wir im Winter eine Tannenmeise?

Wer sich für 90 Cent ein paar „Meisenknödel" kauft und im Freien aufhängt, der sieht die lustigen Akrobaten für längere Zeit vor dem Fenster. Zum Dank dafür halten sie den Garten frei von allerlei Schädlingen. Insekten und Raupen, Spinnen und Mücken sind ihre Hauptnahrung. Sonnenblumenkerne und andere Sämereien nehmen sie gerne

Auch die Haubenmeise kann immer häufiger in Großstädten beobachtet werden.

Stare, die geschwätzigen Schönlinge

Der Winter naht. Zu Hunderten, ja zu Tausenden machen sich die Stare auf den Weg nach Süden. Sie fliegen über die Alpen nach Italien und Südfrankreich, manchmal sogar bis nach Ägypten. Sie machen erst da halt, wo kein Schnee mehr liegt.

Stare sind von allen heimischen Zugvögeln die ersten, die im Frühjahr wieder da sind. Sie versammeln sich gerne auf Telegrafenleitungen und Dachantennen. Da schwatzen sie dann munter los und scheinen sich viel zu erzählen zu haben. Sie wispern und schnarren, sie zischeln und glucksen. Und sie ahmen Geräusche nach, die sie täglich hören, wie das Quietschen eines Scheunentors oder den Pfiff eines anderen Vogels. Dieses muntere Geschwätz kann man aber nicht als Gesang bezeichnen, obwohl die Stare zu den Singvögeln zählen.

Eine rechte Plage können Stare werden, wenn sie im Spätsommer über die Kirschbäume herfallen. Große Schwärme rauschen durch die Luft und fallen in den Obstgärten

ein. Doch die Bauern wissen auch die Hilfe der Stare zu schätzen. Sie vertilgen Unmengen von Schnecken, Raupen, Läusen und sonstigen Schädlingen.

Wie Filmstars im kostbaren Abendkleid sehen unsere Stare aus. Ihr Gefieder ist schwarz und schillert bläulich; die Federspitzen aber bleiben weiß und so könnte man meinen, sie seien über und über mit kleinen Perlen behängt. Wer einen Garten hat, kann den munteren Gesellen im Frühjahr bei der Wohnungssuche behilflich sein. Man kann Starenhäuschen hoch oben an Bäumen oder Häusern anbringen. Die Holzkästchen sollten einen halben Meter hoch sein und vorne ein fünf Zentimeter großes Loch haben. Und die Sitzstange vor dem Loch darf nicht vergessen werden. Das Starenmännchen muss doch sein Lied zwitschern können, wenn ein Starenweibchen vorbeischaut.

Schwalben, die Jagdflieger

„Kiwitt, witt", pfeift es um die Häuserecken. Schwalben jagen in der lauen Abendluft nach Fliegen, Schnaken und Mücken. Über dem Dunghaufen des Bauernhofs schwirren besonders viele Insekten und so sausen die Schwalben immer wieder darüber hinweg. Ihr Nest haben sie oben im Gebälk der alten Scheune. Sie haben es aus Lehmteilchen zusammengemörtelt. Es sieht aus wie ein großer Eierbecher. Schnabel um Schnabel haben das Männchen und das Weibchen den

Ein Star vor seinem Nistkasten

Rauchschwalbe

Mehlschwalbe

Lehm aus einer Pfütze herbeigeschafft. Ihr Speichel half dann als Klebstoff. Vier piepsende Jungen sitzen jetzt im Nest und sperren die grauen Schnäbel auf. Die Schwalbeneltern schaffen unermüdlich Nahrung heran. Denn bis zum Herbst müssen die Kleinen stark genug sein um nach Afrika mitfliegen zu können. Die Schwalben überwintern dort.

Leider gibt es bei uns immer weniger Dörfer und kleine Städtchen mit Dunghaufen, verwitterten Mauerecken und insektenreichen Feuchtgebieten. Nur dort finden die Schwalben ausreichend Nahrung und geeignete Nistplätze wie Ställe, Scheunen und alte Speicher. Unsere heimischen Schwalben heißen Rauchschwalben und Mehlschwalben. Wie viele andere Schwalbenarten kommen sie auch in Asien und Nordamerika vor. Sie galten früher als Glücksbringer.

Die Amsel nimmt gerne ein Bad

Es platscht und spritzt. Wassertropfen glitzern im Sonnenlicht. Die dick aufgeplusterte Amsel nimmt ein ausgiebiges Bad in der Vogeltränke. Immer wieder patscht sie mit lockerem Flügelschlag auf das abgestandene Regenwasser in der flachen Schale. Sie steht zitternd bis zum Hals im kühlen Nass. Seit 15 Minuten erfreut sich der schwarze Vogel mit dem gelben Schnabel an den Wohltaten des Wassers. Es handelt sich um ein Männchen. Die Weibchen sind braun.

An Flüssen und Bächen lebt sogar eine richtige Wasseramsel. Sie stürzt sich von einem Zweig herab mit dem Schnabel voraus in den Fluss. In einem halben Meter Tiefe packt sie mit dem spitzen Schnabel ein Fischchen und lässt sich wieder nach oben treiben. Dann hebt sie sich mit einem kräftigen Flügelschlag aus dem Wasser heraus und flattert zurück zu ihrem Ansitzbaum. Sie taucht so lange in den Fluss, bis sie satt ist.

Amseln sind widerstandsfähige Singvögel, denen sogar ein strenger Winter nichts anhaben kann.

Die normalen Amseln oder Schwarzdrosseln picken bei der Nahrungsaufnahme kaum im Wasser herum. Sie jagen bevorzugt Regenwürmer, kleine Raupen, Käfer und allerlei Insektengetier am Boden. Die Amseln sind gern gesehene Schädlingsbekämpfer in den Grünanlagen und Gärten.

Die Wasseramsel lebt an Bächen und Flüssen.

Sie können einen ganz schön erschrecken, wenn sie im Herbst wild im Laub herumrascheln. Sie suchen so lautstark nach Beeren und Schnaken, dass man meinen könnte, ein großer Hund verscharre seine Knochen.

Amseln gehören zu den musikalischsten Singvögeln überhaupt. Kunstfertige Melodien von erstaunlicher Länge können sie genau wiederholen. Unterschiedliche Gesangsdialekte hat man je nach Stadtgebiet schon unterschieden. Und ihr blechernes „tschi, tschi", das die Amseln in Aufregung oft zigmal hintereinander im Stakkato ausstoßen, ist unüberhörbar eindringlich.

Am schönsten singen die Amseln im Frühjahr, wenn sie ihre Reviere abgrenzen und Hochzeit feiern. Ihr Gelege hat drei bis vier Eier. Manchmal legen die Weibchen mehrmals im Jahr. Amseln überwintern in geschützten Winkeln, unter Hecken und Büschen sowie im Wald. Im Winter darf man in die Vogelhäuschen nie nasses Brot oder nasse Haferflocken streuen. Es besteht Vereisungsgefahr im Magen der Vögel!

Vogelscheuchen gegen Saatkrähen

Der Abend dämmert. Plötzlich ist ein Rauschen in der Luft zu hören. Wie eine Wolke zieht der Krähenschwarm über den Himmel. Tausende von Krähen in einem Zug, der minutenlang die Sonne verfinstert. Sie werden sich gleich auf ihren Schlafplätzen niederlassen, auf hohen Bäumen, die sie bequem in großer Zahl anfliegen können. Es wird ein großes Geschrei und Gehacke geben, bis jede Krähe ihr Plätzchen ergattert hat.

Tagsüber fallen Krähen gerne in Acker und Wiesen ein. Ihre Fähigkeit, die keimende Saat aus der Erde zu picken, verhalf ihnen zu dem Namen Saatkrähe. Der Bauer sieht sie besonders ungern. Die zerlumpten Vogelscheuchen auf seinen Feldern sollen in erster Linie die schwarzen Saatkrähen verschrecken. Manchmal hängt der Bauer sogar eine tote Krähe an die Vogelscheuche. Eine unmissverständliche Aufforderung, die von den verfressenen Vögeln aber bald missachtet wird.

In Europa leben noch die Nebelkrähe und die Rabenkrähe. Die Nebelkrähe ist grau mit schwarzen Flecken, die Rabenkrähe dagegen ist pechschwarz. Sie ist von allen Krähenarten die größte.

Die vergesslichen Eichhörnchen

Wisst ihr, dass die possierlichen Eichhörnchen schon ganze Wälder gepflanzt haben? Die graziösen Nagetiere mit dem buschigen Schwanz legen sich für den Winter einen Vorrat an. Dazu vergraben sie im Herbst Eicheln,

Wo es etwas zu fressen gibt, lassen sich die Saatkrähen nieder. Manchmal sogar auf einer Vogelscheuche, die sie eigentlich verjagen soll.

Eichhörnchen sind flinke Kletterer, die hoch oben in den Bäumen ihre Früchte und Samen fressen.

Nüsse, Bucheckern, Kastanien und Tannenzapfen in der Erde. Oft finden die Eichhörnchen dann im Winter einige Vorratskammern nicht wieder und aus den Samen wachsen im Frühling neue Bäumchen, besonders Eichen und Buchen. Außer Baumfrüchten und Zapfensamen fressen die Waldtiere auch Pilze, Beeren, Obst und Insekten, manchmal sogar Vogeleier und junge Vögel.

Eichhörnchen leben auf den Bäumen. Hoch oben in Baumhöhlen, Astgabeln oder verlassenen Raubvogelnestern bauen sie ihr Nest. Das kugelförmige Baumnest ist oben geschlossen und hat den Eingang an der Unterseite. Man nennt es den „Kobel". Die Eichhörnchen polstern ihn mit Zweigen, Blättern, Moos und Tierhaaren zu einer gemütlichen Stube aus. Hier bringen die Weibchen zweimal im Jahr vier bis fünf Junge zur Welt. Eichhörnchen oder Eichkätzchen, wie sie noch heißen, werden bis zu zwölf Jahre alt.

Die lebhaften Nager sind ausgezeichnete Kletterer. Sie haben spitze Krallen, mit denen sie sich an der Baumrinde festkrallen können. Blitzschnell rennen sie senkrecht den Baumstamm hinauf und springen gewandt von Baum zu Baum. Abstände bis zu fünf Metern sind für sie eine Kleinigkeit.

Im Notfall, wenn ihr ärgster Feind, der Baummarder, hinter ihnen her ist, können sie von der Baumkrone aus 25 Meter Höhe mit einem Satz bis auf den Boden springen. Den langen, buschigen Schwanz benutzen sie in der Luft zum Ausbalancieren und zum Steuern. Die meisten Eichhörnchen, die ihr im Wald oder in Parks beobachten könnt, sind rotbraun mit einer helleren Unterseite. Es gibt aber auch ganz schwarze Tiere, die meist tief im Wald leben. Eichhörnchen, die ihr Revier in Parks und Gärten haben, sind manchmal so zahm, dass sie Spaziergängern die Nüsse aus der Hand fressen. Probiert es doch einmal aus!

Das Wiesel – Duell auf Leben und Tod

Das Wiesel schreit vor Schmerz. Der Bussard hat es mit seinen spitzen Krallen am Rücken gepackt und schwingt sich in die Lüfte. Aber das Wiesel gibt nicht auf. Hoch oben in der Luft windet es sich halb aus

Das Wiesel ist der kleinste einheimische Marder. Das flinke Raubtier verfolgt Mäuse sogar in ihren eigenen Bauten.

der Umklammerung und beißt den Greifvogel mit letzter Kraft in die Kehle. Beide stürzen aus 20 Metern Höhe zu Boden. Der Bussard bleibt tödlich verletzt liegen, das Wiesel kann sich blutend ins Unterholz retten.

Kaum ein Säugetier ist so flink wie das Wiesel. Der Bussard musste es mit dem Leben bezahlen, dass er sein Opfer unterschätzt hatte. Wiesel kommen überall in Europa vor, sind aber auch in Asien und Nordamerika zu Hause. Sie gehören zur Familie der Marder.

Der Baummarder ist der ärgste Feind der Eichhörnchen.

Das Mauswiesel oder Kleine Wiesel bewohnt Felder, Wiesen und Waldränder. Es jagt auch in Dörfern und Städten, wenn im Winter die Mäuse auf der Wiese knapp werden. Mäuse sind die Hauptnahrung der Wiesel. Das Hermelin oder Große Wiesel ist berühmt geworden durch seinen weißen Pelz, den früher nur Kaiser und Könige tragen durften. Im Sommer ist das Große Wiesel schlicht hellbraun mit einer weißen Unterseite. Erst im Herbst entpuppt sich seine volle Schönheit. Da wechselt das Haarkleid und wird, bis auf die Schwanzspitze, rein weiß. Eine hervorragende Tarnung in der verschneiten Winterlandschaft. Das Hermelin ist so

Das Hermelin hat im Winter ein weißes Fell.

schlank und gewandt, dass es Mäuse und Wühlmäuse sogar bis in die unterirdischen Baue verfolgt. Es kann auch ausgezeichnet klettern und schwimmen. Nicht umsonst sagt man zu jemandem, der besonders schnell ist, er sei „flink wie ein Wiesel".

Heimkehr der Biber

Nach 100jähriger Abwesenheit ist der Biber heute an den Ufern der bayerischen Donau wieder heimisch. 1856 starben die letzten Biber in Deutschland. Die Jäger waren hinter ihrem Pelz her und haben sie ausgerottet. Vor 20 Jahren wurden dann 100 Biber aus Russland und Schweden geholt und in den grünen Donauauen bei Neustadt ausgesetzt.

Der Bund Naturschutz hat jetzt gemeldet, dass die munteren Nager wohlauf sind und mittlerweile an die 500 Exemplare zählen. 30 000 Pappeln, Weiden und Buchen wurden eigens für sie gepflanzt. Denn Nagen ist ihr ganzer Lebenszweck. Ihre scharfen Schneidezähne arbeiten schon fast wie Kreissägen. Ein einzelner Biber fällt eine mittlere Pappel in ein bis zwei Tagen.

In Nordamerika, wo heute die meisten Biber leben, haben Wildpfleger beobachtet, dass ein Biberpärchen über 20 stattliche Bäume pro Monat umgenagt hat. Man stelle sich die gewaltigen Staudämme vor, die die beiden zu ihren Lebzeiten damit errichtet haben. Sie stauten Flüsse zu Seen und Bäche zu Weihern. Sie schafften riesige Feuchtgebiete entlang des Flusslaufs. Kein Tier der Erde ist so perfekt als Baumeister, Architekt und Flößer.

Die Gründe für diese Bauwut sind vielfältig: Einmal wollen die Biber Stauseen anlegen um bequem auf dem Wasserweg ihre Nahrung, die Baumrinde, transportieren zu können. Sie haben herausgefunden, dass man große Zweige leichter übers Wasser flößt als durch den Wald zerrt. Zum zweiten bauen die Biber die Eingangslöcher zu ihren Holz- und Lehmburgen immer unter-

halb der Wasseroberfläche. Kein ungebetener Eindringling kann so in die Biberburg. Sollte nun der Wasserspiegel absinken, dann stauen die Biber den Fluss so lange, bis die Eingänge wieder überflutet sind. Das Innere des Baues ist selbstverständlich so hoch angelegt, dass die Wohnstube immer schön trocken bleibt.

Biber werden bis zu einem Meter lang und 30 Kilogramm schwer. Mit ihrem 30 Zentimeter langen Schwanz, der aussieht wie eine dicke Schuhsohle, patschen sie gern spielerisch aufs Wasser.

Der Hecht, eine Unterwasserfressmaschine

Am Grunde des Sees hat sich der Hecht zwischen den Wasserpflanzen versteckt. Sein grünlich schimmerndes Schuppenkleid macht ihn fast unsichtbar unter all den Stängeln und Halmen. Der Raubfisch steht ganz ruhig in der Strömung und schlägt

Aus Ästen bauen die Biber kunstvolle Staudämme.

Der Hecht lauert am Seegrund auf Beute.

nur gelegentlich mit seiner starken Schwanzflosse. Da sprudelt ein lockerer Schwarm kleiner Weißfische in sein Revier. Der Hecht beäugt sie und schnellt aus seinem Versteck. Mit einem einzigen Schlag seiner Schwanzflosse verwandelt er seinen Körper in einen Torpedo. Der Raubfisch mit den vielen spitzen, scharfen Zähnen rast bedrohlich auf den Weißfischschwarm zu. Doch jeder der kleinen Weißfische stiebt in eine andere Richtung davon und der Hecht stößt mitten durch den Schwarm ins Leere.

Das ist der Grund, warum kleinere Fische gerne im Schwarm schwimmen. Die Raubfische haben Mühe, einen Fisch aus dem Schwarm herauszufischen. Sie können sich bei der Menge schwer auf ein einzelnes Opfer konzentrieren. Der Hecht schwimmt wieder zurück und verbirgt sich erneut hinter den Stängeln in Lauerstellung. Er ist einen Meter lang und acht Jahre alt, ein kapitaler Bursche.

Ein einzelner Fisch kommt dahergeschwommen und „schwups" hat ihn der Hecht geschnappt. Er wendet ihn so lange im Maul hin und her, bis er ihn mit dem Kopf voraus hinunterwürgen kann. Mancher Hecht ist dabei schon zugrunde gegangen. Das Opfer war zu dick, als dass er es hätte schlucken können. Ausspucken konnte er es auch nicht, weil seine vielen Zähne sich so stark festgebissen hatten. Wenn er keine Fische erwischt, schnappt er nach Fröschen, Kaulquappen und sogar nach jungen Enten, wenn sie nicht rechtzeitig wegkommen. Ein paar Hechte können einen kleinen See regelrecht leer fischen.

Die Hechte laichen im Frühjahr und nach zwei Wochen schlüpfen die Fischlarven aus den Eiern. Schnell wachsen sie zu kleinen Fischen heran und machen selbst Beute wie die ausgewachsenen Hechte. Es dauert Jahre, bis diese Raubfische eine beachtliche Größe erreicht haben. Wenn sie wenig zu fressen finden, bleiben sie so klein wie Forellen. In fischreichen Gewässern aber erreichen sie schon mal 30 Kilogramm Gewicht.

Aale, die Wanderer unter den Fischen

Mitten in der Nacht machen sich die Aale auf den Weg. Manche von diesen Fischen, die wie schwarze Schlangen aussehen, haben über zehn Jahre in einem europäischen Gewässer gelebt. Doch jetzt gibt es kein Halten mehr. Sie gehen auf Wanderschaft um ihre Laichgründe im salzigen Meerwas-

Aale schwimmen zur Eiablage ins offene Meer.

ser aufzusuchen. Sogar über nasse Wiesen und überschwemmte Weiden schlängeln sich diese Fische, wenn sie einen Fluss erreichen wollen, der direkt ins Meer mündet.

Die Wissenschaftler glauben, dass die europäischen Aale bis in die Sargassosee schwimmen. So wird ein Teil des Atlantischen Ozeans auf der Höhe Nordamerikas bezeichnet. Haben die Aale dieses Gebiet endlich nach langer Reise erreicht, dann legen sie ihre Eier ab, sie laichen und sterben. Die jungen Fischlarven, die aus den Eiern schlüpfen, treten schon bald wieder die Heimreise an. Die Meeresströmung treibt die Larven zurück zu den Flussmündungen. Bis sie dort ankommen, haben sich die Larven schon zu kleinen, blassen Aalen entwickelt. Weil die jungen Aale von nun ab immer flussaufwärts schwimmen müssen, nennt man sie „Steigaale".

Erst mit der Zeit bekommen sie ihre dunkle Färbung. Sie ernähren sich von kleinen Wassertierchen oder anderen Fischen.

Bis sie sich aufmachen, um zur Eiablage zurück ins Meer zu wandern, vergehen Jahre. So mancher von ihnen wird im Netz eines Fischers landen.

Karpfen, die gemütlichen Dümpler

Schon die alten Römer verspeisten gerne einen Karpfen, in Öl gebraten und mit Zitrone beträufelt. Sie betrieben Fischzucht und verstanden es, die dicken Teichfische zu mästen.

Heutzutage werden jährlich und weltweit 200 000 Tonnen Karpfenfleisch herangezüchtet. Meist handelt es sich dabei um Spiegelkarpfen, die nur ganz wenige Schuppen haben, oder um Lederkarpfen, denen die Schuppen ganz weggezüchtet wurden. Die Wildkarpfen, die bei uns in verschlammten Seen herumdümpeln, sind über und über mit Schuppen bedeckt. Sie schmecken nicht besonders gut.

Karpfen gehören zu der großen Fischfamilie der Weißfische. Sie werden viele Jahre alt und fressen kleine Bodentierchen am Seegrund wie Würmer und Schnecken oder im Wasser treibende Pflanzenteile. Sie überwintern in den Tiefen der Seen. Ab dem vierten Lebensjahr sind die Karpfenweibchen geschlechtsreif und können in einem Jahr an die 100 000 Eier ablegen. Aber nur wenige Eier werden einmal zu ausgewachsenen Karpfen.

Neben dem Wildkarpfen (rechts oben) und dem Spiegelkarpfen (rechts unten) sind hier noch einige weitere einheimische Fische versammelt: die Seeforelle (links unten), der Zeilkarpfen (Mitte) und der Huchen (Mitte unten).

Die Tierwelt Afrikas ist besonders vielfältig.

Afrika

Afrika ist das klassische Land der Tiere. Allein 1570 Säugetierarten hat man hier gezählt. Die imposantesten Tiere der Welt sind hier zu Hause: Elefanten, Giraffen, Löwen, Krokodile, Nilpferde und viele mehr. In Nordtansania gibt es den Serengeti-Nationalpark, einen der größten und wildreichsten Naturschutzparks auf der Erde. Der Name „Afrika" stammt von den Römern, die das Land nach dem Volksstamm der Afri „Africa" nannten. Man bezeichnet Afrika auch als den „Schwarzen Kontinent", weil die meisten Bewohner eine dunkle Hautfarbe haben.

Afrika ist der zweitgrößte Kontinent unserer Erde. 8 000 Kilometer sind es von der Mittelmeerküste im Norden bis zum Kap der Guten Hoffnung im Süden; 7 600 Kilometer misst er von Westen nach Osten. Mit rund 30 Millionen Quadratkilometern umfasst der Kontinent ein Fünftel der gesamten Landmasse der Erde. Die größte Wüste der Welt, die Sahara, bedeckt fast ein Drittel des Kontinents. Im übrigen Afrika wechseln trockene Savannen mit tropischen Regenwäldern. Das Klima ist heiß und tropisch. Südöstlich vom afrikanischen Festland, im Indischen Ozean, liegt Madagaskar. Die Insel zeichnet sich durch eine ganz eigenwillige Tier- und Pflanzenwelt aus. Viele Tiere trifft man nur hier und nirgendwo anders auf der Welt, beispielsweise die Lemuren, eine Halbaffenart. Ein typischer Baum der Insel ist der Affenbrotbaum, der Baobab, mit seinem weichen Holz und seinen krummen Zweigen, die bis auf die Erde herunterreichen.

Die Wüsten

Wir befinden uns mitten in der Sahara, der größten Wüste Afrikas. Unser Blick schweift über den unendlichen Sand. Kein Baum, kein Strauch, keine Wiesen, immer nur Sand. Das Thermometer zeigt 50 Grad Celsius. In der Ferne hat der Wind den Sand zu Dünen aufgeworfen.

Trotzdem gelingt es einigen wenigen Tier- und Pflanzenarten, in der Wüste oder am Rande der Wüste zu überleben. Sie alle müssen auf irgendeine Weise Wasser speichern. Das Kamel hat dazu zwei große Höcker auf dem Rücken und kann eine ganze Woche durch die Wüste traben ohne zu trinken. Auch einige Insektenarten, Schlangen und kleinere Säugetiere haben in der trockenen Einöde ein karges Auskommen gefunden.

Die Wüstenpflanzen – Kakteen, karge Sträucher, Disteln und genügsame Flechten – speichern das Wasser eines einzigen Regengusses monatelang oder ernähren sich vom Tau, der in den kalten Wüstennächten fällt. Die Wüste Kalahari in Südafrika ist bei weitem nicht so trocken wie die Sahara im Norden. Hier wachsen wesentlich mehr Pflanzen: Gras, Sträucher und sogar vereinzelte Bäume. Der Wüstenluchs und der Leopard, Giraffen, Hyänen, Springböcke, Gnus und Antilopen finden in dieser Halbwüste ausreichend Nahrung.

Steppen und Savannen

Vor einer Woche hat es geregnet. Die weiten Ebenen Ostafrikas sind übersät von grünem, saftigem Elefantengras. Zwei bis drei Meter

In den Savannen weiden viele Antilopen und Zebras.

hoch kann es wachsen, vorausgesetzt, es
fallen genügend Niederschläge. Das bedeutet hier in Afrika, dass es zweimal im Jahr
ausgiebig regnen muss. Jetzt weiden riesige
Herden von Antilopen, Gnus und Zebras in
der üppigen Grassteppe. Etwas entfernt
ragen Akazien mit ihren weit ausladenden,
flachen, grünen Baumkronen aus der Gras-
ebene empor. Eine Gruppe Elefanten steht
im Schatten der Bäume.

Wir unterscheiden in Afrika zwischen
Grassteppe, Buschsteppe und Baumsteppe.
Je näher wir an die Urwälder kommen, desto
mehr geht die Grassteppe in die Buschsteppe
und schließlich in die Baumsteppe über. Die
afrikanischen Steppen nennt man auch
Savannen. Wenn in der Grassteppe lange
kein Regen fällt, verdorren alle Pflanzen
und es kommt häufig zu Steppenbränden,
die sich in Windeseile über riesige Flächen
ausbreiten.

Flüsse und Seen

Unser Boot gleitet langsam durch die
grünbraunen Fluten des Nils. An den Sandbänken dösen gelangweilt die riesenhaften
Nilkrokodile in der Sonne. Über fünf Meter
können die gepanzerten Echsen lang werden.
Zwischen Papyrus und Seerosen tauchen die
glänzenden Rücken der Flusspferde auf. Die
gewaltigen Säugetiere wiegen zwischen drei
und vier Tonnen und sind eine große Attrak-
tion für die Afrikatouristen.

Nicht weit vom Ufer entfernt weiden
kleine Herden von Wasserböcken. Elefanten
stehen bis zum Bauch im trüben Wasser.
Büffel, Antilopen und Paviane kommen aus
dem Busch oder aus der Steppe hierher um
ihren Durst zu löschen. Tausende von Vögeln
erfüllen die Luft mit ihrem Gekreische. Blaugrüne Eisvögel, Fischadler und Pelikane
leben in den fischreichen Gründen wie im

*In den fruchtbaren, regenreichen Gebieten Afrikas geht die Halbwüste und Trockensteppe in die Busch-
und Baumsteppe und schließlich in Urwald über.*

Paradies. In Ufernähe stolzieren langbeinige Riesenreiher, Flamingos und Marabus und spähen nach Fischen, Fröschen und kleinen Kriechtieren.

Der Nil ist der längste Fluss Afrikas und der Welt. Der wasserreichste Fluss des Kontinents ist der Kongo. In Ostafrika liegt eine riesige Seenplatte, deren größtes Gewässer der Viktoriasee ist. Die afrikanischen Flüsse und Seen und die angrenzenden Sumpfgebiete sind in dem sonst so wasserarmen Kontinent ein wahres Paradies für viele Säugetiere, Fische und Vögel.

Tropische Regenwälder

Der Urwald erwacht. Die Morgensonne schickt ihre ersten zarten Strahlen durch das immergrüne Blattgewirr. Dicke Lianen und bunte Orchideen, Palmen, Mangroven, Farne und tausenderlei andere Pflanzen dampfen in der Feuchtigkeit des Morgens. Die Papageien sind die Ersten, die mit ihren Schreien den neuen Tag begrüßen. Und kurz darauf hebt

ein ohrenbetäubendes Pfeifen, Zwitschern, Schreien und Brüllen an. Die mannigfaltige Tierwelt dieser tropischen Regenwälder hält ihren allmorgendlichen Chor ab.

Fast ein Zehntel von ganz Afrika ist mit solchen tropischen Regenwäldern bedeckt. Diese Urwälder gehören zu den fruchtbarsten Gebieten der Erde. Nirgends gedeiht das Leben so üppig und in so vielen verschiedenen Pflanzen- und Tierarten wie hier.

Das Nashorn:
Ein Viertonner greift an

Rumms! Mit voller Wucht donnert der Kopf des Nashorns gegen die Seitenplanken des Lastwagens. Der Fahrer des Wagens reißt das Lenkrad herum und versucht dem nächsten Angriff auszuweichen. Aber der tonnenschwere Dickhäuter trabt von neuem mit gesenktem Kopf auf den Lastwagen zu und wieder, rumms, prallt sein Kopf gegen den Wagen.

Nashörner sind äußerst wehrhaft und manchmal angriffslustig. Wenn sie oder ihre Jungen bedroht werden, greifen sie alles und jeden an, selbst Lastwagen oder Jeeps von Wildhütern. Nashornfänger haben da schon ihre Erfahrungen und schützen die Fahrzeuge an beiden Seiten mit alten Reifen und Holzplanken. Die beiden Hörner des Nashorns würden sich sonst glatt durch die Blechtüren der Fahrzeuge bohren. Drei Meter lang und bis zu vier Tonnen schwer kann ein Nashorn werden. Auf kurzen Strecken rennt es schneller als ein Mensch, was man den massigen Tieren mit den kurzen, dicken Beinen gar nicht zutrauen würde.

Nashörner leben in buschreichen Steppen und Savannen und halten sich gerne in der Nähe von verschlammten Wasserstellen auf. Mit ausgiebigen Schlammbädern versuchen sie nämlich stechende Insekten und Para-

Spitzmaulnashorn (links) und Breitmaulnashorn

siten abzuspülen. Darüber hinaus trocknet der Schlamm anschließend auf der Haut und bildet so eine Schutzschicht gegen die Plagegeister.

In Afrika gibt es das Spitzmaulnashorn und das Breitmaulnashorn. Letzteres gilt als friedlicher als das Spitzmaulnashorn und flieht eher, als dass es den Kampf sucht. Zu Anfang dieses Jahrhunderts war es vom Aussterben bedroht. Heute aber gibt es in Ost- und Südafrika wieder größere Bestände. Das Panzernashorn lebt nicht in Afrika, son-

dern in Asien. Es ist leicht vom afrikanischen zu unterscheiden, denn es hat nur ein Horn auf der Nase. Alle afrikanischen Nashörner haben dagegen zwei.

Der Löwe, der König der Tiere

Die Sonne ist soeben als rotglühender Ball hinter dem Horizont versunken. Das Löwenmännchen dehnt und streckt sich und springt mit einem leichten Satz von der Astgabel. Im Schatten der Akazie hat es den ganzen Tag verschlafen. Jetzt reißt es das Maul weit auf und schickt sein furchterregendes Gebrüll durch die nächtliche Savanne. Der Schrei geht nicht nur den Mitgliedern der Safari, die in der Nähe ihr Lager aufgeschlagen haben, durch Mark und Bein. Auch allein umherstreifende Männchen wissen jetzt: Dieses Revier ist schon besetzt!

Das übrige Rudel – zwei Männchen, fünf Weibchen und ihre Jungen – erhebt sich mit dem Anführer. Bei Anbruch der Dunkelheit geht der Familienverband gewöhnlich auf

Das Panzernashorn hat nur ein Horn auf der Nase.

Solange die Löwen genug zu fressen haben, können die anderen Tiere der Savanne unbesorgt grasen.

die Jagd. Löwen jagen nur, wenn sie Hunger haben. Wie alle Großkatzen sind sie geschickte Jäger. Während einige Rudelmitglieder im Versteck lauern, treiben ihnen die anderen die Beute zu. Meist sind es Huftiere der afrikanischen Savanne, Zebras, Antilopen oder Gnus.

Ist die Beute geschlagen, essen sich erst einmal die Männchen satt. Wenn jemand die größte Portion bekommt, sagen wir deshalb auch, er bekommt den „Löwenanteil". Dann machen sich die Löwinnen und zum Schluss die Jungtiere darüber her. Die Löwen sind Feinschmecker. Sie verzehren von der Beute immer nur die zartesten Teile. Den Rest überlassen sie großzügig den Schakalen, Hyänen und Geiern. Nur in Notzeiten begnügen sie sich mit Aas. In ausgesprochenen Dürreperioden, wenn die Beutetiere in der Steppe knapp werden, nähert sich der Löwe Wohnsiedlungen in der Hoffnung, ein Haustier zu erbeuten.

Man nennt den Löwen gern den „König der Tiere", wahrscheinlich weil das Löwenmännchen mit seiner prächtigen goldgelben Mähne so erhaben aussieht wie ein Monarch in seinem Staatsgewand. Der Löwenmann wiegt etwa 225 Kilogramm, das ist zweieinhalbmal soviel, wie ein kräftiger Mann auf die Waage bringt. Wenn er auf allen vieren steht, misst er bis zu den Schultern ungefähr einen Meter. Die dichte, zottige Mähne lässt ihn allerdings noch größer und beeindruckender erscheinen. Löwinnen sind etwas kleiner und haben keine Mähne. Der Löwe ist das größte Raubtier Afrikas; einige wenige Exemplare gibt es noch in Indien. Erwachsenen Löwen droht außer vom Menschen keine Gefahr. Da sie seit ältesten Zeiten von Eingeborenen und von Weißen gejagt werden, ist heute ihr Bestand bedroht. Löwen dürfen heute nur noch unter bestimmten Umständen geschossen werden.

Der Lebensbereich des Löwen ist die trockene Savanne. In den gelben Gräsern und dem trockenen Buschwerk ist er mit seinem goldenen Fell ideal getarnt. Löwen halten sich immer in der Nähe von Wasserstellen auf, denn sie gehen regelmäßig trinken. Hier lauern sie auch oft ihrer Beute auf. Die Löwin ist eine zärtliche Mutter. Sie verlässt ihre zwei bis sechs Jungen in den ersten drei Wochen nicht für einen Augenblick. Der Löwenpapa muss für den Nachwuchs und für seine Gemahlin das Futter heranschaffen.

Sind die Jungen drei Jahre alt, müssen sie das Rudel verlassen und sich in einem anderen Rudel einen Platz erkämpfen. Da aber viele Reviere schon voll besetzt sind, streifen manche Löwenmännchen als Einzelgänger durch die Steppe.

Wenn das Trinken zum Problem wird: die Giraffe

Die Giraffe steht auf wackeligen Beinen am Wasserloch. Sie hat die Vorderbeine weit auseinandergespreizt und geht gleichzeitig mit den Hinterbeinen leicht in die Knie. Nur so kann sie mit dem Kopf das Wasser erreichen um zu trinken. Würde sie jetzt von hinten ein Löwe oder eine Hyäne anspringen, so hätte sie kaum eine Chance mit dem Leben davonzukommen. Ansonsten kann sich das höchste Säugetier der Erde durchaus wehren. Mit den Vorderhufen teilt es kräftige Schläge aus und vertreibt damit sogar Raubtiere.

Eine ausgewachsene Giraffe kann bis zu sechs Meter hoch werden. Wenn sie ihren zwei Meter langen Hals reckt, erreicht sie mit der langen Giraffenzunge gerade die obersten Triebe und Blätter der Schirmakazien. Das ist das Lieblingsfutter der Giraffen. In dieser Höhe gibt es kein anderes Tier, das der Giraffe das Blattfutter streitig macht.

Giraffen sind die höchsten Tiere der Welt.
Sie fressen Blätter von Baumkronen.

Die Giraffen leben in kleinen Familienverbänden. Die Familie besteht aus einem Bullen, mehreren Kühen und den Jungen. Die Weibchen bringen ihre Jungen nach fast eineinhalb Jahren Tragzeit im Stehen zur Welt. Mit einem Plumps fallen die Neugeborenen aus zwei Meter Höhe bei der Geburt auf den Boden. Schon eine halbe Stunde später rappeln sie sich hoch und machen ihre ersten Gehversuche.

Zwick einen Elefanten nie in den Rüssel!

Peter streckt seine Hand mit der Banane weit aus. Der Elefant schwingt elegant seinen Rüssel über den schmalen Graben um die Banane zu greifen. Der freche Peter aber lässt die Banane fallen und zwickt dafür den Dickhäuter bös in den empfindlichen Rüsselfinger.

Als er dem Elefanten so übel mitspielte, war Peter zehn Jahre alt. 27 Jahre später besucht er als erwachsener Mann denselben Zoo. Der Elefant erblickt Peter, schwenkt seinen Rüssel in den Wassergraben, pumpt ihn voll Wasser und spritzt dem völlig verdutzten Mann eine kräftige Ladung mitten ins Gesicht.

Es stimmt wirklich, dass Elefanten ein sehr gutes Gedächtnis haben. Man spricht sogar von einem „Elefantengedächtnis", wenn sich jemand besonders viel merken kann. Nach Jahrzehnten erkennen Elefanten Menschen wieder, die ihnen einmal ein Leid zugefügt haben. Sie gehören zu den intelligentesten Tieren. An Kunststücken, die sie im Zirkus vollbringen, kann man das gut erkennen.

Die größten lebenden Landtiere werden so alt wie ein Mensch, 60-70 Jahre. Wenn das Elefantenkalb nach fast zwei Jahren Tragzeit auf die Welt kommt, wird es drei Jahre von der Mutter gesäugt. Erst mit acht Jahren ist es erwachsen. Elefanten sind richtige Kindernarren. Schon bei der Geburt sind mehrere Tanten dabei. Das Baby wiegt jetzt schon 100 Kilogramm. Es steht schon nach wenigen Minuten, denn in ein paar Stunden muss es bereits mit der Herde mitziehen. Zwei bis drei Jahre läuft das Kleine zwischen den Vorderbeinen der Mutter mit, wenn die Herde auf Wanderschaft geht. Ist es größer, hängt es sich mit dem Rüssel am Schwanz der Mutter ein und trottet hinterher.

Der lange Elefantenrüssel ist ein ganz wichtiges Organ für die Tiere. Er ist eigentlich eine verlängerte Nase und aus der Verbindung von Nase und Oberlippe entstanden.

Der Elefant ist das größte Landtier der Erde. Ein ausgewachsener Bulle wiegt bis zu sechs Tonnen.

Die Dickhäuter brauchen ihn um Wasser damit zu saugen, das sie sich dann in den Mund spritzen. Sie riechen, atmen und greifen mit ihm. Selbst die zartesten Triebe der Bäume können sie mit den zwei Rüsselfingern an der Spitze des Rüssels greifen. Bei Gefahr wird der Rüssel zur Waffe, mit der sie Angreifer in die Flucht schlagen. Elefanten sind Vegetarier. Sie müssen 18 Stunden am Tag fressen, damit sie bei Kräften bleiben. 150 bis 170 Kilogramm Blätter, Triebe, Gräser, Zweige und Früchte verdrücken sie täglich. Dazu trinken sie jeden Tag 100 Liter Wasser.

Damit die Tiere ihr Blattfutter bekommen, sind sie mehrere Monate im Jahr in Herden

Die gelehrigen Indischen Elefanten können schwere Arbeiten verrichten.

von fünf bis 25 Tieren auf Wanderschaft. Sie durchschwimmen Flüsse und Seen, wandern durch Wälder und Savannen. Sie gehen nicht mehr als fünf Kilometer pro Stunde, nur bei Gefahr werden sie schneller.

Ausgewachsen wird der Afrikanische Elefant bis zu 6 000 Kilogramm schwer. Er hat dann eine Schulterhöhe von vier Metern. Seine großen Ohren, mit denen er sehr gut hören kann, benutzt er als Ventilator. Mit ihnen fächelt er sich gegen die Hitze kühle Luft zu. Außer den Menschen hat der Riese eigentlich keine Feinde. Obwohl es längst verboten ist, verfolgen sie den Elefanten immer weiter wegen seiner langen, weißen Stoßzähne, von denen jeder etwa 20 Kilogramm wiegt. Aus dem Elfenbein werden Armreifen und Billardkugeln gefertigt. Wenn ihr einmal Schmuck aus Elfenbein seht,

solltet ihr ihn nicht kaufen. Nur so kann verhindert werden, dass die Tiere schon bald ausgerottet werden.

Der Indische Elefant ist schmaler und kleiner als der afrikanische und hat viel kleinere Ohren. Anders als beim Afrikanischen Elefanten wachsen nur den Männchen Stoßzähne. Die Indischen Elefanten sind besonders gutmütig und gelehrig und werden deshalb schon seit Jahrtausenden in Asien zu Arbeitstieren abgerichtet.

Alle Zebrastreifen sind anders

Was machen Gnus und Strauße in einer Zebraherde? Die Antwort ist ganz einfach. Die Tiere sind sich gegenseitig von Nutzen.

Zebras und Gnus sind Wiederkäuer. Die Zebras fressen die harten Gräser und die Gnus mögen die frisch sprießenden. So kommt man gut miteinander aus. Die Strauße wiederum fressen die Insekten, die die Hufe der Zebras und Gnus aus dem Gras aufscheuchen. Sie revanchieren sich, indem sie die Herde warnen, wenn sich ein Löwenrudel anpirscht. Strauße sind höher als die Herde und können sehr gut sehen. Man nennt so eine Gruppe eine „gemischte Tiergesellschaft".

Zebras sind mit Pferden und Eseln verwandt. Wegen der charakteristischen Streifenzeichnung nennt man sie auch

Bergzebra

Zebras sind die „Tigerpferde" der Savannen.

„Tigerpferde". Die Zebrastreifen sind übrigens, ähnlich wie die Fingerabdrücke beim Menschen, bei jedem Tier anders. Allerdings können wir das mit unserem ungeübten Auge nur schwer unterscheiden.

Die jungen Zebras haben hellere Streifen als die alten. Die Neugeborenen können schon eine Stunde nach der Geburt laufen. Das ist für Steppentiere wichtig, denn sie müssen bei Gefahr sofort die Flucht ergreifen. Die größten Feinde der jungen Zebras sind Löwen. Am meisten gefährdet sind sie, wenn sie abends zur Tränke gehen. Beim Trinken sind sie weniger wachsam als sonst. Ausgewachsene Zebrahengste wiegen bis zu 450 Kilogramm und haben schon jüngere Löwen mit ihren kräftigen Hufen getötet.

Die Steppenzebras ziehen in großen Herden von Hunderten von Tieren, die aus vielen kleinen Familiengruppen bestehen. Zu einer Familie gehören einige Stuten und ihre Fohlen sowie ein Hengst, der die Gruppe beschützt und gegen andere Hengste verteidigt. Daneben gibt es reine Junggesellenrudel.

Die Bergzebras sind nur 120 Zentimeter hoch und damit die kleinsten Zebras. Sie sind vom Aussterben bedroht. Es gibt in

Grevyzebra

Afrika nur noch wenige tausend Stück. Die Bergzebras leben nur in kleinen Grüppchen von acht bis zehn Tieren. Bergzebras haben längere Ohren und werden deshalb auch „Eselzebras" genannt. Das Grevyzebra ist 160 Zentimeter hoch und hat besonders runde Ohren. Auch diese größte Zebraart ist vom Aussterben bedroht. Man hat die Zebras immer wegen ihres Fleisches gejagt.

Die Gnus wandern nicht alleine

Wenn in der Trockenzeit die Grasfluren der Serengeti verdorren, ziehen Tausende von Gnus und Zebras immer in die Richtung, wo der Regen fällt. Sie sind auf der Suche nach neuen Weidegründen. Erst zu Beginn der Regenzeit, wenn Mitte März frisches Gras aus dem Boden sprießt, werden sie wieder in die Hochebene des afrikanischen Nationalparks zurückkehren.

Gnus leben mit Zebras in Tiergemeinschaften. Sie unterscheiden sich äußerlich aber gewaltig von ihren gestreiften Herdengenossen. Das Gnu ist eine Antilopenart, hat eine Mähne und einen Schweif wie ein Pferd und sieht mit seinen spitzen Hörnern aus wie ein Rind.

Auf ihren Wanderungen kommen die Gnus durch Täler und Schluchten und überqueren sogar Flüsse. Überall äsen sie Gras. Morgens und abends trinken die Tiere an kleinen Wasserstellen. Das sind meist Vertiefungen, in denen sich Regenwasser gesammelt hat. Die Muttertiere haben die Neugeborenen eng an sich gepresst, denn sie wissen, dass in den Büschen die Hyänen darauf lauern, dass ein Junges verloren geht. Die über 200 Kilogramm schweren Gnubullen könnten zwar die Räuber in die Flucht schlagen, aber man geht besser erst gar kein Risiko ein.

Gnus durchstreifen die Savanne in großen Herden.

Die Weißschwanzgnus, die in Südafrika lebten, wurden leider ausgerottet. Es gelang aber, sie nachzuzüchten, und einige Tiere wurden jetzt ausgesetzt. Vom Weißbart oder Streifengnu gibt es in Afrika noch etwa eine halbe Million Exemplare.

Wenngleich es wie eine Kreuzung aus Pferd und Rind aussieht, ist auch das Weißbartgnu eine Antilopenart.

Vor den Geiern kommen die Schakale

Die Löwen haben ihr Mahl beendet. Zurück bleiben die Überreste eines nur halb aufgefressenen Zebras. Jetzt stürzen sich die Schakale auf den Kadaver, während die Geier schon warten, bis sie an der Reihe sind. Wenn ein Geier sich vorwitzig heranwagt, wird er von den Schakalen verbellt und in die Flucht geschlagen.

Schakale sind mit Hunden eng verwandt. Wenn man die Jungen mit der Flasche aufzieht, werden sie so anhänglich wie unsere Haushunde. In freier Wildbahn dagegen meiden die Schakale den Menschen. Sie jagen paarweise oder in kleinen Gruppen in den trockenen Steppen und lichten Waldgebieten Afrikas. Bevorzugte Beute sind neugeborene oder junge Gazellen. Sie graben auch Nagetiere aus ihren Bauen aus, fressen Vogeleier, Heuschrecken und Würmer ebenso wie Knollen und andere Pflanzen. Schakale sind auch geschickte Schlangenjäger. Sie nehmen es sogar mit Riesenschlangen auf, beißen sie in den Nacken und springen sofort wieder weg. Dann beißen sie gleich wieder zu.

Die hundeähnlichen Tiere leben in Termitenhöhlen oder sie bauen die Höhlen von Warzenschweinen und Erdferkeln aus, damit der Wurf von zwei bis sieben Jungen Platz findet. Die Kleinen werden blind geboren und öffnen die Augen erst nach neun Tagen. Männchen und Weibchen ziehen die Jungen gemeinsam auf. Während die Mutter die Babys versorgt, geht der Vater alleine auf die Jagd und bringt abends das Futter heim.

Ständig müssen die Schakale ihre Beute gegen Geier verteidigen.

Geier am Himmel

Fünf Stunden ist Bodo jetzt schon unterwegs. Mitten in der Savanne hatte sein Landrover plötzlich gestreikt. Zu Fuß hatte er sich aufgemacht zum nächsten Dorf. Nun ist er müde und durstig, die Füße tun ihm

weh. Unter einem Akazienbaum macht er Rast und trinkt aus der Wasserflasche. „O Gott, Geier", schießt es ihm plötzlich durch den Kopf. Und wirklich, auf dem nächsten Baum hocken etwa zehn Geier wie kleine Vogelscheuchen und drehen ihre nackten Hälse zu ihm herüber.

Jedem wird es mulmig zumute, der die Geier mit ihrem graubraunen Federkleid in der afrikanischen Savanne erblickt. Am Kopf und am Hals haben die Greifvögel keine Federn, nur einen zarten Flaum. Fleischauswüchse an diesen Stellen geben ihnen ein schreckliches Aussehen.

Geier gelten als die Vorboten des Todes. Sie tauchen überall dort auf, wo ein Tier verendet oder ein Mensch in Lebensgefahr ist. In der Natur gelten sie als „Gesundheitspolizei", weil sie das Land von toten Tieren, also Aas, säubern. So beseitigen sie gefährliche Krankheitsherde.

Die hässlichen Geier sind nützliche Aasfresser, die sich über Tierkadaver hermachen.

Am Morgen, wenn in der afrikanischen Savanne die Sonne aufgegangen ist, ist der Himmel mit Geiern übersät. Warme Luftströme haben die Vögel in eine Höhe zwischen 200 und 2 000 Metern getragen. Von hier aus halten die Aasfresser Ausschau nach Tierkadavern. Sobald ein Geier eine Tierleiche entdeckt hat und mit dem Abstieg beginnt, folgen ihm seine Artgenossen, die etwas entfernt fliegen. Auf diese Weise breitet sich die Botschaft mehrere Kilometer über den Himmel aus und kein Stück Aas bleibt unentdeckt.

Es gibt viele Arten von Geiern. Der Kappengeier ist mittelgroß und hat eine kleine Federhaube am Hinterkopf. Sehr viel größer ist der Sperbergeier, einer der größten afrikanischen Geier. Wenn er die Flügel ausbreitet, messen sie bis zu zweieinhalb Meter. Er wiegt sechs bis neun Kilogramm und lebt in großen Kolonien von Hunderten von Paaren in felsigen Regionen. Er hat ein dunkelbraunes Gefieder mit weißen Flecken auf jeder Schwanzspitze und eine auffällige weiße Halskrause aus weichem Flaum. Der Schmutzgeier gehört zu den wenigen Tieren, die in der Lage sind, Werkzeuge zu benutzen. Will er ein Straußenei zertrümmern, so sucht er einen geeigneten Stein, nimmt ihn in den Schnabel und lässt ihn so lange über dem Ei fallen, bis die Schale zerbricht.

Das unheimliche Lachen der Hyäne

Es ist noch früh am Morgen. Die Geier ziehen in der afrikanischen Steppe ihre weiten Kreise und spähen nach Tierleichen aus. Vom Boden verfolgt ein hundeartiges Tier mit funkelnden Augen jede ihrer Bewegungen. Das Tier mit dem struppigen, schmutzigbraunen Fell wirkt ruhelos und hat einen hässlichen, gierigen Ausdruck im Gesicht. Da setzt einer der Geier zum Abstieg an und landet bei den Überresten eines Löwengelages. Die Hyäne folgt ihm mit ihrem humpelnden Gang, verjagt den fliegenden Aasfresser und stürzt sich gierig auf den Gnukadaver.

Die Fleckenhyäne ernährt sich vorwiegend von Aas.

Auch die Streifenhyäne hat kürzere Hinterläufe.

Hyänen sehen zwar bei flüchtiger Betrachtung Hunden ähnlich, sind jedoch nicht mit ihnen verwandt. Sie gehören zu den katzenartigen Tieren. Ihr hoppelnder Gang kommt daher, dass die krummen Vorderläufe länger sind als die hinteren. Normalerweise gehen Hyänen in der Dämmerung auf Nahrungssuche. Tagsüber ruhen sie in selbstgegrabenen Erdbauen oder in dunklen Felshöhlen. Wenn sie sich doch am Tage sehen lassen, so bedeutet das, dass sie großen Hunger haben. Sie ernähren sich vorwiegend von Aas, von gefallenen und kranken Tieren oder von den Überresten der Mahlzeiten von Großkatzen.

Obwohl sie damit für die Natur sehr nützlich sind, weil sie verhindern, dass sich Krankheitserreger ausbreiten, gelten Hyänen als verabscheuungswürdige Gesellen, als gefräßig und feige. Wenn die als Einzelgänger lebenden Tiere eine Futterquelle ausfindig gemacht haben, fressen sie so lange, bis kein Krümel mehr übrig ist. Auch wenn sie schon lange satt sind. Will sich eine andere Hyäne an dem Mahl beteiligen, kommt es oft zu blutigen Auseinandersetzungen. Hyänen sind außerordentlich futterneidisch. Wenn in der afrikanischen Nacht die misstönende, kreischende Hyänenstimme ertönt oder ihr grässliches, scheppernder Lachen, läuft es Eingeborenen und Safaritouristen kalt den Rücken hinunter.

Wenn den Straußenküken Gefahr droht, lassen sie sich einfach auf den Boden fallen und stellen sich tot.

Was wiegt ein Straußenei?

Wie macht man Rührei für 25 Personen? Ganz einfach! Man schlägt statt 25 Hühnereiern ein Straußenei in die Pfanne. Eineinhalb Kilo wiegt das Ei des größten Vogels der Welt. Es hat eine ovale Form und misst maximal 17 mal 13 Zentimeter. Die Schale ist hellgrau oder elfenbeinfarben. Ihr könntet das Ei allerdings nur mit einem Hammer aufschlagen, so dick ist die Schale. Die Straußenjungen müssen schon sehr kräftig sein, damit sie beim Schlüpfen die Schale aufbrechen können.

Wenn die afrikanische Sonne mit aller Macht vom Himmel herunterbrennt, breitet die Straußenhenne ihre Flügel aus, damit die Jungen Schatten haben. Ohne diesen Schirm müssten die Kleinen in wenigen Minuten eingehen. Die Straußenflügel dienen auch dazu, dass die Vögel im Lauf nicht das Gleichgewicht verlieren. Sie werden als Fächer benutzt und zum Verjagen der Fliegen. Die Strauße können sich aber nicht mit ihren Schwingen in die Lüfte erheben. Dafür sind die Tiere viel zu schwer. Die Straußenmännchen mit dem schwarzglänzenden Federkleid und den weißen Flügelspitzen können bis zu 150 Kilogramm schwer und drei Meter hoch werden. Die Weibchen sind etwas kleiner und unscheinbar braun gefärbt.

Strauße gibt es heute nur noch in den afrikanischen Naturreservaten. Sie sind, was das Fressen anbelangt, sehr genügsam. Sie verschlingen harte Steppenpflanzen mitsamt den Wurzeln, außerdem Kräuter und Hülsenfrüchte und verschmähen auch fleischliche Kost nicht. Insekten, Reptilien und sogar kleine Nagetiere schnappen die Allesfresser mit ihrem kurzen, stumpfen Schnabel.

Strauße sind Laufvögel. Sie können in der Savanne nur überleben, weil sie so schnell sind wie der Wind. Selbst über längere Strecken halten sie eine Geschwindigkeit von 65 Kilometer pro Stunde durch. Außer dem Menschen haben die riesenhaften Vögel deshalb keine Feinde. Löwen und Leoparden erspähen sie in der baumlosen Savanne mit ihren langen Hälsen und den scharfen Augen schon von weitem und können deshalb rechtzeitig fliehen. Kommt ihnen doch einmal ein Gepard oder eine Hyäne zu nahe, dann schlagen die Riesenvögel sie mit kräftigen Huftritten in die Flucht.

Die Küken können natürlich nicht so schnell rennen. Wenn sie merken, dass ihnen ein Schakal auf der Spur ist, lassen sie sich einfach auf den Boden fallen und bleiben unbeweglich liegen. Man kann sie dann nur schwer ausfindig machen. Der Straußenvater lenkt inzwischen den Feind ab, indem er im Zickzack läuft und einen Flügel hängen lässt, als ob er gebrochen wäre. Der Schakal folgt ihm in der Hoffnung auf eine leichte Beute. Inzwischen sucht die Henne mit ihrer Brut ein sicheres Versteck auf.

Glücklicherweise sind Straußenfedern heute nicht mehr groß in Mode. Früher schmückte sich die vornehme Dame am Abend gerne mit einer Straußenboa. Man hat deshalb die Vögel in Straußenfarmen gehalten und ihnen alle acht Monate die Federn abgeschnitten. Auch die Straußenrennen, bei denen die Riesenvögel auf einer Rennbahn Wagen mit Jockeys zogen, konnten sich zum Glück für die Langhälse nicht richtig durchsetzen.

Strauße sind die größten Laufvögel der Welt. Sie sind schneller als ein Radrennfahrer und müssen kaum ein Raubtier fürchten.

Bei den Erdmännchen geht Wachsamkeit über alles

Es ist ganz früh am Morgen. Die ersten Sonnenstrahlen blinzeln über den Horizont der südafrikanischen Trockensteppe. Hinter einem Hügel taucht plötzlich der Kopf eines Erdmännchens auf. Es schaut nach links, es schaut nach rechts und „schwupp" ist es wieder verschwunden. Zwei Sekunden später folgt der Kopf eines zweiten Erdmännchens. Wie aus dem Boden gewachsen, steht es aufrecht auf den Hinterbeinen, blickt aufmerksam in alle Richtungen und verschwindet genauso schnell, wie es aufgetaucht ist. Immer mehr Erdmännchen finden sich ein. Sie kommen morgens alle aus ihren unterirdischen Bauen, die sie mit scharfen Krallen in langer Arbeit gegraben haben. Wenn sich die 30 Zentimeter großen Tiere so hoch aufrecken, gewinnen sie einen guten Überblick über die nähere Umgebung. Man nennt dieses Verhalten auch „Sichern", weil die Erdmännchen dabei Ausschau nach Feinden halten. Hauptsächlich Raubvögel können ihnen gefährlich werden.

Gegen Mittag und am Nachmittag übernimmt meist ein einzelnes Erdmännchen die Aufgabe des Sicherns. Für die 20 Mitglieder seiner Kolonie steigt es sogar in knorrige Büsche und auf kleine Bäumchen um von dort aus weiter sehen zu können. Da hockt es dann auf einem Ast und alle paar Sekunden reckt es sich auf – wie ein Stehaufmännchen.

Die anderen suchen derweil nach Nahrung – Spinnen, Skorpione und Schlangen. Berühmte Verwandte der Erdmännchen sind die Mungos, die Schlangentöter. Genau wie sie greifen auch die Erdmännchen gefährliche Schlangen an. Die Erdmännchen reagieren so blitzschnell, dass die Schlangen keinen Biss anbringen können. Bevor eine

Ein Mitglied der großen Erdmännchensippe hält immer Wache. Der Wächter reckt sich hoch auf und steigt sogar auf kleine Bäumchen um einen besseren Überblick zu haben. Feinde kann er deshalb schon von weitem erkennen.

Schlange mit ihrem Kopf hervorgeschnellt ist, sind die Erdmännchen schon wieder woanders. Außerdem sind es immer mehrere Erdmännchen, die aus allen Richtungen gleichzeitig angreifen.

Erdmännchen sind kleine, flinke Diebe. Jedes Erdmännchen neidet jedem Kollegen jeden Bissen. Schon die zwei, drei Jungen, die ein Erdmännchenweibchen pro Wurf zur Welt bringt, werden zu kleinen Nahrungsräubern erzogen. Das Weibchen trägt das Beutestück immer so lange vor ihren Jungen hin und her, bis eines danach schnappt und es stibitzt.

Gazellen, die Rehe Afrikas

„Ein Neger mit Gazelle zagt im Regen nie." Könnt ihr herausfinden, was das besondere an dem Satz ist? Stimmt, man kann ihn vorwärts und rückwärts lesen, die Bedeutung ist genau die gleiche. Ich kenne keinen zweiten Satz, von dem man das behaupten kann.

Die Gazellen gehören zu den Antilopen. Es gibt acht Arten; sechs davon sind vom Aussterben bedroht. Der ärgste Feind der Gazellen ist wie so oft der Mensch. Er jagt die eleganten Tiere wegen ihres schmackhaften Fleisches. Aber auch Löwen, Schakale, Hyänen und Geier stellen den rehähnlichen Huftieren nach.

Alle Afrikaforscher und Großwildjäger loben die schöne Erscheinung der Gazellen, ihre anmutigen Bewegungen, ihren kristallklaren und sanften Blick. Sie gelten als die Zierde der Halbwüsten, Steppen und Grasebenen.

Von der Grant-Gazelle sagt man, sie sei einer der schönsten Wiederkäuer der Welt. Wenn in der Trockenzeit viele Tiere die Savanne längst verlassen haben, schreiten die stolzen Tiere noch feierlich einher. Auf dem hocherhobenen Kopf thronen zwei

Die Gazellen gelten wegen ihrer anmutigen Erscheinung als die schönsten Tiere Afrikas.

schwarze, auffallend gedrehte Hörner. Grant-Gazellen können die Trockenheit gut ertragen und müssen nur wenig trinken. Sie sind haselnussbraun bis sandfarben und heben sich kaum vom Hintergrund der dürren Savanne ab. Eine ideale Tarnung. Die Männchen wiegen zwischen 65 und 90 Kilogramm.

Ihre Schönheit schützt die Gazellen nicht vor den Raubtieren, die es besonders auf die Jungen abgesehen haben. Gazellen haben jedoch ein feines Gehör und können ausgezeichnet sehen. Und sie sind phantastische Läufer. So haben sie eine gute Chance zu entkommen.

Thomson-Gazellen sind rötlichbraun und kleiner und leichter als die Grant-Gazellen. Das Männchen wiegt nur 20 bis 30 Kilogramm, das Weibchen ist noch leichter. Die Hörner sind ebenfalls geringelt, aber kürzer. Vom Auge bis zur hellen Schnauze zieht sich ein schwarzes Band. Auch die Flanken ziert ein dunkles Seitenband. Man hat festgestellt, dass die Gazellen die schwarzen Streifen bei Gefahr mit Hilfe bestimmter Muskeln heftig bewegen. Das ist eine Art Warnsignal für die Herdengenossen, wenn sich ein Raubtier nähert.

Die zähen Antilopen

Ein Antilopenweibchen hat sich von der Gruppe entfernt. Der Leitbock setzt ihr in weiten Sprüngen nach und stößt sie mit dem Kopf in die Flanke. „Komm zurück!" heißt diese unmissverständliche Geste. Obwohl die Impalas kräftige, geschraubte Hörner haben, berühren sie damit nie den Körper des Weibchens. Sie gehorcht schon der sanften Aufforderung des Rudelführers und trottet zur Herde zurück. Nähert sich allerdings ein männliches Tier der Herde, die nur aus Weibchen und ihren Jungen besteht,

dann reagiert der Leitbock schon aggressiver. Er verhakt seine Hörner in denen des Eindringlings und versucht ihm den Hals zu verdrehen.

Diese Antilopenart mit dem rötlichen Fell und den langen, schlanken Beinen sieht zwar sehr graziös aus, der Körper ist aber dennoch kräftig. Ein Impalabock kann bis zu 100 Kilogramm wiegen. Ist der Kampf entschieden, zieht der Schwächere ab und der Sieger kehrt zu dem Rudel zurück. Hat sich der Eindringling als der Stärkere erwiesen, dann muss er künftig den Harem gegen neue Angreifer verteidigen.

Die Leitböcke der Rudel sind sehr eifersüchtig. Wenn die männlichen Jungen in der

Herde ein Jahr alt sind, zwingt sie der Bock die Herde zu verlassen. Die ausgestoßenen Jährlinge schließen sich Junggesellenrudeln an. Dort bleiben sie so lange, bis es ihnen gelingt, eine eigene Herde zu erkämpfen.

Die Elenantilope ist mit einer Schulterhöhe von fast 1,80 Meter der Riese unter den Antilopen. Auch die Weibchen tragen geschraubte Hörner. Ihre Schwänze sehen aus wie Kuhschwänze und überhaupt ähnelt das ganze Tier mehr einem Rind als einer Antilope. Riesenelenbullen können bis zu einer Tonne, das sind 1 000 Kilogramm, schwer werden. Weil die Elenantilopen Rindern so ähnlich sehen, hat man versucht diese scheuen Steppenbewohner zu Haustieren zu machen. Leider in Afrika bisher ohne Erfolg. Nur in der Südukraine in Russland gelang es einem Gutsbesitzer, die Tiere zu zähmen. Die Kühe geben sogar regelmäßig Milch.

Die Kuhantilope heißt auch „Hartebeest", das bedeutet auf burisch soviel wie „zähes Rind". Die südafrikanischen Buren gaben den Tieren diesen Namen, weil sie ausdauernd und schnell laufen konnten und nicht sofort umfielen, wenn sie bei der Jagd ein Schuss gestreift hatte. Trotzdem hat man die Kuhantilopen in Afrika stellenweise völlig ausgerottet.

Einige der 75 Antilopenarten: Spießbock, Impala, Grasantilope und Elenantilope (von links)

Schimpansen lernen schnell

„Papa, Papa", krächzt es aus dem Nebenraum. Der Naturforscher Hayes traut seinen Ohren kaum, als er dieses „Papa, Papa" hört. Im Nebenraum sitzt nämlich kein Mensch, sondern das kleine Schimpansenkind Chita. Hayes öffnet die Tür und wieder begrüßt das Äffchen den Forscher mit einem lauten „Papa". Der kleine schwarze Affe hatte tatsächlich gelernt ein Wort zu sagen. Später lernte er noch weitere Wörter wie „Mama" oder „cup" (das englische Wort für Tasse). Und er gebrauchte seine Wörter sinnvoll, also nicht wie ein Papagei, der beim „Sprechen" nur Geräusche nachahmt.

Schimpansen leben in größeren Gruppen.

Schimpansen sind erstaunlich intelligente Tiere. Viele Tierforscher haben ihnen immer wieder lustige Aufgaben gestellt. Einmal hat man ihnen ein hohles Glasrohr vor die Nase gelegt. In der Mitte des Glasrohres steckte gut sichtbar ein Apfel. Erst versuchten die Affen in das Glasrohr hineinzulangen. Dann mussten sie feststellen, dass sie den Apfel nicht erreichen konnten, weil ihre Arme kürzer waren als das Glasrohr. Was glaubt ihr, haben die Affen gemacht? Sie suchten sich einen Stecken und mit dem Stecken konnten sie den Apfel aus dem Glasrohr herausstoßen. Sie haben damit bewiesen, dass sie ein Werkzeug anwenden können. Und das erfordert bekanntlich die Fähigkeit zum logischen Denken.

Und jetzt kommt etwas Verblüffendes: Im zweiten Schritt des Experiments hat man den Schimpansen wieder den unerreichbaren Apfel in dem Glasrohr vorgelegt. Aber – und das war ein bisschen gemein – man hat alle Stecken und Stöckchen in der Nähe der Affen entfernt. Was, glaubt ihr, haben die Affen jetzt gemacht? Sie haben einen ganz kleinen, jungen Affen geholt, der noch kaum laufen konnte. Der war noch so winzig, dass er gerade in das Glasrohr passte. Ein großer Affe packte ihn grob an und schob ihn unsanft in das Rohr. Und kaum kam der Kleine mit dem Apfel heraus, da schnappte sich der Große den Apfel und schubste den kleinen Helfer zurück zu seiner Mama.

Ein solches Verhalten könnte man fast „menschlich" nennen und es erinnert uns daran, dass auch wir Menschen von einer früheren Urform des Affen abstammen. Fast in allen Zoos der Welt könnt ihr Schimpansen beim Klettern beobachten. Mit ihren ellenlangen Armen, die noch länger sind als ihre Beine, schwingen sie sich von Ast zu Ast. Sie grinsen freudig, wenn der Wärter Bananen, Nüsse und ganze Salatköpfe heranschafft.

Die jungen Schimpansen wachsen im Familienverband auf.

Gesicht, Hinterteil und Hände sind nackt. Der übrige Körper ist über und über mit schwarzen Haaren bedeckt. Wenn sie nicht klettern, laufen sie auf allen vieren auf dem Boden herum oder hocken beieinander und lausen sich gegenseitig. Sie können auch kurze Strecken aufrecht gehen, wobei sie die Knie nie ganz durchdrücken.

Der tropische Regenwald in der Mitte des afrikanischen Kontinents ist ihr eigentliches Zuhause. Abends klettern sie hoch auf die Bäume um dort sicher zu schlafen. Tagsüber laufen sie durchs Unterholz, wobei sie meist die gleichen ausgetretenen Pfade benutzen. Leoparden sind ihre Erzfeinde und man hat einmal eine Schimpansenmutter beobachtet, die mit einem dicken Knüppel auf einen Leoparden eingedroschen hat. Tatkräftig hat sie ihre Intelligenz im Kampf ums Überleben eingesetzt.

Es verwundert nicht, dass manche zahme Schimpansen selbst komplizierte Spielauto-maten bedienen lernten oder, man höre und staune, sogar schon Bilder gemalt haben. Über deren künstlerischen Wert kann man allerdings geteilter Meinung sein.

Bei den Gorillas

Mit zitternden Knien steht die Urwaldforsche-rin Diane Fossey da. Die schlanke Frau blickt erschreckt durch das dichte Unterholz des Regenwaldes. In zehn Meter Entfernung vor ihr hockt ein ausgewachsener Gorilla. Das erste Mal in ihrem Leben ist sie so nahe an einen Gorilla herangekommen. Der mächtige Menschenaffe ist ebenfalls erschrocken. Er richtet sich halb auf und blickt wütend um sich. Auf einmal reißt er einen dicken Ast von einem Baum und schlägt damit laut krachend auf den feuchten Waldboden. Noch mal und noch mal schlägt er wild mit dem Ast um sich und wankt nervös herum.

Sein grimmiger Gesichtsausdruck täuscht: Der Gorilla ist gutmütiger, als er aussieht.

105

Dann richtet er sich zu seiner vollen Größe von fast zwei Metern auf und trommelt mit den Handflächen donnernd auf seine Brust. Dazu lässt er ein ohrenbetäubendes Gebrüll erschallen.

Gott sei Dank hat der Gorilla mit dieser wilden Aufführung nur gedroht. Zum Angriff ist er nicht übergegangen. Gorillas sind nämlich sanftmütige und friedfertige Tiere, die lieber einen Gegner mit ihrer Drohgebärde in die Flucht schlagen, statt zu kämpfen. Früher hat man diesen größten aller Menschenaffen für eine Bestie gehalten. Diane Fossey und anderen Forschern ist aber der Gegenbeweis geglückt. Jahrelang haben sie zusammen mit den Gorillas gelebt.

Ganz behutsam haben die Forscher die Tiere an ihre Gegenwart gewöhnt. Wichtig war es vor allem, jeden direkten Blickkontakt mit einem Gorilla zu vermeiden. Das hätte er als Aufforderung zum Kampf verstanden. So konnten sich aber die Forscher ein Bild von den sanftmütigen Riesen machen. Sie leben friedlich in Familiengruppen mit bis zu 30 Mitgliedern. Geführt wird die Gruppe vom stärksten Gorillamann. Er kann über 200 Kilogramm wiegen und hat eine silbrige Rückenbehaarung. Mit dem dunklen Gesicht und den dunkelbraunen oder schwarzen Körperhaaren sieht er recht finster aus.

Tagsüber machen die Gorillas kleine Wanderungen im Urwald und suchen Beeren, Blätter und Früchte. Meist bleiben sie aber dabei im Umkreis von wenigen hundert Metern. Leider ist ihr natürlicher Lebensraum, der Buschwald im Kongo, in Gabun oder in Kamerun, von Brandrodungen bedroht.

Die mutige Forscherin Diane Fossey lebte wie ein Familienmitglied unter den Gorillas im Urwald.

Halbaffen, die Gespenster von Madagaskar

„Tock, tock, tock", pocht es in der Nacht. Und wieder „tock, tock". Durch das Dunkel des nächtlichen Urwalds von Madagaskar dringt dieses Klopfen. In geheimnisvollen Tiefen, hinter unendlich vielen Blättern, Zweigen und Stämmen wird das Pochen erzeugt. Ein Tier, das aussieht wie ein kleines schwarzes Gespenst, fingert sich gemächlich von Baum zu Baum. Es ist ein Fingertier. Es ist 50 Zentimeter lang und hat zudem einen 60 Zentimeter langen Schwanz, dazu große, glühende Augen. Mit seinen überlangen, knochigen Mittelfingern pocht es immer wieder gegen die Baumstämme und Stümpfe. Das Fingertier hört am Klang des Holzes, wo der Wurm sitzt. Hat es einen erwischt, dann klettert es weiter auf der Suche nach Insekten, Würmern und Früchten. Seine Zähne sind so scharf, dass es sogar eine Kokosnuss aufbeißen kann. Das hat ihm die Feindschaft der Kokosbauern von Madagaskar eingebracht.

Fingertiere sind seltene Halbaffen. Die bekannteste Halbaffenart sind die Lemuren. Sie sehen Affen sehr ähnlich, haben aber fast alle einen buschigen Schwanz, der länger als ihr Körper ist. Den Einwohnern von Madagaskar sind die Lemuren unheimlich. Fast alle Lemuren sind nämlich Nachttiere und schreien gespenstisch durch das Dunkel.

Auch der Mausmaki ist ein Lemur. Er ist das kleinste aller höher entwickelten Säugetiere. Er wiegt nur soviel wie ein Hühnerei, das sind 50 Gramm. Er sieht bis auf seinen langen Schwanz wie unsere heimische Maus aus. Nur die Augen sind viel größer und glühen wie geheimnisvolle Lichter auf, wenn sie im Dunkeln von einem Lichtstrahl getroffen werden.

Mausmaki (oben), Katta und Fingertier (unten) sind Halbaffen und leben auf Madagaskar.

Eine Lemurart, die nachts schläft und dafür tagsüber aktiv ist, heißt Katta. Die Kattas werden so groß wie Fingertiere. Ihr Schwanz ist schwarzweiß geringelt und steht senkrecht nach oben, wenn sie auf allen vieren auf dem Boden nach Nahrung suchen. Unglaublich lustig ist das Spiel der jungen Kattas. Sie tanzen und springen, sie werfen die Arme hoch und wippen mit den wolligen Schwänzen. Das bunte Treiben kann stundenlang dauern. Erst mit drei Jahren sind die Kattas erwachsen. Morgens, wenn das Urwaldleben in Madagaskar erwacht, nehmen alle Kattas erst einmal ein Sonnenbad. Ziemlich genau eine Stunde räkeln sie sich in der Sonne und lassen sich die warmen Strahlen genüsslich auf den Bauch scheinen.

Für die Beduinen sind Dromedar (links) und Kamel wichtige Last- und Reittiere.

Auf dem Rücken der Kamele

Wer auf einem Kamel reiten will, darf nicht „seekrank" werden und muss gut mit Schlingerbewegungen zurechtkommen. Schon beim Aufsitzen wird's gefährlich. Das Kamel liegt am Boden und der Reiter steigt in das Sattelgestell. Und dann, mit einem Ruck, steht das Kamel auf, aber zuerst nur mit den Hinterbeinen. Der Sattel hängt ganz schief nach vorn, bis das Kamel dort hochkommt. Und wenn es losläuft, beginnt der Sattel zu schlingern, als wäre er ein Schiffchen auf den Wellen. Das Kamel setzt nämlich abwechselnd die beiden rechten Beine vor und dann die beiden linken und so fort. Man bezeichnet dies als „Passgang". Und weil der Sattel dabei so schaukelt, heißen die Kamele auch „Wüstenschiffe".

Lange haben die Biologen gerätselt, wie die Kamele wochenlang in der Wüste leben können, ohne einen einzigen Schluck Wasser zu trinken. Der absolute Rekord steht bei 34 Tagen ohne Wasser. Sicher ist, dass Kamele keine „Wassersäcke" im Bauch haben, in denen sie das kostbare Nass speichern. Dafür bestehen ihre Höcker aus wasserhaltigem Fettgewebe, von dem sie in Notzeiten zehren. Wenn die Kamele lange nichts gefressen und getrunken haben, dann hängen die Höcker schlaff und klein über den Rücken und müssen wieder gefüllt werden.

Noch wichtiger aber als die Reserve in den Höckern ist folgendes: Kamele schwitzen kaum, sie können ihre Körpertemperatur der Hitze anpassen und sie haben ein einzigartiges Blut. Bei keinem Säugetier der Erde wird das Blut so gut mit dem Wassermangel fertig. Mit diesen Eigenschaften sind die Kamele die idealen Reittiere in trockenen Wüstengebieten.

Es gibt die Großkamele mit 600 Kilogramm Gewicht, dreieinhalb Meter Länge und zweieinhalb Meter Höhe. Sie haben zwei Höcker auf dem Rücken. Und es gibt die Dromedare mit nur einem Höcker. Dromedare sind kleiner und lassen sich besser zureiten.

Mit dem Nilkrokodil ist nicht zu spaßen

„Tri, tra, trallala, der Kasperl mit der Pritsche, haut dem Krokodil eins auf die Mütze." So lustig wie im Puppenspiel geht's bei den echten Nilkrokodilen allerdings nicht zu. Die fünf Meter langen Nilkrokodile sind äußerst gefährliche Beutejäger. Ihr riesiges Maul ist mit 60 nadelscharfen Zähnen bestückt. Einige Zähne sind so lang, dass sie selbst aus der geschlossenen Schnauze noch herausragen.

Abends, wenn die Antilopen, Zebras, Gnus und andere Tiere zu den verschlammten Wasserstellen kommen um zu trinken, liegen die Nilkrokodile schon auf der Lauer.

Krokodile lebten schon vor 200 Millionen Jahren und haben sich seitdem kaum verändert.

Nur die eisiggrünen Augen und die wulstigen Nasenlöcher ragen knapp aus dem Wasser heraus. Der Rest des grünbraunen Leibs bleibt unter der Wasseroberfläche verborgen. Und dann, mit einigen wuchtigen Schlägen seines Schwanzes, schießt das Nilkrokodil aus dem Wasser heraus ans Ufer. Es verbeißt sich in die Vorderbeine des trinkenden Tieres oder, noch grausamer, in seine Schnauze. Das arme Beutetier versucht sich freizuschütteln, aber das Krokodil beißt noch fester zu und macht eine schnelle Drehung um die eigene Achse. Dabei schlägt das Beutetier seitlich auf den Boden und kann nicht mehr verhindern, von dem Krokodil ins Wasser gezerrt und gefressen zu werden.

Nilkrokodile gehen auch auf ihresgleichen los. Gelegentlich kommt es sogar vor, dass sie einen Artgenossen verspeisen, sofern er nur klein genug ist.

Die Weibchen der Nilkrokodile legen ihre 30 Eier mitten in der Nacht in eine sorgsam ausgehobene Sandkuhle. Dann werden die Eier vergraben und drei Monate lang bewacht. Eine ganze Reihe von Nesträubern muss das Weibchen verscheuchen, ehe es im Februar soweit ist. Die kleinen Krokodile in den Eiern quaken laut drauflos, bis das Muttertier kommt und mit ihrem Riesenmaul erstaunlich behutsam die Eierschalen öffnet.

Nach drei Monaten schlüpfen die jungen Krokodile.

Die jungen Nilkrokodile sind gut 20 Zentimeter groß, fertig entwickelt und folgen in den ersten Wochen ihres Lebens dem Muttertier. Und das hat für diese Zeit eine Fresshemmung, denn sonst stünde es schlecht um den Fortbestand der Kleinen. Die Nilkrokodile können 70 Jahre alt werden und an die 1 000 Kilogramm schwer. Größere Bestände gibt es noch im Bereich des Viktoria-Nils in Uganda.

Auf Kaffernbüffeljagd

Der Jäger zielt und mit einem Knall geht der Schuss los. Der riesige Steppenbüffel zuckt zusammen, schüttelt sich und trabt lautstark davon. Er ist nur angeschossen. Jetzt wird es für den Jäger sehr gefährlich. Verletzte Kaffernbüffel haben mehr Großwildjäger auf dem Gewissen als Löwen, Leoparden und Nashörner zusammen. Drei Minuten später knackt und raschelt es im Dickicht. Der Jäger dreht sich geistesgegenwärtig um und reißt die Flinte hoch. Der verletzte Büffel ist zurückgekommen. Mit wütender Entschlossenheit rast er schnaubend auf den Jäger zu. Er ist in einem Halbkreis um den Jäger herum zur eigenen Fährte zurückgekehrt. Sein verzweifelter Angriff aus dem Hinterhalt kann für den Jäger tödlich ausgehen.

Es ist schon viel geschrieben worden über die Angriffslust des Kaffernbüffels. Ein Forscher aber hat es wohl richtig erkannt. Er sagt, Kaffernbüffel sind nicht bösartiger als andere Steppentiere. Wenn sie jedoch angeschossen werden, dann ist das anders. Für einen verwundeten Büffel ist der Angriff der letzte Ausweg. Diesmal kann der Jäger noch rechtzeitig durchladen und den wildgewordenen Büffel niederstrecken. Und er wird nie vergessen, dass er den ersten Schuss auf einen Büffel in Zukunft besser platzieren muss.

Wenn Kaffernbüffel angegriffen und verletzt werden, sind sie besonders gefährlich.

Die Kaffernbüffel leben in den afrikanischen Nationalparks. In der Trockenzeit schließen sich oft mehrere Rudel zu Großherden mit Hunderten von Tieren zusammen. Manche Kaffernbüffelbullen leben indessen auch als Einzelgänger.

Erst in der Dämmerung verlassen die Tiere das schützende Dickicht und wandern zum Äsen in die Weidegebiete. Zum Wiederkäuen ziehen sie sich dann bei Sonnenaufgang wieder in den Wald zurück. Es ist beinahe unvorstellbar, wie die Büffel von den Gräsern und Kräutern, die sie am liebsten fressen, so groß und stark werden. Man hat schon Männchen gefunden, die 1200 Kilogramm wogen. Das sind allerdings Ausnahmen; das Normalgewicht liegt bei 800 Kilogramm. Der Körper ist etwa 2,60 Meter lang.

Am beeindruckendsten an den schwarzbraunen Kaffernbüffeln sind ihre Hörner.

Sie sind in einem Schwung erst nach unten und dann wieder nach oben gebogen und enden mit den Spitzen nach innen gerichtet: Da möchte keiner auf die Hörner genommen werden! Außer dem Menschen und dem Löwen haben die mächtigen Tiere deshalb auch keine Feinde.

Der schwarze Tag des Leoparden

Mit einem kräftigen Sprung bricht der Leopard aus dem Unterholz hervor. Langgestreckt schnellt er auf das trübe Wasserloch zu. Nur noch ein Satz, und die gefleckte Raubkatze kann mit ihrer Vorderpranke einen der drei Frischlinge packen.

Die jungen Wildschweine tollen ahnungslos im Wasser herum. Dann geschieht etwas Unerwartetes: Aus ein paar Meter Entfernung

rennen plötzlich zwei ausgewachsene Eber von der Seite gegen den Leoparden an. Der erste rammt seine Schnauze mit voller Wucht in die linke Flanke der Raubkatze. Der Leopard wird voll aus der Bahn geworfen und überschlägt sich. In diesem Moment stößt der zweite Eber mit seiner Rüsselschnauze gegen den Schwanz des Leoparden. Der Leopard krümmt sich vor Schmerzen und wendet sich ab. Er entkommt mit letzter Kraft und mit gebrochenem Schwanz. Diesmal hatte das gefährliche Raubtier kein Jagdglück.

Die liebsten Beutetiere des Leoparden sind Affen, Antilopen, Stachelschweine, Zebras, Gnus, winzige Nager und sogar Fische. Um seinen Fang vor Schakalen und Hyänen zu schützen zerrt er die Beute auf einen Baum, wo er sie ungestört verspeisen kann. Auf der Astgabel einer Akazie verschläft der Leopard den ganzen Tag. Erst in der Dämmerung geht der Einzelgänger auf die Jagd. Nur während der Fortpflanzung und die erste Zeit nach der Geburt der Jungen leben Männchen und Weibchen zusammen.

Leoparden gibt es noch in Afrika und Asien. Hier kommen auch die berühmten „schwarzen Panther" vor, Leoparden mit einem schwarzen Fell.

Lautlos pirscht sich der Leopard heran, bevor er seine Beute anspringt.

Wilde Jagd in der Savanne: Ein Gepard, das schnellste Tier der Welt, verfolgt eine Gazelle.

Der Gepard,
die Rennkatze

Afrika ist das Land der Superlative. Das größte Landtier lebt hier, der Elefant. Ebenso das höchste Tier der Welt, die Giraffe. Und das schnellste Tier ist der Gepard.

Bis zu 114 Kilometer pro Stunde kann diese Großkatze rennen. Damit ist sie schneller als jedes andere Säugetier. Wenn man bedenkt, dass die besten Olympiarennläufer umgerechnet nur auf 37 Kilometer pro Stunde kommen, sieht man erst, wie lächerlich langsam der Mensch im Vergleich dazu ist.

Geparden werden häufig mit Leoparden verwechselt. Wenn man genauer hinsieht, kann man sie aber eindeutig voneinander unterscheiden. Der Gepard ist viel schmaler und schlanker gebaut. Er hat einen kleineren Kopf und kräftige, lange „Laufbeine". Er sieht eher einem Windhund ähnlich, der ein Katzenfell trägt. Das Fell des Gepards ist goldfarben wie das des Leoparden. Es hat jedoch runde schwarze Punkte darauf, das des Leoparden dagegen schwarze Kringel. Vom inneren Augenwinkel bis zum Mundwinkel zieht sich beim Gepard eine kräftige schwarze Linie, die dem Tier ein richtig trauriges Aussehen gibt. Seine Augen sind kräftig orangefarben.

Der Leopard bevorzugt bewaldete Gebiete. Er entfernt sich nie weit von schützenden Bäumen oder Dickichten, hinter denen er sich unbemerkt an seine Opfer anschleichen kann. Der Gepard dagegen lebt und jagt in der offenen Savanne. Sein liebstes Beutetier sind Gazellen. Die Faustregel lautet: Wo Gazellen sind, da gibt es auch Geparden. Das ist in den afrikanischen Steppen, Halbwüsten und Wüsten der Fall.

Leider gibt es die Geparde heute fast nur noch in den großen Naturparks, denn der Mensch hat den edlen Tieren wegen ihres schönen Fells zu sehr nachgestellt. Das hat sich geändert, seit die Geparde zu den besonders geschützten Tierarten zählen und nicht mehr geschossen werden dürfen.

An der langen, klebrigen Zunge des Chamäleons bleiben Insekten hilflos hängen. Das obere Chamäleon kommt in Ostafrika vor, das untere lebt auf Madagaskar.

Das Chamäleon überblickt alles

Wer kann mit einem Auge in die Zukunft schauen und mit dem anderen in die Vergangenheit? Das ist das Chamäleon. Die afrikanischen Völker haben der kleinen, dicht mit Schuppen bedeckten Echse diese Fähigkeit nachgesagt. Der Grund dafür ist sofort erkennbar. Das Chamäleon kann nämlich beide Augen vollkommen unabhängig voneinander bewegen. Manchmal schaut es mit dem rechten Auge nach hinten und mit dem linken nach vorn. So entsteht der Eindruck, das Chamäleon schaue gleichzeitig in die Zukunft und in die Vergangenheit.

Bekannt ist dieses Kriechtier mit dem langen Kletterschwanz aber aus einem anderen Grund: Das Chamäleon ändert häufig seine Farbe. Einmal ist es grün und im nächsten Moment schon hellbraun oder rot. Jede der über 100 Chamäleonarten in Afrika und Madagaskar verfügt über eine ganz bestimmte Farbpalette. Irrtümlicherweise hatte man früher geglaubt, das Chamäleon passe seine Farbe immer dem Untergrund an um sich beispielsweise mit einer satten Grünfärbung besonders gut in einem gleichfarbigen Busch verstecken zu können. In Wahrheit aber hängt die Farbwahl von den körperlichen Zuständen des Chamäleons ab, ob es Angst hat oder Hunger, ob es krank ist oder ob ihm zu heiß ist.

Chamäleons leben vorwiegend auf Büschen und Bäumen. Sie bewegen sich unglaublich langsam, praktisch im Zeitlupentempo. Nur die peitschenartige Zunge des Chamäleons kann so schnell hervorschnellen, dass kein Beuteinsekt entkommt. Es bleibt an der klebrigen Zungenspitze hängen.

Das Riesennest der Webervögel

Der dicke Ast der Akazie neigt sich bedenklich unter der Last. Der riesige Nestbau der Webervögel ist zu schwer geworden. Aus Millionen von Gräsern, Halmen und Blattstreifen haben die Vögel ein gewaltiges Gebilde von vier Meter Länge und drei Meter Breite zusammengewoben. Über 100 einzelne Nesteingänge hat der Bau. Und dann ist es passiert. Ein lautes Knirschen und der ganze Nestbau kracht zu Boden.

Die Webervögel hatten es hier mit ihrer Bauwut übertrieben. Gewöhnlich sind die Bauwerke etwas kleiner und bestehen jahrelang. Die meisten Webervogelarten bauen keine so großen Gemeinschaftsnester, sondern Einzelnester. In eine hängende Astgabel flechten sie zuerst einen Kreis hinein. Der Kreis wird dann zu einer runden Kugel erweitert, die unten ein Eingangsloch hat und oben ein doppeltes Dach als Sonnenschutz.

Wie die Christbaumkugeln hängen manchmal 50 oder mehr solcher Nester an einer einzigen Akazie. Für die kunstvollen Gebilde benötigen die Webervögel sehr viel Nistmaterial. Reichen die Gräser und Halme der Umgebung nicht aus, dann stellen die Vögel die nötigen Webstreifen selbst her. Sie beißen einen kleinen Schlitz in ein Palmblatt, nehmen ein Randstückchen des Blattes fest in den Schnabel und fliegen mit einem Ruck los. Dabei löst sich ein langer, schmaler Blattstreifen ab, den die Vögel später im Bau verweben.

Die meisten Webervögel leben in Afrika südlich der Sahara. Sie ernähren sich von Insekten und Grassamen. Die Vögel sind mit unseren Spatzen, also den Sperlingen, verwandt. Viele Arten sind jedoch viel bunter als die grauen Spatzen, mit grellgelben, grünen oder roten Farbtupfern.

Ein Webervogel in seinem Nest

Die Flamingos vom Nakuru-See

Im ostafrikanischen Kenia liegt der Nakuru-See. Fünf Autostunden von Nairobi entfernt ist dieses schönste Vogelparadies der Erde zu finden. Millionen von Vögeln leben dort. In riesigen Schwärmen bevölkern vor allem Flamingos und Pelikane die Ufer des Sees. Die Flamingos haben lange Stelzbeine und ganz lange, schlangenähnliche Hälse. Sie sind weiß oder rosa und sie haben einen sogenannten „Verkehrtschnabel".

Der obere Schnabelteil ist so über den unteren geklappt, dass der Flamingo damit bestens Algen und kleine Wassertierchen aus dem See herausfiltern kann. Er senkt den oberen Schnabelteil ins Wasser und spült die Nahrungsteilchen mit der Zunge durch feine Hörnlamellen, wo sie hängen bleiben. Zu diesem Zweck stehen die Flamingos die meiste Zeit des Tages im seichten Wasser. Wenn sie sich einen Salzsee ausgesucht haben, kann es vorkommen, dass an ihren dünnen Beinen dicke Salzklumpen hängen, die die Vögel erheblich behindern.

Flamingos brüten am Seeufer in selbst-aufgehäuften Schlammkuhlen. Die Ränder der Gruben werden in der Sonne hart und bilden einen Schutzwall für die Jungen. Obwohl die Flamingos in Millionenschwärmen leben, wachen sie dennoch eifersüchtig über ihr kleines Gebiet um das Nest herum. Wenn ein Flamingoschwarm gestört wird, dann rauschen mit einemmal Abertausende von Flamingos davon. Wie eine riesige rosa Wolke zieht der Schwarm dann über den Himmel. Die Hälfte aller Flamingos, das dürften etwa drei Millionen Stück sein, leben in Ostafrika. Die anmutigen Großvögel wurden von den alten Ägyptern als Halbgötter verehrt.

Riesige Kolonien von Flamingos (links) und Pelikanen leben an den Ufern des Nakuru-Sees. Die Pelikane veranstalten regelrechte Treibjagden auf Fische.

Treibjagd der Pelikane

20 Pelikane schwimmen in einer breiten Front langsam auf das Ufer zu. Jeder der gedrungenen, weißen Vögel patscht heftig mit seinen Flügeln auf die Wasseroberfläche, rudert kräftig mit seinen Schwimmfüßen und stochert mit dem enorm großen Schnabel im Wasser herum.

50 Meter weiter hinten rückt eine zweite Gruppe von Pelikanen an. Auch sie schwimmt in einer geschlossenen Front auf das Ufer zu. Wenige Meter vom Land entfernt, wo das Wasser ganz seicht ist, vereinigen sich die beiden Gruppen zu einer einzigen langen Kette. Kein Fisch, den sie mit ihrer Treibjagd vom tiefen ins flache Wasser gescheucht haben, kann da noch entwischen. Die großen Vögel tauchen jetzt wie auf Kommando alle ihre Schnäbel tief ins Wasser und schnappen nach ihrer Beute.

Der untere Schnabelteil ist aus einer dehnbaren Haut und kann wie ein Sack prall mit Fischen gefüllt werden. In dem Sack transportieren sie die Fische zu ihren Jungen, die schon hungrig in den groben Bodennestern aus Zweigen, Schilf und Schlamm am Ufer warten.

Wenn die Eltern dann zur Brutkolonie kommen, wo Tausende von jungen Pelikanküken hocken, setzt ein ohrenbetäubender Lärm ein. Die Jungen kreischen und hacken auf die Schnäbel der Alten ein, bis diese ihre Beute preisgeben. Manche der Jungen sind so hungrig, dass sie mit dem Kopf in den Schnabel der Alten hineinkriechen und halb darin verschwinden.

Tonnenweise Fisch verzehrt eine solche Pelikankolonie. Wegen ihrer systematischen Treibjagdtechnik wurden die Pelikane früher von den Indern zum Fischfang abgerichtet. Man hat den Vögeln den Hals zugebunden und so konnten sie die Fische zwar fangen, aber nicht hinunterschlucken.

Pelikane können trotz ihrer Größe von 120 bis 170 Zentimetern sehr gut fliegen. Sie gehören zu den größten Flugvögeln der

Welt. Wenn sie weite Strecken zurücklegen
wollen, dann lassen sich die fliegenden
Schwärme von warmen Aufwinden in die
Höhe tragen um dann im eleganten Gleitflug ihr Ziel anzusteuern.

Die afrikanischen Pelikane sind der
Rosapelikan und der Rötelpelikan. Auch in
Amerika und Asien leben Pelikane; in Europa
gibt es im Bereich der Donaumündung in
Rumänien noch größere Kolonien.

Ein Nilpferd
auf Wanderschaft

„Ich brauch' Tapetenwechsel", sprach das
Nilpferd und machte sich in der Dämmerung auf den Weg! Kein Mensch weiß, warum
manche Nilpferde eines schönen Tages auf
die Idee kommen, eine große Wanderung
anzutreten. In den dreißiger Jahren ist das
Nilpferd „Huberta" über 1500 Kilometer weit
gewandert, quer durch Südafrika, immer in
Richtung auf das Kap der Guten Hoffnung.

Die Zeitungen haben damals über die
Reise berichtet. Jeden Tag nahm Huberta
irgendwo anders ein Bad, suhlte sich im
Schlamm, suchte aber keinen Kontakt zu
anderen Nilpferden. Leider wurde Huber-
tas Wanderung jäh beendet. Ein Wilderer
erschoss das Tier. Später stellte sich heraus,
dass Huberta eigentlich ein „Hubert" war,
ein stattlicher Bulle.

Normalerweise sind die Nilpferdbullen
immer dicht bei ihren kleinen Herden. Wenn
die Nilpferde tagsüber im Wasser sind, halten sie eine lockere Platzordnung ein. Die
älteren Bullen bilden außen einen Kreis. Das
Innere des Kreises ist in zwei Hälften geteilt.
In der einen Hälfte sind die Weibchen mit
ihren Jungen und in der anderen sind die
halberwachsenen Tiere. Die Weibchen mit
den Jungen lassen sich oft auf Sandbänken
oder erhöhten Uferstellen nieder.

Nähert sich außerhalb der Paarungszeit
ein Bulle aus der Herde den Weibchen,
dann muss er peinlich genau zwei Regeln
beachten. Er muss sich sofort hinlegen,
wenn ein Weibchen aufsteht und er darf
sich erst wieder erheben, wenn die Dame
Platz genommen hat. Und wehe, er tut das
nicht. Dann reißen die Weibchen bedrohlich
die Mäuler auf.

Nilpferde sind die größte Art von Fluss-
pferden. Sie werden über vier Meter lang
und über drei Tonnen schwer. Tagsüber
bevorzugen die schweineähnlichen Großtiere
seichte Gewässer. Sie liegen stundenlang im
trüben Wasser und lassen nur die Nasenlöcher und die Augen herausragen. Sie können
sehr gut schwimmen und tauchen. Nachts
spazieren sie auf Wiesen und Weiden herum

*Die Nilpferde suhlen sich gerne im Schlamm und
liegen stundenlang im kühlenden Wasser. Erst
nachts begeben sie sich auf Nahrungssuche.*

und verspeisen gut 50 Kilogramm Gräser
und Früchte. Um diesen riesigen Bedarf zu
decken wandern sie manchmal 20 bis 30
Kilometer weit in einer Nacht.

Achtung, Warzenschweine!

Wer hätte gedacht, dass man sich vor Schweinen in Acht nehmen muss. Die afrikanischen Warzenschweine, Verwandte unserer Hausschweine, können äußerst gefährlich werden. Im Duisburger Zoo wurde vor Jahren ein Wärter von einem Warzenschwein getötet. Er hatte die Hauer, die überlangen, aus dem Maul herausragenden Eckzähne des Warzenschweinebers, unterschätzt.

In ihrer Heimat in Afrika fallen die bis zu 130 Kilogramm schweren Tiere vor allem dadurch auf, dass sie alle ihren Schwanz aufstellen, wenn sie aufgescheucht werden. Wie Antennen zeigen dann ihre aufgereckten Schwänze, wohin sie laufen. Die Safarijäger nennen sie deshalb auch „Antennenschweine". Sie leben südlich der Sahara in Familiengruppen und ganz merkwürdig ist, dass sie auf den Knien liegen, wenn sie Gräser, Wurzeln, Früchte und Triebe mit dem Maul vom Boden auflesen.

Die Pfeile der Stachelschweine

Zack! Mit einem Schlag bohrt sich der kleine Pfeil in die Baumrinde. Und wieder: Zack, zack! Zwei weitere Pfeile nageln sich in das Holz. Tambo, der schwarze Jäger vom Stamm der Zulus, geht voll in Deckung. Dann lugt er hinter dem Baum hervor und sieht den Schützen: Es ist ein Stachelschwein! Das Tier hat sich in einer Falle verfangen und schüttelt sich mit aller Kraft um freizukommen. Dabei sausen ein paar seiner dicken, harten Rückenstacheln mit solcher Wucht davon, dass sie tatsächlich in der Baumrinde stecken bleiben.

Die längsten Stacheln des Tieres sind an die 40 Zentimeter lang. Es gibt Stachelschweine, deren Spieße eine ganz harte Spitze haben, aber auch solche, deren Sta-

Warzenschweine sind mutige Kämpfer. Sogar Leoparden haben sie schon mit ihren langen Eckzähnen in die Flucht geschlagen.

Stachelschweine sind nicht so widerborstig, wie sie aussehen. Man kann sie sogar zähmen.

cheln borstenartig sind. Doch trotz des Stachelkleids haben Großkatzen, Hyänen, Greifvögel und Schlangen kaum Mühe damit, ein Stachelschwein zu überwältigen. Und auch der Mensch schätzt in manchen Gebieten der Erde das Fleisch des Stachelschweins. Es soll wie Schweinefleisch schmecken und das, obwohl die Stachelschweine keine Schweine, sondern Nagetiere sind.

Wenn die Stachelschweine fressen, dann merkt man, dass sie Nagetiere sind. Sie nehmen nämlich ihr Futter wie die Eichhörnchen mit den Vorderpfoten auf und benagen es mit ihren scharfen Schneidezähnen. Karotten, Süßkartoffeln, Wurzeln und Rinden sind ihre Leckerbissen.

Erstaunlich ist, dass man Stachelschweine fast wie Hunde halten kann. Sie erweisen sich als friedliche und umgängliche Hausgenossen. Die bis zu einem halben Meter langen Gesellen werden sogar stubenrein. Wenn sie etwas zu fressen wollen, grunzen sie laut. Und wenn eine Tür verschlossen ist, dann scharren sie so lange, bis Herrchen den Weg frei macht.

Wie der Sekretär zu seinem Namen kam

Schon seit einer Weile stakst der Raubvogel auf seinen langen Stelzen durch das hohe Steppengras. Plötzlich bleibt er vor einem dichten Grasbüschel stehen und schlägt heftig mit dem rechten Fuß dagegen. Eine Schlange kommt daraufhin aus dem Grasversteck gekrochen. Der Sekretär hat sie aufgescheucht und im Nu umklammern seine Fänge den Schlangenhals. Die schwarzen, spitzen Krallen graben sich in das Fleisch. Dann zertrümmert er mit einem einzigen kräftigen Schnabelhieb den Kopf des Kriechtieres.

Schlangen, Eidechsen und kleine Kriechtiere sind die Hauptnahrung des Sekretärs. Der Vogel gehört zur Klasse der Greifvögel,

Der Sekretär geht zu Fuß auf Schlangenfang.

Unermüdlich schafft der Sekretär Schlangen, Eidechsen und größere Insekten für seinen Nachwuchs heran.

er sieht aber von weitem einem Kranich sehr ähnlich. Seine Läufe sind fast so lang wie bei dem Stelzvogel. Der ganze Vogel kann bis zu einem Meter hoch werden.

Erst wenn man näher kommt, erkennt man den gebogenen Raubvogelschnabel in dem adlerartigen Gesicht und die kurzen, stark gebogenen Krallen an den Fängen. So nennt man die Zehen der Greifvögel. Der Sekretär kann zwar fliegen, er streift aber lieber zu Fuß durch die afrikanischen Savannen. Kein Wunder, denn so kann er besser die Kriech- und Kerbtiere ausfindig machen, die seine Nahrung bilden. Auch bei Gefahr läuft der Vogel eher davon, als dass er davonfliegt.

Aber der Sekretär ist nicht nur ein komischer Vogel, er hat auch einen komischen Namen. Als die englischen Siedler erstmals nach Afrika kamen, erinnerten sie die langen Federn am Hinterkopf des Vogels an Federkiele, die die Büroangestellten damals hinter dem Ohr trugen. So kam der gefiederte Räuber zu dem ungewöhnlichen Namen „Sekretärsvogel".

Jako, der Graupapagei

Nicht alle Papageien sind bunt. Der afrikanische Graupapagei oder Jako beispielsweise hat ein aschgraues Gefieder; nur seine Schwanzspitze ist scharlachrot. Für alle Papageien charakteristisch ist aber ihr hakenförmiger Krummschnabel. Die Papageien benutzen ihn praktisch als dritten Fuß beim Klettern und zum Zerkleinern der Nahrung.

Graupapageien durchstreifen in Scharen bis zu 100 Vögeln die Wälder und Baumsavannen Afrikas auf der Suche nach Früchten und Sämereien. Dabei richten sie häufig großen Schaden an. Abends lassen sich die Trupps geschlossen auf ihren Schlafbäumen nieder. Das laute Geschrei und durchdringende Kreischen verrät schon von weitem, dass sich hier eine Papageienschar versammelt hat. Erst bei Anbruch der Dunkelheit verstummt der Lärm.

Zur Nistzeit sondern sich die Pärchen von der Gruppe ab und bauen ihr Nest in

Baumhöhlen, die hoch über der Erde liegen. Die meisten Papageienpärchen bleiben ihr ganzes Leben lang zusammen. Manche große Papageienarten können über 60 Jahre alt werden.

Der afrikanische Graupapagei ist ein richtiger Sprechkünstler. Er pfeift, singt und spricht aber nur in Gefangenschaft. In Freiheit hört man nur sein überlautes Kreischen. Man nimmt an, dass die gefangenen Vögel sprechen lernen, weil ihnen andere Beschäftigungsmöglichkeiten fehlen, also aus Langeweile.

Der Jako gehört mit 35 Zentimetern Länge zu den Großpapageien, die meist einzeln gehalten werden. Manche der gelehrigen Vögel lernen Hunderte von Wörtern, Redensarten und sogar Melodien. Eigentlich ist es Tierquälerei, einen einzelnen Papagei in der Wohnung zu halten. Die Tiere sind nämlich sehr gesellig. Wenn man sich nicht genügend mit ihnen beschäftigt, rupfen sie sich selbst die Federn aus oder stumpfen völlig ab.

Der Graupapagei ist ein geselliger Vogel und ein gelehriger Schüler, den man nie alleine in Gefangenschaft halten sollte.

Die holzfressenden Termiten

Der Mann ist drei Monate lang nicht bei der Hütte gewesen. Jetzt drückt er die knarrende Tür der Bretterbude auf. Doch es knackt und kracht und wie ein morsches Kartenhaus fällt die ganze Bude zusammen. Alle tragenden Balken und Bretter waren von innen heraus hohlgefressen worden. Schon das Aufstoßen der Tür brachte alles zum Einstürzen.

Die Übeltäter, denen der Bretterverschlag als Leckerbissen gedient hatte, müssen ganz in der Nähe leben. Es sind Termiten, staatenbildende Insekten, die gerne Holz fressen. Sie ähneln den Ameisen. Die meisten Termitenarten leben unter der Erde im Termitenbau. Der Bau ist ein gut durchlüftetes System mit vielen, vielen Kammern und Gängen. Ganz in der Mitte leben der König und die Königin. Beide sind viel größer als die übrigen Termiten.

Die Arbeiter-Termiten haben nicht nur den ganzen Bau angelegt, sie füttern auch die Brut und hegen Pilzzuchten inmitten des Baues. Die Pilze dienen als Nahrung, und, das ist sehr wichtig für die Termiten, sie halten die Luftfeuchtigkeit im Bau konstant. Sollte es trotzdem zu trocken werden, dann müssen die Arbeiter metertiefe Gänge graben um Wasser heraufzuholen.

Neben den Arbeitern gibt es eine zweite Kaste, die Soldaten. Sie schützen den Bau vor Eindringlingen. Besonders Ameisen sind ernstzunehmende Gegner der Termiten und es kann vorkommen, dass eine Schar Ameisen die Soldaten eines Termitenvolkes überwältigt. Dann plündern die Ameisen den Bau und zerstören die Brut der Termiten.

Die Arbeiter und Soldaten der Termiten sind geschlechtslos. Aus den Eiern des Königspaares werden aber auch viele junge Königinnen und Könige, die sich vermehren können. Wenn sie ausgewachsen sind, verlassen sie alle auf einmal den Bau und fliegen in einer dunklen Wolke davon. Überall in den Steppen und Savannen Afrikas kann man dann solche Wolken fliegen sehen. Die Tiere gehen bald zu Boden, verlieren ihre Flügel, paaren sich und bilden wieder viele neue Staaten.

Beeindruckend sind die Baue der Riesentermiten. Manchmal fünf oder gar sieben Meter hoch kann so ein Turm werden und oft stehen Hunderte davon in einem kleinen Gebiet. Es gibt Termitenburgen in Pyramidenform und solche, die wie riesige Pilze oder wie große Felsbrocken aussehen. Eine Burg mit 30 Metern Sockelbreite hat man schon gefunden.

Termitenburgen sind hart wie Beton.

Termiten gibt es auf der ganzen Südhalbkugel der Erde. Schon vor 70 Millionen Jahren haben sie gelebt. Es ist nicht auszudenken, welche unvorstellbaren Mengen Holz sie in dieser Zeitspanne vertilgt haben.

Heuschrecken, Plage der Menschheit

Noch vor Wochen und Monaten hatte niemand etwas bemerkt. Doch dann meldete ein Aufklärungssatellit, dass die unendlichen Steppengebiete Afrikas in Folge starker Regengüsse zu grünen begannen. Das war der Anfang einer Plage, die alle paar Jahre seit biblischen Zeiten die Menschheit heimsucht.

Das ungewöhnlich feuchte Klima hat die Wanderheuschrecken und die Wüstenheuschrecken dazu veranlasst, sich explosionsartig zu vermehren. Jahrelang haben sie als harmlose Heuschrecken nicht mehr Schaden verursacht als andere Insekten auch. Doch mit dem Regen fingen die Weibchen an, etwa zehnmal an die hundert Eier mit ihrem Hinterleib in die Erde zu legen. Die Sonne brütete die Eier aus und die Larven schlüpften. Kurz darauf verwandelten sich die Larven in die fertigen Heuschrecken.

Diese jungen Heuschrecken haben einen ganz anderen Charakter als ihre harmlosen Vorfahren. Sie sind schwarz und nicht mehr grün. Sie sind enorm gefräßig, können gut fliegen, sind angriffslustig und schließen sich zu immer größeren Gruppen zusammen. Und eines Tages schwirren sie zu Hunderttausenden los. Als dunkle Wolken steigen sie zum Himmel auf und nehmen andere Schwärme mit auf die Reise. Man schätzt, dass die größten Schwärme aus zehn Milliarden Heuschrecken bestehen.

Ihr Nahrungsbedarf ist verheerend. Ganze Plantagen, Wiesen und Wälder fallen ihnen

Ein Schwarm Wanderheuschrecken hat eine Plantage ruiniert. Bis auf ein paar hölzerne Zweige ist nichts übriggeblieben.

zum Opfer. Starke Zweige brechen wie Streichhölzer von den Bäumen, wenn sich riesige Trauben wimmelnder Heuschrecken darauf niederlassen. Augenzeugen beschreiben die Folgen eines Heuschreckeneinfalls so: „Es sieht aus wie nach einem Flächenbrand."

Ihre Zerstörungszüge werden seit vielen Jahren genau beobachtet und man hat festgestellt, dass die Richtung ihrer Reise immer von atmosphärischem Tiefdruck geleitet wird. In diese Richtung bläst nämlich der Wind und dort fällt am ehesten Regen. So müssen sich die Schwärme nur vom Wind treiben lassen und kommen damit automatisch in nahrungsreiche Gebiete.

Pillendreher, die heiligen Mistkäfer

Stell dir vor, du müsstest eine Kugel vor dir herschieben, die dreimal so groß ist wie du selbst. Und dann müsstest du die Riesenkugel auch noch mit bloßen Händen eingraben, bis sie einen halben Meter tief unter der Erde liegt. Kaum vorstellbar!

Genau diese Arbeit aber macht ein Pillendreher. Das ist ein kleiner, schwarzer Mistkäfer, der aus Kuhfladen und Dunghaufen von Großtieren kleine Stückchen herausbricht und zu Kugeln formt. So eine „Dungpille" ist um ein Mehrfaches größer als der Käfer und trotzdem gelingt es dem Tierchen, die

125

Der Pillendreher formt eine „Dungpille".

Kugel geschickt über den Boden zu rollen. Mit den vier Hinterbeinen dreht er die Kugel und mit den zwei Vorderbeinen stemmt er sich kopfüber vom Boden ab. Auf diese Weise bringt er im Rückwärtsgang die Kugel zu einer oft weit entfernten, sandigen Stelle. Dort vergräbt er die Kugel und legt ein Ei hinein. Wenn später die Käferlarve schlüpft, hat sie gleich zu fressen.

Das „Pillendrehen" geht nicht immer reibungslos vor sich. Häufig greift ein anderer Mistkäfer an und versucht die Pille zu erobern. Der bisherige Besitzer hält davon allerdings gar nichts. Er klettert auf seine Kugel, balanciert sie geschickt mit den vier hinteren Beinen und streckt dem Angreifer drohend die zwei Vorderbeine entgegen. Wenn es sein muss, wirft er den Gegner glatt auf den Rücken.

Der Pillendreher wird auch Skarabäus genannt und war bei den alten Ägyptern ein heiliges Tier. Er lebt in Nordafrika, Südeuropa und Vorderasien.

Mambas, blitzschnell und giftig

Der Vogelforscher schlägt sich mit der Machete einen schmalen Pfad durch den Dschungel. Aufmerksam tastet er mit den Augen jeden Zweig ab. Es könnte seinen Tod bedeuten, wenn er eine von einem Ast herabhängende Mamba mit einem Zweig verwechseln würde. Mambas sind nämlich die gefährlichsten Giftschlangen Afrikas und es sterben noch heute Menschen am Biss ihrer Giftzähne.

Die Schwarze Mamba ist nicht nur blitzschnell, sondern darüber hinaus noch sehr angriffslustig. Sie kann über vier Meter lang werden und hält unter den Schlangen den absoluten Geschwindigkeitsrekord. Über kurze Strecken schlängelt sie mit aufgerichtetem Oberkörper bis zu 32 Kilometer in der Stunde schnell.

Junge Schwarze Mambas sind grünlich gefärbt und haben eine dunkle Zeichnung, ausgewachsene Schlangen haben einen

Die giftigen Mambas sind manchmal nicht von Ästen zu unterscheiden.

schwarzen Rücken und eine gelbgrüne Unterseite. So sind sie auf dem Boden und im Geäst der Bäume hervorragend getarnt. Schwarze Mambas leben am Rande der tropischen Regenwälder in felsigen Regionen. Sie ernähren sich von kleinen Säugetieren, Vögeln, Vogeleiern und, man staune, Schlangen. Das Gift von anderen Schlangen macht den Mambas überhaupt nichts aus.

Die Grünen Mambas sieht man vorwiegend in den Urwäldern im Geäst der Bäume. Es gibt drei Arten von Grünen Mambas. Sie alle haben eine grüne Rückenfärbung und eine gelbliche Bauchunterseite. Grüne Mambas können bis zu drei Meter lang werden und sind nicht so angriffslustig wie ihre schwarzen Artgenossen. Im Frühjahr legen die Mambaweibchen etwa zehn Eier. Die frisch geschlüpften Jungen sind 15 Zentimeter lang und können schon kleine Nagetiere töten.

Puffottern legen keine Eier

Die kleinen Schlangen sind schon 20 Zentimeter lang, wenn sie aus der Mutter herauskriechen. 20 bis 30 Junge bringt das Puffotterweibchen im März oder April zur Welt. In Ausnahmefällen sind es auch mehr – bis zu 80 kleine Vipern. Die Mutter kümmert sich nicht weiter um ihren Nachwuchs. Das braucht sie auch nicht, denn die jungen Giftschlangen können gleich nach der Geburt kleine Mäuse töten und fressen.

Das lateinische Wort „vivere" für leben steckt in dem Wort Vipern. Das sind Schlangen, die lebende Junge zur Welt bringen. Normalerweise legen Reptilien Eier. Das Puffotterweibchen aber behält die Eier im Leib, bis die Jungen schlüpfen. Puffottern gibt es überall in Afrika. Sie heißen so, weil sie ein lautes fauchendes Zischen hören lassen, das man als „Puffen" bezeichnen könnte.

Die eineinhalb Meter langen Puffottern gehören zu den giftigsten Schlangen.

Die meisten Todesfälle durch Schlangenbiss werden in Afrika von der Puffotter verursacht. Sie verspritzt nämlich ein Nervengift, das sehr schnell wirkt. Beißt die Viper in eine Schlagader, dann stirbt der Gebissene innerhalb von wenigen Minuten. Zum Glück aber sind die Puffottern eher beißfaul. Sie greifen nicht von sich aus an, sondern beißen nur in Notwehr, etwa wenn ein Mensch versehentlich auf sie draufgetreten ist.

Natürlich beißen sie auch, wenn sie auf die Jagd gehen. Frösche verschluckt die Puffotter bei lebendigem Leib. Ratten und Mäuse, Vögel und die größeren Kröten werden gebissen. Die Opfer rennen zwar noch ein paar Meter, aber die Schlange folgt unerbittlich ihrer Spur.

Pythonschlangen – nur die großen sind gefährlich

Stimmt es, dass Riesenschlangen Menschen angreifen? Mit dieser Frage haben sich schon viele Tierforscher beschäftigt.

Nur Schlangen von sechs bis zehn Meter Länge kommen für Überfälle auf Menschen überhaupt in Frage. Drei Arten von Pythonschlangen erreichen Längen von mehr als sieben Metern: der afrikanische Felsenpy-

Eine Python lauert einem Nagetier auf.

thon sowie der Tiger- und der Netzpython, die beide in Asien vorkommen. Lang genug wären diese Würgeschlangen, um es mit einem Menschen aufzunehmen, aber sind sie auch stark genug?

Sie sind es. Ein großer Python wiegt über 50 Kilogramm und er kann Beutetiere von 60 Kilogramm erdrücken und verschlingen. Die Riesenschlange lauert ihrem Opfer, oft zusammengerollt zu einer Spirale, im Dschungel, in der Steppe oder an Flussufern auf. Ist das Opfer nahe genug, schnellt die Schlange mit ihrem Kopf und dem Oberkörper blitzschnell vor, beißt sich mit ihren scharfen Zähnen fest und umschlingt das Opfer mit ihrem Körper, so dass es nicht mehr atmen kann.

Riesenschlangen haben keine Giftzähne; dafür hat der Netzpython beispielsweise etwa 100 nach hinten gerichtete, scharfe Zähne, mit denen er das Opfer festhalten kann, bis er es mit seinem muskulösen Körper erdrückt. Auf diese Weise töten Riesenschlangen kleine Antilopen, Haus-

schweine, Affen oder auch Schakale. In einem nur 5,7 Meter langen Python hat man sogar schon einen Leoparden gefunden. So große Beutetiere sind jedoch die Ausnahme. Normalerweise fressen die Riesenschlangen kleinere Tiere wie Hasen, Ratten, Tauben oder Enten.

Nun haben Schlangen die Angewohnheit, ihre Opfer im Ganzen hinunterzuwürgen. Dass die großen Stücke auch durch den gefräßigen Schlund passen, dafür hat die Natur gesorgt. Die Schlangen können Ober- und Unterkiefer aus ihren Gelenken lösen. Dadurch lässt sich der Mund so weit aufreißen, dass ein 7,5 Meter langer Tigerpython ein 54 Kilogramm schweres Hausschwein hinunterwürgen kann. Die Umrisse des Schweins sind dann dem Schlangenkörper deutlich anzusehen. Wird die Schlange jetzt erschreckt, dann kann sie die eben verschlungene Beute blitzschnell wieder herauswürgen. Nur so kann sie im Notfall schnell genug fliehen oder sich verteidigen.

Buntbarsche, die brütenden Fische

Roter Buntbarsch

Das Besondere an den afrikanischen Buntbarschen ist, dass diese Fische Maulbrüter und Brutpfleger sind. Bei den meisten Fischen dieser Welt legt das Weibchen die Eier irgendwo im Flachwasser ab, das Männchen befruchtet sie und dann verlassen die Eltern ihre Brut; sie entwickelt sich von alleine. Nicht so die Maulbrüter. Bei dieser Art der Buntbarsche nimmt das Weibchen die befruchteten Eier ins Maul und brütet sie darin aus.

Wenn die Jungen geschlüpft sind, kann man einen seltsamen Vorgang beobachten. Das Weibchen öffnet das Maul und stößt eine ganze Wolke winziger Fischlein aus. Die Kleinen machen zwei, drei Schwimmstöße und dann kehren sie wie auf Kommando wieder ins Maul der Mutter zurück. Für ein paar Nachzügler muss das Fischweibchen extra noch einmal das Maul öffnen und, kaum zu glauben, es hat jedes einzelne seiner Fischjungen sicher wieder geschnappt. Und keine Angst, die Fischmutter verspeist ihre Jungen nicht. Schon wenige Minuten später öffnet sie wieder das Maul und entlässt die Wolke von Jungfischen zum nächsten Übungsschwimmen.

Die Roten Buntbarsche sind keine Maulbrüter, dafür kümmern sie sich auf andere Weise aufgeregt um ihre Eier. 500 Stück legt das Weibchen dicht beieinander ab. Das Männchen befruchtet die Eier und ab dem Moment bleibt immer einer von den beiden Eltern im Wasser über den Eiern stehen und fächelt mit seiner Schwanzflosse darüber hinweg. Wenn ein Elternteil zum Fressen wegschwimmt, übernimmt der andere die Aufgabe des Fächelns. Es bewirkt, dass die Eier immer in sauerstoffreichem, frischem Wasser liegen.

Nach der Geburt bleiben die Jungfische noch eine Woche bei den Eltern. Droht Gefahr, dann führen die alten Buntbarsche ihre verängstigten Jungen hinter einen Felsen und beschützen sie tatkräftig. Die 15 Zentimeter langen Männchen der Roten Buntbarsche können sich gar nicht leiden. Immer wieder verwickeln sie sich gegenseitig in heftige Unterwasserkämpfe. Kräftig schnappen sie nach den Schnauzen der Gegner.

Der Türkisgoldbarsch ist ein Maulbrüter.

Die Sorgen des Gauklerpaares

Mit weit ausgebreiteten Flügeln gleitet der Adler über die Baumwipfel. Es ist ein Gaukler, eine schwarze Adlerart aus Afrika. Im Gleitflug steuert er sein Nest, den Adlerhorst, an. Dabei streift er über das Brutrevier eines kleinen, schwarzen Vogels. Und der ist nicht feige. Das Vögelchen schwirrt entrüstet hoch, jagt hinter dem Adler her und setzt sich unerschrocken auf die ausgebreiteten Schwingen des Raubvogels. Der Kleine hackt wie wild auf den riesigen Feind ein. Der Adler schwankt nach links und schwankt nach rechts, aber der Kleine hat sich festgekrallt. Dem Adler bleibt nichts anderes übrig, als ins Gebüsch zu rauschen, wo er unsanft landet. Der Kleine sucht flugs das Weite. Denn im Gebüsch hätte der kleine Vogel keine Chance gegen die scharfen Adlerkrallen.

Gaukler sind Flugkünstler. Sie schwanken akrobatisch nach links und rechts oder lassen sich im Trudelflug ein Stück weit fallen. Sie brüten nur alle zwei Jahre und haben nur ein einziges Junges im Gelege. Es muss dreimal am Tag gefüttert werden. Die Eltern, die manchmal an die 30 Jahre zusammenleben, sind ständig auf Beuteflug; oft legen sie 500 Kilometer an einem Tag zurück. Gleichzeitig müssen sie ihr Nest vor Eindringlingen schützen. Gelegentlich kommt eine Horde Affen vorbeigetollt, die lautstark und neugierig bis an das Adlerjunge in der hohen Baumkrone herangeht. Ein andermal taucht ein Kampfadler am Himmel auf. Wenn er Hunger hat, stellt er eine furchtbare Bedrohung für die Gaukler dar. Der Kampfadler ist mindestens doppelt so groß wie der Gaukler, der nicht größer wird als unser heimischer Bussard.

Gauklerpärchen bleiben ein Leben lang zusammen.

Schlammspringer hüpfen einen halben Meter weit.

Schlammspringer, Fische an Land

Patsch! Das Wasser der schlammigen Pfütze spritzt hoch. Eben noch war die Pfütze ganz ruhig, doch jetzt zappelt auf einmal ein kleiner Fisch darin. Er sieht fast wie eine Kaulquappe aus und er hat zwei über den Kopf hinausragende Glotzaugen. Er ist ein Schlammspringer, der durch die Luft mitten in die Pfütze hinein gesprungen ist.

Wenige Minuten später patscht es wieder. Doch diesmal ist kein Schlammspringer in die Pfütze geflogen, sondern der erste hat sich wieder davongemacht. Erst krümmte er seinen Leib und dann streckte er sich mit einem Ruck wieder in die gerade Haltung. Dabei ist das Fischlein sprungartig aus der Pfütze herausgeschnellt und einen halben Meter weiter vorn in einer neuen gelandet.

Sprung für Sprung durchstreifen die Schlammspringer die feuchten Uferregionen der Meere, Flüsse und Seen Afrikas. Einige von ihnen haben sogar einen Saugstutzen am Bauch und kommen damit auf Bäume hinauf.

Wie schaffen es diese Fische, an Land atmen zu können und oft ohne Wasser auszukommen? Sie haben Kiemen, mit denen sie im Wasser atmen, und sie haben im Maul besondere Blutgefäße, die die Luft wie unsere Lungen direkt aufnehmen. So können diese tropischen Fische an Land und im Wasser leben. Sie ernähren sich von kleinen Insekten und Würmern. Ihre Größe beträgt 10 bis 30 Zentimeter.

Fennek, der Wüstenfuchs

Nachts wird der zierliche Wüstenfuchs erst munter. Da kommt er aus seinem kühlen, verzweigten Bau, den er sich tief in den Sand gegraben hat, und geht auf Beutefang. Auf leisen Sohlen schleicht der Fennek zwischen den Sandhügeln umher, äugt aufmerksam nach allen Seiten, wittert und horcht. Hier schnappt er sich eine Heuschrecke oder eine Eidechse, dort eine Wüstenlerche oder auch ein Flughuhn.

Die jungen Wüstenfüchse haben den listigen Gesichtsausdruck ihrer Eltern geerbt.

In den Wüsten und Halbwüsten Nordafrikas ist es nachts empfindlich kalt. Vor der Kälte schützt den Wüstenfuchs sein langer, dichter, cremefarbener Pelz, der für ein Wüstentier eigentlich viel zu dick wäre. Das zierliche Tier aus der Familie der Wildhunde ist nur etwa 40 Zentimeter lang und wiegt höchstens eineinhalb Kilo. Sein buschiger Schwanz ist fast genauso lang wie sein Körper. Von allen Füchsen hat der Fennek im Verhältnis zu seinem Körper die längsten Ohren.

Asien ist der größte und gleichzeitig volkreichste Kontinent der Erde. Mit 44 Millionen Quadratkilometern entspricht er fast einem Drittel der gesamten Landfläche der Erde. In Asien lebt mehr als die Hälfte der Weltbevölkerung. Der Kontinent erstreckt sich von den unendlichen Weiten Sibiriens mit seinem bitterkalten, arktischen Klima bis zu den Halbinseln Indien und Thailand im Süden, den Malaiischen Inseln und der Indonesischen Inselwelt im Südosten. Im Westen wird er begrenzt vom Ural, im Osten von den großen Inseln Japan und Sachalin.

Das Klima im Süden und Südosten Asiens ist vorwiegend tropisch, also heiß und feucht. Die Gebiete stehen unter dem Einfluss der Monsunwinde mit einem regelmäßigen Wechsel von Regen- und Trockenzeit. Viele Tiere, wie der Wolf oder das Rentier, die im eiskalten Norden von Asien leben, werden der Tierwelt der „Polargebiete" zugerechnet. Andere Tiere, die in den gemäßigten Zonen Asiens leben, kommen auch in Europa vor. Wir wollen uns im folgenden deshalb vorwiegend mit der ganz besonderen Tierwelt Süd- und Südostasiens befassen.

Im Reich des Tigers

In der Dämmerung schleicht der Königstiger lautlos zwischen Palmen und Mahagonibäumen umher und späht nach einem Opfer aus. Ein Beopärchen flattert auf, gefolgt von einem Schwarm Flughunde, die sich ihre Früchte lieber in sichereren Gefilden suchen. Kleine und große Affen schwingen sich, auf der Flucht vor der mächtigen Pranke des Tigers, laut kreischend an Lianen durch das heißfeuchte grüne Dschungeldickicht. Hinter meterhohen Bambusgräsern finden sie Schutz.

Hier, in den Wäldern und Dschungeln Südostasiens, lebt auch die größte Giftschlange

Asien ist der größte Kontinent der Erde. In den Urwäldern Südostasiens gibt es eine einzigartige Tier- und Pflanzenwelt.

Nordpolarmeer
Sibirien
Ural
Sibirien
Aralsee
Wüste Gobi
China
Tibet
Pazifischer
Ozean
Himalaja
Indien
Südostasien
Ceylon
Indischer Ozean

Eisiger Winter im Himalaja

der Welt, die Königskobra. An ihrem Biss sind sogar schon Elefanten gestorben. Dem Mungo, einem berüchtigten Schlangentöter, geht die Giftnatter dagegen möglichst aus dem Weg. Auf der Suche nach Beute kommen die kleinen Schleichkatzen zwar auch in den immergrünen Regenwald, ihr eigentlicher Lebensbereich sind jedoch die Steppen von Indien, Burma und Sri Lanka.

In den Ebenen und an den Berghängen ziehen Wasserbüffel die einfachen Pflüge der Bauern über die wasserüberfluteten, hellgrünen Reisfelder. Seit Jahrtausenden helfen die Haustiere den Menschen, ihre tägliche Schale Reis zu verdienen.

Der Yak ist das Nutztier der Bergbewohner.

Auf dem Dach der Welt

In Asien liegt das Gebirge mit den höchsten Gipfeln der Erde, der Himalaja. 8848 Meter hoch ist der Mount Everest, der höchste Berg der Welt. So manche Bergsteiger haben harte Entbehrungen auf sich genommen um ihn zu bezwingen. Im Himalaja-Staat Tibet ist der Yak das Haus- und Lasttier der Bergbewohner.

Asien ist auch der Kontinent der Flüsse. Gerade in den fruchtbaren Flussdeltas haben sich viele Menschen angesiedelt, obwohl die jährlichen Überschwemmungen zur Regenzeit oft unermessliche Schäden anrichten. Der Jangtsekiang etwa ist der längste Fluss und eine der Lebensadern Chinas.

Viele Flüsse der ehemaligen UdSSR münden dagegen nicht in die Weltmeere, sondern in Binnengewässer wie das Kaspische Meer oder den Aralsee. Der indische Fluss Ganges ist vor allem berühmt geworden, weil jedes Jahr Hunderttausende frommer Hindus dorthin pilgern um sich im „Heiligen Fluss" zu baden.

In der Dämmerung geht der Tiger am liebsten auf die Jagd. Unhörbar schleicht er durch das Bambusdickicht.

Mit dem Tiger auf Großwildjagd

Die grausige Nachricht breitet sich wie ein Lauffeuer aus: Ein „Menschenfresser" hat schon zwei Kinder angefallen und getötet. Alle erwachsenen Männer der umliegenden Dörfer sammeln sich und rücken dem gefährlichen Untier mit Gewehren auf den Pelz. Natürlich wissen die Einheimischen, dass die Tiger in Asien heute unter strengstem Naturschutz stehen. Aber wenn Menschenleben in Gefahr sind, ist die Verteidigung oberstes Gebot.

Der Tiger, den die Jäger schon nach wenigen Stunden aufgespürt und erlegt haben, ist schon ziemlich alt und obendrein verletzt. Der Stachel eines Stachelschweins hatte sich in seine linke Vordertatze gebohrt und die Wunde war arg entzündet. Deshalb konnte die Großkatze auch kein Wild mehr reißen. Wieder einmal hatte sich die Regel bewahrheitet, dass nur alte, kranke oder angeschossene Tiger zu Menschenfressern werden.

Tiger gelten nämlich als vorsichtige, mitunter sogar als feige Tiere, die lieber den Rückzug wählen, wenn ihnen ein Gegner mit Entschlossenheit gegenübertritt. Wenn ein Tiger aber einmal die Erfahrung gemacht hat, wie leicht ein Mensch zu überwältigen ist, kann er zum gewohnheitsmäßigen Räuber werden. Dann muss das Tier abgeschossen werden um noch weiteres Unheil zu verhüten. Normalerweise schlagen die Tiere jedoch Rotwild und Antilopen, Schweine, Affen und Stachelschweine.

Ungewöhnlich für Tiere aus der Katzenfamilie ist, dass Tiger gerne ins Wasser gehen und auch vorzüglich schwimmen. Bei Überschwemmungen schnappen sie sich deshalb im Wasser auch Fische und Schildkröten. Angeblich sollen Tiger nicht so gut klettern können wie andere Raubkatzen, aber ein Forscher will beobachtet haben, wie ein Tiger mit einem einzigen Sprung von knapp sechs Metern einen Affen von einem Baum heruntergeholt hat.

Die Tiger sind von der sibirischen Taiga bis zum tropischen Regenwald Südostasiens verbreitet. Es gibt acht verschiedene Rassen, von denen eine, der zierliche Balitiger, bereits ausgerottet wurde. Die restlichen sieben Arten stehen allesamt auf der Liste der vom Aussterben bedrohten Tiere: angefangen beim riesigen Sibirischen Tiger, der vom Kopf bis zur Schwanzspitze eine Gesamtlänge von vier Metern erreichen kann, bis zum Königs- oder Bengaltiger mit einer Länge von 350 Zentimetern und 180 Kilo Gewicht.

Der Königstiger kommt in Indien vor und in den nördlichen Regionen Südostasiens. Allerdings geht er auch am Südrand des Himalaja nicht höher als bis 2 000 Meter. Selbst dieser Tropenbewohner kann außergewöhnliche Hitze nicht gut vertragen. Während der heißen Stunden des Tages döst er deshalb im hohen Schilfgras der Sümpfe, im undurchdringlichen Bambusdickicht, in kühlen Höhlen und Ruinen oder gleich im flachen Wasser. Erst in der Dämmerung wird die braunrote Raubkatze mit den schwarzbraunen Querstreifen so richtig munter.

Beos, die Sprachkünstler

Wer das Glück hat, im Besitz eines großen Freiflugkäfigs zu sein, der sollte sich ein Beopärchen im Tierhandel besorgen. Die Beos sind äußerst sprachbegabte Vögel, die die menschliche Stimme noch besser nachahmen als die Papageien. Allerdings pfeifen die Beos auch unheimlich laut und das ist bekanntlich nicht jedermanns Sache.

Der Beo ist ein gelehriger und sprachbegabter Vogel.

Die Beos sind die Starenvögel Süd- und Südostasiens. In allen Wäldern sind sie dort zu finden. Sie sind um die Hälfte größer als unsere Stare und haben am Hinterkopf gelbe Hautlappen. Ihr Gefieder schimmert metallisch schwarzblau.

Besonders die Bewohner der Insel Ceylon halten sich Beos gerne in Käfigen, und zwar meistens gleich paarweise, weil die Beos eine Ehe fürs ganze Leben eingehen. Beos brüten in Baumhöhlen, die sie mit Gräsern, Moos und Blättern komfortabel auspolstern. Die Eltern betreuen ihre zwei bis drei Jungen immer gemeinsam. Fleißig schaffen sie Beeren, Früchte und Insekten heran.

Der Kampf der Kobras

Einem indischen Tierfilmer sind am Rande der Wüste Tharr in Radschastan einmalige Aufnahmen gelungen. Mit seiner Kamera hat er den unglaublich wilden Kampf zweier Kobras dokumentiert.

Zuerst sieht man nur, wie sich die trockenen Steppengräser leise im Wind wiegen. Auf einmal raschelt es laut, es faucht und zischt und dann bäumen sich zwei kräftige Kobras voreinander auf. Nur wenige Sekunden bedrohen sich die eineinhalb Meter langen Schlangen mit aufgerichteten Vorderkörpern, dann stürzen sie wild aufeinander los, umringeln sich, winden sich und rasen wieder auseinander.

In ein paar Metern Entfernung verschnaufen sie kurz. Dann schlängeln sie schon wieder zum Kampfplatz, und zwar mit unglaublicher Geschwindigkeit. Die Grashalme peitscht es nur so weg, wenn sich die beiden ineinander verbeißen und dabei ihre Leiber blindwütig umherschlagen. Über zehn Minuten dauert schließlich der mörderische Kampf.

Die Kobras gehören zu den giftigsten Schlangen der Welt. Wenn sie sich aber gegenseitig beißen, dann macht ihnen das überhaupt nichts aus. Kobras sind gegen Schlangengift immun, natürlich auch gegen das eigene. Wenn sie allerdings einen Menschen beißen, dann besteht sofort akute Lebensgefahr. Innerhalb von 15 Minuten kann im schlimmsten Fall der Tod eintreten. Über 10 000 Menschen sterben jährlich in Afrika, Indien und Südostasien am Biss einer Kobra.

Eine Ringelhalskobra in Kampfhaltung; jeden Moment kann sie blitzschnell zubeißen.

Die indischen Schlangenbeschwörer haben eine einfache Methode gefunden, den Schlangen ihr Gift abzuzapfen. Sie packen die Kobra im Genick, öffnen ihr Maul und haken ihre Giftzähne in ein Glas. Die ganze Giftladung aus den Giftdrüsen spritzt dann durch die feinen Zahnkanäle in das Glas.

Eine der bekanntesten Kobras ist die Brillenschlange. Wenn sie den Vorderkörper drohend aufreckt, dann spreizt sich ihre Nackenhaut weit auseinander. Die Schuppen dieser aufgefächerten Nackenhaut sind so gezeichnet, dass es aussieht, als trüge die Schlange eine dicke Brille im Genick.

Mungos haben Schlangen zum Fressen gern

Er rennt hastig hin und her, schlägt aus vollem Lauf einen Haken wie ein Hase, er rollt sich blitzartig zu einer Kugel zusammen oder schlägt Purzelbäume. Sogar rückwärts läuft er ein Stück und wenn es sein muss, dann springt er wie ein Gummiball in die Höhe.

Der Biss der Brillenschlange kann tödlich sein.

Im Kampf mit der Kobra bleibt der Indische Mungo oft Sieger. Er kann rasch zupacken.

Der Mungo ist so flink, dass er fast jeder Giftschlange den Garaus machen kann. Er ist einfach zu schnell für die ansonsten so gefährlichen Reptilien. Weltberühmt sind die Kämpfe der Indischen Mungos mit den Kobras geworden. Für ein paar Rupien kann man in Indien und Ceylon richtige Schaukämpfe zwischen Mungos und Kobras zu sehen bekommen. So ein Kampf geht über mehrere Runden und fast immer ist der Mungo am Schluss der Sieger.

Die Kobra hebt ihren Vorderkörper drohend auf, bevor sie von oben herab zubeißt. Und genau das nützt der Mungo aus. Entweder packt er die Kobra im Genick, solange sie noch platt auf dem Boden liegt. Wenn sie sich aber schon aufgerichtet hat, springt er so dicht an sie heran, dass die Kobra über ihn hinweg ins Leere beißt. Sollte die Kobra dennoch einen Biss anbringen, dann ist es immer noch nicht um den Mungo geschehen. Er hat ein struppiges Fell, das die kurzen Giftzähne der Kobra nicht so leicht durchdringen, und außerdem verträgt er achtmal soviel Gift wie beispielsweise ein großes Kaninchen.

Manche Asiaten halten sich zum Schutz vor Schlangen einen Mungo als Haustier. Und so ein Mungo kann eine Menge Spaß bereiten, weil er recht lernwillig und vor allem verspielt ist. Besonders gern schlüpft er mit dem Kopf in eine Papiertüte und rennt damit im Garten herum. Da die Hauptnahrung des Mungos Ratten, Mäuse und schädliche Insekten sind, befreit er den ganzen Garten auch von diesen Plagegeistern.

Der Indische Mungo ist eine sogenannte Schleichkatze. Er wird ohne Schwanz fast einen halben Meter lang und lebt in Steppen und felsigen Regionen.

Der Große Panda im Reich des schlafenden Drachens

Es war einmal ein kleines Mädchen, das einen Pandabären vor dem gefräßigen Maul eines bösen Tigers retten wollte. Der Panda konnte entkommen, aber das Mädchen fiel dem Tiger zum Opfer. Daraufhin hielten alle Pandabären der Umgebung eine Trauerfeier ab, bei der sie schwarze Armbinden trugen. Mit den schwarzen Armbinden rieben sie sich die tränenden Augen und sie fielen sich schluchzend in die Arme. Und weil die schwarzen Armbinden abfärbten, haben alle Pandas bis zum heutigen Tag so eigentümliche schwarze Flecken auf ihrem weißen Fell.

Dieses Märchen erzählen die alten Chinesen aus der Provinz Wolong, nahe der tibetanischen Grenze. Wolong heißt „Schlafender Drache" und hier ist die letzte Heimat der Großen Pandas. Nur noch ein- bis zweitausend dieser eineinhalb Meter großen Bären leben dort. Sonst sind sie überall ausgestorben und die Weltöffentlichkeit versucht seit 1975 mit Spenden für den Fortbestand der Pandas zu sorgen. Das Bergland Wolong ist zu ihrem Schutzgebiet erklärt worden.

Der Große Panda ernährt sich hauptsächlich von Bambusblättern und Bambussprossen und wird deshalb auch Bambusbär genannt. Der Bambus ist übrigens ein Gras; er wächst aber mit den Jahren zu baumho-hen, hölzernen Stämmen heran. Die Großen Pandas durchstreifen die Bambuswälder meist alleine. Nur zur Paarung kommen sie zusammen. Das Weibchen hat immer nur ein Junges, das sie zwei, drei Jahre lang betreut. Im Winter vergraben sich die Großen Pandas in Höhlen und schlafen bis zum Frühjahr.

Muntiaks, die kleinen Hirsche Asiens

Man höre und staune: Die Muntjakhirsche bellen wie Hunde, wenn Gefahr im Verzug ist. Man bezeichnet sie deshalb auch als „Bellhirsche". Ein berühmter Tierfänger erzählte einmal, dass das laute Bellen der kleinen asiatischen Hirsche ihn schon oft vor dem Herannahen eines Tigers gewarnt hätte.

Die Muntjaks leben im tropischen Asien im dichten Unterholz des Dschungels. Die Pfade, die sie immer wieder benutzen,

Eine Pandabärenfamilie in den Bambuswäldern.

Das Geweih des kleinen Muntjakhirsches hat immer nur vier Enden.

sehen aus wie niedrige Tunnels, die jemand in den Urwald gehauen hat. Weil sie sich so geschickt durch das Pflanzendickicht bewegen, nennt man sie auch „Buschschlüpfer".

Muntjaks sind sehr klein, höchstens einen halben Meter hoch, und wiegen um die 20 Kilogramm. Nur die Bullen tragen ein kurzes, unverzweigtes Geweih. Die Hirschkühe haben stattdessen Haarbüschel. Bei Brunftkämpfen schlagen die Muntjaks ihren Nebenbuhlern mit ihren dolchartigen Eckzähnen oft tiefe Fleischwunden. Während die meisten Hirscharten auf der Welt mit einem ganzen Harem von Hirschkühen leben, äsen die Muntjaks lieber allein oder höchstens zu zweit. Sie fressen am liebsten Gras, Kräuter, Bambusschösslinge und Früchte.

Wasserbüffel, die sanften Helfer

Mit einem geschickten Handgriff befreit der Malaienjunge den Wasserbüffel von seinem Pfluggeschirr. Dann dirigiert der Bub das massige Rind mit Hilfe eines Bambusstockes zu dem kleinen See in der Nähe des Reisfeldes. Es ist jetzt Mittag und die Sonne hat ihre stärkste Kraft erreicht. Da dürfen sogar die Arbeitstiere rasten.

Der Wasserbüffel nimmt zuerst ein ausgiebiges Bad im See, wälzt und suhlt sich genüsslich im Schlamm. Dann stärkt er sich mit Gräsern, Kräutern und Wasserpflanzen vom Seeufer. Als die Sonne nicht mehr so hoch steht, kommt der kleine Malaie zurück und spannt den Hausbüffel wieder vor den Pflug. Bis abends die Sonne untergeht, zieht das grauschwarze Tier wieder geduldig Furche um Furche in das überflutete Reisfeld.

Die Wasserbüffel sind schon seit 5 000 Jahren das wichtigste asiatische Haus- und Lasttier. 75 Millionen zahme Hauswasserbüffel gibt es derzeit auf der Erde, davon 50 Millionen in Indien und Pakistan und weitere 20 Millionen in Ost- und Südostasien. Der Rest entfällt auf die südeuropäischen Länder wie Ungarn und Italien.

Wasserbüffel leben immer in der Nähe von Gewässern. Das Wasser ist ihr Element.

Sie fühlen sich nur wohl, wenn sie täglich schwimmen oder sich wenigstens im Schlamm wälzen können. Deshalb macht es ihnen auch nichts aus, in den Reisfeldern zu arbeiten, wo ihnen das Wasser bis über die Knie steht.

Die Lasttiere werden aber auch vor schwere Karren gespannt oder ziehen Bäume aus unzugänglichem Bambusdickicht. Sogar reiten kann man auf ihnen.

Obwohl die Wasserbüffel von mächtiger Gestalt sind – sie erreichen eine Schulterhöhe bis zu 1,80 Metern und ein Gewicht von 1 000 Kilogramm –, lassen sie sich leicht zähmen und sind äußerst sanftmütig. Selbst Kindern gehorchen und folgen sie. So gehorsam und gutmütig die Hauswasserbüffel sind, so unberechenbar sind wilde Wasserbüffel, von denen die Hausbüffel abstammen. Ein kräftiger Wildbüffel kann es sogar mit einem Tiger aufnehmen.

Besser als Traktoren: die indischen Arbeitselefanten

Die Eisenkette strafft sich. Der Elefant stampft los und schleift zwei zusammengekettete Baumstämme hinter sich her. Der Boden knirscht unter dem Gewicht der Stämme. Es geht quer durchs Unterholz und die Zweige knacken, wenn der Dickhäuter kleine Sträucher niedertrampelt. Hoch oben auf den Schultern des Tieres sitzt der Elefantentreiber. Mit den Knien und mit einem kurzen Eisenstichel dirigiert er seinen gutmütigen Lastenschlepper. Kein Traktor könnte hier in den unwegsamen Bergwäldern im Norden von Thailand die Holzstämme abtransportieren. Nur die Arbeitselefanten schaffen dieses Kunststück. Über steile Hügel, durch dichtes Gebüsch und sogar durch reißende Bäche schleifen sie tonnenweise Holz.

Hauswasserbüffel sind die wichtigsten Arbeitstiere in der asiatischen Landwirtschaft. Im Gegensatz zu ihnen sind Wildwasserbüffel nicht ungefährlich.

Mehrere Jahre dauert die Ausbildung, bis ein Elefant ein tüchtiger Arbeitselefant ist. Schon die jungen Elefanten müssen die ersten „Handgriffe" lernen. Mit viel Geduld bringen ihnen die Treiber in der Elefantenschule bei, einen kleinen Balken mit dem Rüssel aufzuheben und wieder abzulegen, sich auf Kommando hinzuknien oder mit der Stirn gegen einen Baum zu drücken. Später einmal werden sie per „Kopfdruck" einen stattlichen Baum zu Fall bringen.

Auch die Elefantentreiber benötigen Jahre, bis sie mit einem Elefanten zuverlässig arbeiten können. Meist betreut ein einziger Treiber einen Elefanten sein ganzes Leben lang. Er kennt bald alle Gewohnheiten und Eigenarten seines Tieres, und so bilden die beiden ein eingespieltes Gespann.

Wird der Elefant eines Tages, nach 30 oder nach 40 Jahren, zu alt für die schwere Arbeit, dann danken ihm die Treiber für seine Mühen. Der alte Elefant bekommt einen Ruheplatz und wird bis an sein Lebensende versorgt. Das größte Glück für eine Treibergemeinschaft ist, wenn eine ihrer Elefantenkühe ein weißes Baby zur Welt bringt. Weiße Elefanten sind sehr, sehr selten. Sie sind heilig, brauchen nie zu arbeiten und führen ein sorgenfreies Dasein in den königlichen Stallungen.

Flughunde sind die größte Fledermausart.

Flughunde an der Saftbar

Orangen, Pampelmusen, Bananen, Feigen und Datteln, dazu saftige Papayas, weiche Mangos, Avocados und Rosenäpfel – das alles sind köstliche Früchte aus dem südlichen Asien, mit süßem und frischem Geschmack. Der Fruchtcocktail der Flughunde ist wahrhaft reichhaltig. Wenn sie in Scharen des Nachts über die Obstplantagen oder über wilde Obstbäume herfallen, veranstalten sie manchmal richtige Saftparties. Sie zerquetschen die Fruchtstücke im Maul, schlürfen allen Saft heraus und lassen die trockenen Fruchtstücke einfach fallen.

Am nächsten Morgen ist dann der ganze Boden mit den Resten der Saftparty übersät. Und die Flughunde denken natürlich nicht ans Aufräumen. Im ersten Sonnenlicht flattern sie heim zu ihren Schlafbäumen. Hunderte von ihnen streiten dann um die besten Plätze. Schließlich hängen alle mit dem Kopf nach unten an den Zweigen und dösen den ganzen Tag über vor sich hin. Erst abends geht es wieder auf zum nächsten Saftgelage.

Die Flughunde sind keine Hunde, wie man meinen könnte, sondern sie sind eng mit unseren heimischen Fledermäusen verwandt. Sie haben eine lederartige Flügelhaut, mit der sie einen gewandten Flatterflug zustande bringen. Sie können sogar im Flug trinken, indem sie dicht übers Wasser flattern und kurz mit dem Maul eintauchen.

Im Gegensatz zu den blinden Fledermäusen haben die wenigsten Flughundearten eine „Echolotpeilung" um im Dunkeln zurechtzukommen. Die Flughunde sind auf ihre Augen angewiesen und wenn es stockfinster ist, trudeln sie zu Boden und können vorerst nicht weiterfliegen. Viele Flughunde sind nur so klein wie unsere Fledermäuse. In Indien lebt aber eine Art, die eine Flügelspannweite von eineinhalb Metern hat und fast ein Kilogramm schwer wird.

Gespensterschrecken, die Meister im Versteckspiel

Leise wiegen sich die Zweige des Busches im Wind. Doch was ist das? Ein grünes Blatt ganz vorne an einem Zweig setzt sich plötzlich in Bewegung. Gemächlich wandert das Blatt den Ast empor, ganz langsam, und verschwindet weiter hinten zwischen Tausenden von anderen Blättern.

Das ist doch nicht möglich: Ein Blatt, das laufen kann!? Die Erklärung für diesen gespenstisch aussehenden Vorgang ist verblüffend. Das Blatt ist in Wahrheit ein Insekt, eine Gespensterschrecke mit dem treffenden Namen Wandelndes Blatt.

Das Wandelnde Blatt sieht einem echten Blatt so täuschend ähnlich, dass man bei flüchtigem Hinsehen keinen Unterschied erkennen kann. Wird das Insekt dennoch entdeckt, dann wiegt es sich hin und her – so wie ein Blatt im Wind. Die Einheimischen der südostasiatischen Inselwelt glauben deshalb,

dass vor langer, langer Zeit einem echten Blatt Beine gewachsen sind und daraus das Insekt entstanden ist.

Einen ähnlichen Schutz hat eine zweite Gespensterschrecke, die Wandelnder Ast heißt. Es ist ein langgestrecktes, knorriges Insekt, das das Aussehen eines grünbraunen Astes angenommen hat. Es lebt in den Tropen Asiens und kann über 30 Zentimeter lang werden.

Wandelndes Blatt

Wandelnder Ast

Alle Gespensterschrecken bewegen sich nur sehr, sehr langsam und können nicht springen wie etwa die Heuschrecken. Rasche Bewegungen würden die Tarnung ja zunichte machen. Manche Gespensterschrecken wechseln sogar zwischen einer helleren Tagfarbe und einer dunkleren Nachtfarbe. Schon bei der Larve des Insekts werden die Tag- und die Nachtfarbe dem Untergrund angepasst. Später kann das Insekt die Farben dann nicht mehr ändern, auch wenn es auf einen andersfarbigen Untergrund gesetzt wird.

Goldfische sind mit den Karpfen verwandt.

Chi-yu, der kleine Goldfisch

Wir schreiben das Jahr 960 nach Christi Geburt. Ting Yent-san, ein wichtiger Provinzherrscher im damaligen China, hat ein paar Mußestunden und geht zu seinem Goldfischteich. Er greift nach einem Netz und holt sich einen der rotgoldenen Fische heraus. Er nennt ihn Chi-yu, was auf deutsch soviel wie „goldener Fisch" heißt. Von nun an lebt Chi-yu in Ting Yent-sans Wohnzimmer in einem kugelförmigen Glas. Und bis heute ist der Goldfisch der beliebteste Wohnzimmerfisch geblieben.

Der Mensch hat in tausendjähriger Zucht viele unterschiedliche Arten herangezüchtet. Es gibt sogar einen Goldfisch, der auf den Flanken chinesische Schriftzeichen trägt, so als wären sie aufgemalt. Bekannte Züchtungen heißen: Himmelsgucker, Löwenkopf, Geflecktes Drachenauge, Komet oder Rotkäppchen.

Goldfische sind mit unseren Karpfen verwandt. Wie die Karpfenmännchen treibt auch der Goldfischmann sein Weibchen rüde ins Flachwasser, wenn die Laichzeit gekommen ist. Mit festen Stößen und Bissen ermuntert er das Weibchen zur Eiablage. An die

3 000 Eier kann so ein Goldfischweibchen ablaichen und die Fischzüchter müssen jetzt die Weibchen und die Männchen schnell aus dem Teich holen. Es besteht die Gefahr, dass sie ihre eigenen Eier auffressen.

Die Rettung der Eier lohnt sich. So mancher Goldfisch ist nämlich schon 30 bis 40 Jahre alt geworden und hat dabei eine Menge gelernt. So gibt es Goldfische, die mit der Zeit auf ein Klingelzeichen zur Fütterung kommen und ihrem Pfleger sogar aus der Hand fressen.

Der Blaue Pfau, ein Fest fürs Auge

Wunderbar ist es anzuschauen, wenn ein Blauer Pfau sein Rad schlägt. Über einen Meter lang sind seine Schwanzfedern und die fächert er so zum Halbkreis auf, als hätte er einen Schirm hinter sich. Die blaugrüne Pracht entfaltet der Pfauenhahn, wenn er einem Weibchen gefallen oder einem anderen Hahn imponieren will. Die Biolo-

Der Pfau schlägt ein prächtiges Rad.

gen bezeichnen die gewaltigen Fächerfedern nicht als Schwanzfedern, sondern als Oberschwanzdecken.

Im Mittelpunkt des Rades steht der Pfau selbst: dunkelblau, nicht ganz so groß wie eine Gans und mit einem Krönchen auf dem Kopf, das aus fünf oder zehn einzelnen Federn besteht, die senkrecht nach oben stehen. Der Pfau ist ein Hühnervogel und kommt aus den Wäldern im Süden Asiens. Er ernährt sich von Bodentierchen und Samen. Der Ruf der Pfauenhähne ist äußerst laut. Ein Pfau in der Nachbarschaft hat schon manchen in den Morgenstunden um den Schlaf gebracht.

Geckos, die nützlichen Glücksbringer

Der junge Inder wälzt sich unruhig hin und her. Er kann keinen Schlaf finden. Denn vom Dach seiner kleinen Hütte herunter tönt ein lautes Bellen: „Keck-oh! Keck-oh! Keck-oh!"

Der nächtliche Störenfried ist ein Gecko, ein 40 Zentimeter langer Verwandter unserer Eidechsen. Aber im Unterschied zu den Eidechsen und allen anderen Echsen kann der graue Gecko laute Geräusche von sich geben. Vermutlich zeigt er den anderen Geckos damit an, dass hier sein Jagdrevier ist. Der Klang seines Rufes: „Keck-oh!" hat ihm seinen Namen eingebracht.

Der junge Inder würde den Gecko aber niemals verscheuchen um Ruhe zu finden. Die großen Geckos gelten in Asien nämlich als Glücksbringer. Von Indien bis Malaysia glauben die Menschen, dass Glück und

Korallenfinger- Gecko

Hausgecko

Wohlstand in ein Haus kommen, wenn sich ein Gecko dort niederlässt.

Richtig ist auf jeden Fall, dass der große Gecko eine Menge Spinnen, Käfer, Stechmücken und sonstige Schädlinge vertilgt, was den Menschen unmittelbar zugute kommt. Und da er auch Frösche, kleine Mäuse und kleine Echsen jagt, hat seine Gegenwart einen noch viel größeren Nutzen: Es gibt im Revier eines großen Geckos nicht mehr viel für Schlangen zu holen. Somit suchen die gefährlichen Schlangen woanders nach Nahrung.

Geckos sind bestens dafür ausgerüstet, an Hauswänden und Zimmerdecken herumzukrabbeln. Sie haben zahllose, winzige Häkchen an der Unterseite ihrer breiten Pfoten. Mit diesen Häkchen können sie sich an kleinsten Mauerunebenheiten ankrallen und flitzen eine Hauswand hoch, als läge sie flach auf dem Boden.

Die Geckos haben sich fast in allen wärmeren Regionen der Welt verbreitet. Man vermutet, dass die harmlosen kleinen Echsen auf Schiffe gekrabbelt sind und so bis nach Amerika und Australien auswanderten. Die kleinsten Arten messen nur drei bis vier Zentimeter, die größten an die vierzig Zentimeter.

Der Orang-Utan – Erfinder des „Dusch-Schirmes"

Was macht der Orang-Utan, wenn ihm die Sonne zu heiß auf den Kopf brennt? Der Affenpfleger im Zoo traut seinen Augen kaum: Der Orang-Utan schnappt sich ein Fensterleder, taucht es ins Wasser und hält sich das tropfnasse Leder wie ein kleines Sonnendach über den Kopf. Damit hat er eine kühle Dusche und etwas Sonnenschutz zugleich. Alle fünf Minuten tunkt er das Fensterleder erneut ins Wasser und verbringt so den heißen Tag gut gekühlt unter seinem „Dusch-Schirm".

Wie man sieht, kann der Orang-Utan die heiße Sonne nicht vertragen. Er ist nämlich der einzige Menschenaffe, der in Freiheit ausschließlich auf Bäumen wohnt. In den dichten Regenwäldern von Sumatra und Borneo hat er immer genügend Schatten. Er hangelt und schwingt sich mit seinen überlangen Armen von Ast zu Ast, immer auf der Suche nach Früchten und Beeren. Jeden Abend baut er sich aus Zweigen und Blättern ein Schlafnest in luftiger Höhe.

Die meiste Zeit seines Lebens verbringt der Orang-Utan als Einsiedler in den schattigen Wäldern. Nur die jungen Orang-Utans leben mit ihrer Mutter zusammen. Sie krallen sich an ihren langen, zotteligen Haaren fest und kommen so überall mit hin.

Die rotbraunen Orang-Utans sind neben den Gorillas und den Schimpansen die nächsten Verwandten der Menschen. Sie können kniffelige Aufgaben lösen und schauen klug und wissend drein.

Die Gibbons fliehen hoch hinauf

Bei den Eingeborenen im grünen Dschungel von Borneo gilt folgende Regel: Erst wenn ein Knabe das Kunststück vollbracht hat, ein Eichhörnchen mit der Hand zu fangen, darf er auch mit dem Blasrohr jagen. Mit so einem Blasrohr pustet man einen kleinen, harten Giftpfeil an die 20 Meter weit. Und wenn es dem Buben schließlich geglückt ist, mit dem Blasrohr einen Gibbonaffen zu schießen, darf er auch selbst das Gift für die Giftpfeile mischen. Erst dann gilt er als

Der Orang-Utan liebt die schattigen Urwälder der indonesischen Inseln Sumatra und Borneo.

Das laute Gebrüll des Gibbons soll die Nachbarfamilien beeindrucken.

ein richtiger Jäger, darf heiraten und eine Familie gründen.

Aber es ist gar nicht so leicht, einen Gibbonaffen zu schießen. Hinter tausenderlei Blättern, Zweigen und Lianen leben die Gibbons hoch oben in den Bäumen. 20 und 30 Meter hoch sind da die Palmen, Eukalyptusbäume und Bambusstauden. Die 50 bis 80 Zentimeter großen Gibbonaffen schwingen sich so rasch durch das Geäst, dass man meinen könnte, sie schweben.

Morgens, wenn der immergrüne Urwald im Nebel erwacht, begrüßen die Gibbons den neuen Tag mit hellen Schreien und Gesängen. Der ganze Wald hallt wider von ihrem melodiösen Gebrüll. Mit zahllosen Vögeln, mit anderen Affen und begleitet vom lauten Gezirpe der Insekten bringen die Gibbons ihr Morgenständchen dar.

Der Gibbon, der am lautesten schreit, kann sicher sein, mit seiner Familie von den Gibbonnachbarn in Ruhe gelassen zu werden. Die Geräuschentfaltung dient nämlich der Reviererhaltung. In so einem kleinen Revier lebt immer nur eine Familie. Die Gibboneltern führen eine lebenslange Ehe. Das Paar kümmert sich drei oder vier Jahre lang um die Jungen, bis die sich aufmachen, irgendwo in den Tiefen des Urwalds von Borneo eine eigene Familie zu gründen. Am meisten müssen sie sich dabei vor den jungen Eingeborenen hüten, die mit ihren Blasrohren unterwegs sind um ihre Jägerprüfung zu machen.

Der Schabrackentapir löst sich in der Dämmerung auf

Sie sehen wirklich urtümlich aus: ein massiger Leib auf kurzen und stämmigen Beinen, ein dicker Hals, darauf ein unförmiger Kopf mit einem kurzen, beweglichen Rüssel. Schon vor 60 Millionen Jahren haben die Tapire so ausgesehen. Das weiß man von versteinerten Skelettresten, die man gefunden und ausgegraben hat. Man nennt diese Versteinerungen „Fossilien". Die Urzeitforscher bezeichnen die Tapire als „lebende Fossilien", weil sie, noch lebend, Zeugnis von der Vergangenheit ablegen.

Der Schabrackentapir, der in Sumatra, Malaysia und Thailand vorkommt, hat eine ganz merkwürdige Fellzeichnung. Sein Körper ist grauschwarz. Nur der Rumpf, die Flanken und der Rücken sind weiß gefärbt. Weil das so aussieht, als hätte jemand dem Tier eine Satteldecke, eine „Schabracke", übergeworfen, bekam es den Namen Schabrackentapir. Die auffällige Schwarzweißzeichnung hat einen ganz besonderen Zweck: Sie soll den Tapir vor wilden Tieren schützen. In der Dämmerung, wenn die Tapire munter werden, wechseln grelles Licht und harte Schatten. Durch die farbliche „Dreiteilung" lösen sich die Körperumrisse im Zwielicht auf und der Tapir ist im Bambusdickicht nur schwer zu erkennen.

Der Schabrackentapir ist übrigens trotz seiner 300 Kilogramm Gewicht gar nicht so plump, wie er auf den ersten Blick aussieht. Leichtfüßig und rasch bahnt er sich seine Pfade durch das Unterholz der immergrünen Regenwälder, wo sein Zuhause ist. Mit dem sich ständig hin und her bewegenden Rüssel erschnüffelt er Blätter, frische Triebe, Gräser, Sumpfpflanzen und Fallobst. Der Rüssel dient ihm auch als Werkzeug zum Abpflücken der Nahrung.

Schabrackentapire sind „lebende Fossilien".

Immer hält sich das Urtier in der Nähe von Sümpfen und Flüssen auf. Denn Tapire sind geschickt im Schwimmen und Tauchen und sie lieben es, sich im Schlamm zu suhlen. Ähnlich wie die Flusspferde sollen sie sogar auf dem Grund von Flüssen und Seen laufen können.

Komodo-Warane, die letzten Drachen auf der Erde

Ängstliche Naturen sollten nicht nach Komodo fahren. Auf dieser kleinen indonesischen Insel hausen nämlich noch leibhaftige Drachen: Es sind die Komodo-Warane, Nachfahren der riesigen Dinosaurier, die vor rund 100 Millionen Jahren die Welt bevölkerten.

Die Komodo-Warane sind äußerst gefährliche Raubechsen. Deshalb haben die 500

Einwohner des einzigen Dorfes auf der Insel ihre Hütten und Häuser auf Stelzen gestellt. Wenn die hungrigen Warane keine Beute finden, dann kommen sie bis an das Dorf heran. Die bis zu drei Meter langen Echsen greifen auch Menschen an und früher sind immer wieder Kinder aus dem Dorf spurlos verschwunden.

Die Komodo-Warane sehen aus wie riesige Eidechsen. Sie haben kurze muskulöse Beine mit dolchartigen Klauen, einen langen, kräftigen Schwanz und ihr ganzer Körper ist mit harten Schuppen bedeckt. Sie fressen Fische, Vögel, Ratten und Schlangen. Selbst Wildschweine und kleinere Hirsche gehören zu ihren Opfern.

Wenn sie die Beute verschlingen, dann können sie wie die Schlangen ihren Schlund vergrößern; zudem ist ihr Speichel ätzend und giftig. Nach dem Mahl lecken sie sich mit ihren langen Zungen die Mäuler.

Die unentbehrlichen Yaks

Die Hochebenen in über 2 000 Meter Höhe sind das Revier der Yaks. Denn Hitze über einen längeren Zeitraum schadet ihnen. In den zentralasiatischen Hochgebirgen sind die Yaks als Lasttiere unentbehrlich. Als einziges Tragtier können sie Lasten über Pässe in 5 000 Meter Höhe transportieren. Selbst das raue Klima in diesen Höhen macht den anspruchslosen Bergtieren nichts aus. Der Yak oder Grunzochse wird in Tibet und Nepal schon seit Jahrtausenden als Haustier gehalten. Er ist Last- und Reittier und liefert den Bergvölkern Milch und Fleisch, Wolle und Fell, Haut und Horn. Sogar ihr Mist wird noch als Brennmaterial verfeuert.

Komodo-Warane sind bis zu drei Meter lange und 140 Kilogramm schwere Raubechsen.

An die 10 000 Wildyaks leben heute noch in den Hochebenen des Himalajas.

Der Hausyak stammt vom Wildyak ab. Die Wildrinder mit dem langen, zotteligen Fell an den Flanken leben in den unzugänglichen Gebirgen Zentralasiens. Der Wildyak ist größer als der Hausyak. Am Widerrist, einer buckelförmigen Erhöhung im Nacken, kann ein Bulle 1,90 Meter Höhe messen. Die Weibchen sind etwas kleiner.

Der Kormoran braucht einen Fön

Der Kormoran ist ein Wasservogel. Er kann bis zu 60 Sekunden lang tauchen, wenn er Jagd auf Fische macht. Andere Wasservögel, wie etwa die Enten, haben ein wasserabweisendes Gefieder. Beim Kormoran hingegen saugt sich das Gefieder voll Wasser und so muss er sich nach der Jagd erst einmal zum Trocknen aufstellen. Manchmal stehen Dutzende von Kormoranen einer Brutkolonie gleichzeitig da und „fönen" ihre Federn im Küstenwind.

Kormorane brüten in Baumnestern aus Zweigen und Hölzchen. Ihr Kot ist scharf und ätzend und so verdorren alle Bäume, auf denen die Vögel eine Zeitlang gebrütet haben.

Der Kormoran trocknet seine Flügel im Wind.

Australien

Australien ist zwar der kleinste Kontinent, aber dennoch über zwanzigmal größer als Deutschland. Im 17. Jahrhundert wurde die riesige Insel zwischen dem Indischen und dem Pazifischen Ozean von holländischen Seefahrern entdeckt. Schon seit langem bewohnen jedoch Ureinwohner, die Aborigines, den Kontinent. Ihre ältesten Spuren sind 30 000 Jahre alt.

Ein Drittel von Australien ist Wüste. Die Große Sandwüste und die Große Viktoriawüste bedecken fast den ganzen Westen. Flüsse und Seen hingegen befinden sich vorwiegend im Osten von Australien. Dort gedeiht ein üppiger Eukalyptusdschungel, in dem sich seltsame Tiere seit Urzeiten verbergen. Eigentümliche Beuteltiere und Schnabeltiere hausen hier. Sie sind schon seit Jahrmillionen auf der Erde beheimatet, aber nur in Australien haben sie sich bis heute gehalten.

Im Osten von Australien liegen auch die Millionenstädte Sydney und Melbourne. Die Autofahrer dort begegnen oft einem Verkehrsschild, auf dem ein Känguru abgebildet ist. „Achtung, Wildwechsel!" bedeutet das und es gibt tatsächlich einige stadtnahe Parks, wo die Kängurus so zutraulich sind, dass sie aus der Hand fressen. Dabei hüpfen sie furchtlos bis an die Autos heran.

In der heißen Hölle

Das Herz Australiens glüht. Über 60 Grad Celsius erreicht das Thermometer im Schatten. Sogar die Steine scheinen zu brennen, so heiß ist es in der australischen Wüste. Erbarmungslos bestrahlt die Sonne Jahr um Jahr den roten Fels und den roten Sand.

Trotz der Hitze und Trockenheit leben hier in der glühenden Wüste erstaunlicherweise noch einige Tiere. Es sind wahre Überlebenskünstler, die lange ohne Flüssigkeit auskommen können.

Agame

Kleine lustige Echsen, die Agamen, machen Jagd auf Insekten. Sie stellen ihre Zehen hoch, wenn sie über den kochendheißen Sand laufen, damit sie nicht ansengen. Ihre Feinde sind die Wüstenschlangen, die sich ebenfalls ganz vorsichtig über den heißen Sand winden. Auch sie berühren den Sand sowenig wie möglich. Dem Beu-

Der Beutelmull vergräbt sich blitzschnell im Sand.

telmull scheint die Hitze des Sandes nichts anzuhaben. Er verbuddelt sich so rasch im Boden, dass man sagen könnte, er taucht durch den Sand. Erst ein paar Meter weiter hinten kommt das kleine Felltier wieder zum Vorschein. Sogar kräftige Warane mit fast zwei Metern Länge kommen bis in die Wüste. Diese Echsen haben es besonders auf Schlangen abgesehen.

Auch Schwärme kleiner Vögel durchstreifen die Wüste. Mittags kann man Dutzende von ihnen an schattigen Plätzen ruhen sehen. Da fächeln sie sich eifrig mit den Flügeln Frischluft zu und erst am Nachmittag, wenn es etwas kühler ist, fliegen sie weiter.

Wenn es nach Jahren der Trockenheit einmal richtig regnet in der australischen Wüste, dann entstehen sogar große Gewässer wie der Eyresee. Und plötzlich bevölkern sogar Fische den kurzlebigen Wüstensee. Sie hatten jahrelang in den letzten Schlammtümpeln ausgeharrt und jetzt, da es plötzlich viel Wasser gibt, vermehren sie sich eifrig.

Auch das Rattenkänguru ist ein kleines Beuteltier.

Solange der See Wasser hat, kommen auch Pelikane und Wellensittiche in Schwärmen hierher um sich an dem seltenen Vergnügen zu erfreuen. Und nicht zuletzt lockt der See auch die Riesenkängurus an, die sich einmal richtig „volllaufen" lassen wollen. Und allen droht eine Gefahr: Schon in Kürze wird der See für Jahre wieder ausgetrocknet sein. Wer bis dahin keine neue Wasserstelle gefunden hat, wird verdursten.

In den geheimnisvollen Tiefen der Eukalyptuswälder

Im Osten von Australien herrscht ein feuchteres Klima als im ausgedörrten Westen. An einsamen Berghängen und Flussufern sind dort grüne Eukalyptuswälder herangewachsen, die vielerlei Tieren ein Zuhause bieten. Und es entfalteten sich im Laufe der Zeit ganz eigentümliche Lebensgemeinschaften in diesen Wäldern.

Da gibt es zum Beispiel die trügerische Orchidee und die dumme Wespe. Die Orchidee erzeugt genau den Duft, den auch ein Wespenweibchen erzeugt, wenn es ein Wespenmännchen anlocken will. So kommt es vor, dass ein Wespenmännchen aus Versehen eine Orchidee anfliegt. Dabei trägt es die Blütenpollen weiter und bestäubt so die nächste Orchidee. Ohne die Wespenmänn-

Die Orchidee täuscht das Wespenmännchen.

chen hereinzulegen, könnte diese Orchidee nicht überleben.

In den Eukalyptuswäldern gibt es auch eine Ameisenart, die Schmetterlingsraupen beschützt. Die fetten Raupen werden oft das Opfer von gefräßigen Spinnen oder Käfern. Die Ameisen vertreiben diese Angreifer und die Raupen geben ihnen dafür einen süßen Saft. So haben beide etwas von der Zusammenarbeit. Und schließlich fressen die Raupen Misteln, die die Bäume zerstört hätten, unter denen die Ameisen ihren Bau haben.

Die Biologen kennen heute viele solcher Verflechtungen zwischen einzelnen Lebewesen in den Eukalyptuswäldern. Doch am besten ist das Leben der lustigen Koalabären erforscht, die fast genauso berühmt sind wie die Kängurus. Der Koala ist das lebende Vorbild für den Teddybären, den jedes Kind zu Hause hat. Doch der lebende Koala ist gar nicht so kuschelig wie sein Abbild aus Stoff und Holzwolle. Er ist ein mürrischer kleiner Raufbold, der sich mit jedem Artgenossen anlegt, der in den Eukalyptuswäldern seinen Weg kreuzt. Und zudem ist der Koala kein richtiger Bär, sondern ein Beuteltier. Wie die Kängurus und viele andere Beuteltiere hat diese Tierart schon seit vielen Jahrmillionen ihr Aussehen kaum verändert.

90 Prozent des australischen Waldes bestehen aus Eukalyptusgewächsen. Das können kleinere Büsche sein oder auch 70 bis 80 Meter hohe Baumriesen.

In den Eukalyptuswäldern leben seltene Tiere.

Wenn zwei Kängurus miteinander kämpfen, kommt es oft zu bösen Verletzungen.

Der Boxkampf der Kängurus

Tschupp, tschupp, tschupp! Mit drei kräftigen Sprüngen kommt das Känguru herbeigehüpft. Noch ein Satz mit seinen langen Hinterbeinen – tschupp –, und schon steht es direkt vor dem Chef der Herde. Der ist ein ausgewachsenes Kängurumännchen mit stattlichen 150 Kilogramm Gewicht. Ihm gehören über zehn Weibchen. Er blickt den Störenfried nervös an und schnaubt durch die Nasenlöcher. Plötzlich springt er aus dem Stand mit beiden Hinterbeinen hoch und tritt gegen den Bauch des Eindringlings. Der nimmt den Kampf auf und tritt ebenfalls

mit seinen Hinterbeinen immer wieder kräftig gegen den Bauch des anderen.

Da die Kängurus die meiste Zeit auf den Hinterbeinen stehen, müssen sie beim Treten Acht geben, dass sie nicht umfallen. Deswegen pressen sie ihren starken Schwanz fest auf den Boden und stützen sich damit ab. Der Boxkampf der Kängurus sieht sehr lustig aus. Doch in Wahrheit ist es den Kämpfenden bitterernst. Wenn sie eine Viertelstunde aufeinander eingeboxt haben, dann gibt einer auf. Er trollt sich und oft stirbt er ein paar Stunden später an den inneren Verletzungen. Der Sieger wird noch viele Kämpfe gegen Eindringlinge zu bestehen haben, bis er schließlich selbst der

155

Von den 56 Känguruarten werden nur wenige so groß wie der Mensch.

Verlierer sein wird und einem Stärkeren die Herde überlassen muss.

Die Fußtritte der boxenden Kängurus haben es in sich. Ihre Zehen sind mit spitzen Krallen versehen. Die Oberschenkelmuskeln der beiden Sprungbeine sind äußerst stark. Ein zusätzlicher Trick hilft den Tieren, besonders kräftige Sprünge und Tritte ausführen zu können: Die Sehnen in den Hinterbeinen sind nämlich so angewachsen, dass sie wie eine Sprungfeder wirken. Allein mit Muskelkraft könnten die Kängurus keine so großen Sprünge machen. Aber mit dem Federmechanismus in den Beinen schaffen die Riesenkängurus Sprünge von sieben Meter Länge und drei Meter Höhe. Die Kängurus sind die bekanntesten Beuteltiere der Welt. Lange Zeit hat man nicht gewusst, wie die neugeborenen Kängurus von der Geburtsöffnung am Unterleib bis in den Bauchbeutel gelangen. Man nahm an, dass das Muttertier ihr kleines Junges nach der Geburt mit dem Maul dorthin verfrachtet. Heute weiß man, dass die Neugeborenen, obwohl sie noch blind und völlig hilflos sind, selbst den Weg in den Beutel finden.

So ein winziges Junges, das nur so groß wie eine Schmetterlingsraupe ist, krabbelt direkt nach der Geburt über das dichte Bauchfell des Muttertieres, bis es nach 10 bis 20 Minuten den Beutel gefunden hat.

Dort saugt es sich an einer Milchzitze fest und rührt sich monatelang nicht mehr von der Stelle. Erst nach einem halben Jahr ist es groß genug um den Beutel für die ersten Landausflüge zu verlassen.

Es gibt 56 Känguruarten. Einige Arten sind nur so groß wie Ratten. Sie gehören zur Gruppe der Rattenkängurus. Die bekanntesten Kängurus sind die Riesenkängurus. Sie sind grau oder rotbraun und erreichen Menschengröße.

Das seltsame Schnabeltier

Die Tierforscher glaubten an eine Fälschung, als man ihnen 1804 in London erstmals ein australisches Schnabeltier zeigte. Wie ein Fabeltier, das sich aus verschiedenen Tieren zusammensetzt, kam ihnen das seltsame Lebewesen vor. Von der Ente hatte es den Schnabel, vom Biber den Körper und seine Beine waren fast schon Flossen. Aber damit nicht genug. Die Forscher mussten sich auch noch anhören, dass die Schnabeltiere Eier legen wie Vögel oder Schlangen und dass sie gleichzeitig Säugetiere sind, also die Jungen mit Muttermilch großziehen.

Schnabeltiere können gut schwimmen und tauchen.

Damit ist das Schnabeltier eines der seltsamsten Tiere, das es auf Erden gibt. Es vereinigt ganz unterschiedliche Tierarten in sich. Es ist teils Säugetier, teils Reptil, ja sogar teils Fisch und teils Vogel. Die amtli-

Schnabeltiere sind eierlegende Säugetiere.

che Bezeichnung für diesen merkwürdigen Erdenbewohner lautet schließlich: Eierlegendes Säugetier. Wobei die Schnabeltiere im Unterschied zu den Säugetieren keine Milchzitzen haben. Die Milch tritt einfach aus der Brusthaut des Weibchens und wird von den Jungen abgeleckt. Die Jungen regen durch Zwicken und Beißen den Milchfluss in der Haut an.

Ein weiterer Unterschied zu den Säugetieren: Schnabeltiere sind giftig. Kein anderes Säugetier auf der Erde hat Giftdrüsen. Ein Sporn aus Horn am Fußgelenk dient den Schnabeltieren als giftige Waffe gegen Feinde und Menschen. Die Stiche sollen äußerst schmerzhaft sein, aber nicht tödlich.

Die Schnabeltiere verbringen die meiste Zeit ihres Lebens im Wasser. Ihr Pelz ist gut eingefettet und sie können lange die Luft anhalten und tauchen. Nur zum Atmen kommen sie kurz an die Wasseroberfläche. Den Schnabel benutzen sie wie die Enten beim „Grundeln". Sie durchwühlen den Schlamm am Grunde der Seen und Flüsse und schnappen sich kleine Tiere wie Schnecken, Krebse und Larven. An der Schnabelspitze sind sogar feine Tastorgane, mit denen die Schnabeltiere ihre Beute gut aufspüren können.

Schnabeltiere leben gerne allein. Nur im Frühling zur Paarungszeit kommen die Männchen und Weibchen zusammen. Die Weibchen graben die Bruthöhlen und bauen Nester hinein. 20 Meter lang kann ein Höhleneingang manchmal sein. In die Nester legen die Weibchen zwei oder drei Eier. Mit ihrer Körperwärme beheizen sie die Höhle und erzeugen damit die nötige Brutwärme. Sie kümmern sich aber nicht so sehr um die Eier wie beispielsweise die Vögel, die manchmal lange brüten müssen. Bei den Schnabeltieren schlüpfen die Jungen nach einer Woche aus den Eiern. Die Jungen leben etwa ein halbes Jahr in der Bruthöhle. Dann suchen sie sich eigene Gebiete im Osten von Australien und auch auf der Insel Tasmanien, die südöstlich von Australien liegt. Die Schnabeltiere stehen schon seit 1904 unter Naturschutz.

Die possierlichen Koalas sind mürrische Einzelgänger und können manchmal ziemlich böse werden.

Koalas, die mürrischen Teddybären

Es ist Sommer. Die Sonne blinzelt durch das Blätterdach des Eukalyptuswaldes. In einer schattigen Astgabel liegt ein Koala und schläft. Er sieht fast genauso aus wie ein Teddybär. Er hat eine große Nase, ein kuscheliges Fell und abstehende Ohren. Allerdings ist der Koala drei- bis viermal so groß wie ein Spielzeugteddybär. Ein ausgewachsener Koala bringt immerhin 15 Kilo auf die Waage. Und der Koala hat einen ganz anderen Charakter, als man das von einem Teddybären erwarten würde: Er ist nämlich ein mürrischer und ruppiger Einzelgänger.

Fast das ganze Jahr über leben die Koalas alleine in den Wäldern. Nur ungern kommen sie auf den Boden. Am liebsten hangeln sie sich hoch oben in den Baumkronen von Ast zu Ast. Und wenn ein Koala auf einem Baum sein Mittagsschläfchen halten will, der schon von einem Konkurrenten besetzt ist, gibt es ein wildes und lautstarkes Gerangel.

Am schlimmsten aber geht es im Sommer zu, wenn sich die Koalamännchen ihre Weibchen suchen. Die Männchen grunzen dann ganz merkwürdig und sehr laut durch den Wald. Sie wollen damit ihre Rivalen abschrecken. Und wenn sich doch einer hervorwagt, kommt es zu schlimmen Auseinandersetzungen. So ein Kampf sieht viel lustiger aus, als er in Wirklichkeit ist. Die Koalas sind nämlich recht schlechte Kletterer. So kommt es immer wieder vor, dass die kämpfenden Koalas mehr Schwierigkeiten damit haben, sich an ihrem Ast festzuhalten, als sie Probleme mit ihrem Gegner haben.

Man bezeichnet die Koalas immer als Bären. Das ist aber nicht richtig. Die Koalas sind nämlich Beuteltiere wie die Wombats oder Kängurus. Die Weibchen haben am Bauch einen Beutel, in dem sie sieben

Monate lang ihr Junges nähren und beschützen. Die Jungen wiegen am Anfang nur ein halbes Gramm und sind damit dreißigtausendmal leichter als die ausgewachsenen Koalas. Zum Vergleich: Ein Menschenbaby ist etwa 15mal leichter als seine Mutter. Die jungen Koalas trinken anfangs nur Muttermilch. Dann aber machen sie etwas Eigentümliches: Sie fressen den Kot des Muttertieres. Das ist lebenswichtig für die jungen Koalas. Sie nehmen dabei nämlich Verdauungssäfte auf, die sie dringend benötigen, aber nicht selbst erzeugen können. Die einzige Nahrung der erwachsenen Koalas besteht aus Eukalyptusblättern. Sie sind sehr hart und manchmal sogar giftig. Nur mit den starken Verdauungssäften, die die Koalamütter ihren Jungen weitergeben, können sie die harte Grünkost zeitlebens verdauen.

Wombats, die Nacktnasen und die Haarnasen

Die ersten Europäer, die einen Wombat zu Gesicht bekamen, waren Schiffbrüchige, die auf einer Insel zwischen Australien und Tasmanien gestrandet waren. Das war im Jahre 1797. Als sie einen Wombat aus dem Ufergebüsch hervorlugen sahen, dachten sie zuerst, es sei ein Wildschwein. Sie fingen das Tier und zähmten es. Und als sie gerettet wurden, machten sie es dem britischen Gouverneur in Sydney zum Geschenk. Ein gezähmter Wombat ist sehr gesellig im Umgang mit den Menschen. Er macht Männchen und schläft sogar auf dem Schoß.

Für alles mögliche hat man die Wombats früher gehalten: für Wildschweine, Bären und sogar für Dachse. Der Wombat ist aber wie der Koala ein Beuteltier. Seltsamerweise ist die Beutelöffnung bei den Wombats zwischen den Hinterbeinen und nicht, wie bei den meisten Beuteltieren, im Brustbereich.

Haarnasenwombat

Nacktnasenwombat

Sechs Monate leben die Kleinen im Beutel. Dann bleiben sie noch weitere zehn Monate bei der Mama, bis sie selbstständig sind.

Weil die Wombats so plump aussehen und sich schwerfällig bewegen, nennt man sie auch Plumpbeutler. Gar nicht schwerfällig sind die Wombats jedoch, wenn sie an ihren Wohnhöhlen bauen. Bis zu 30 Meter lange Gänge können sie mit ihren starken Krallen ausbuddeln. Oft werden mehrere Höhlen so gebaut, dass sie miteinander verbunden sind. Der Wombat macht nämlich gerne mal einen Besuch in der benachbarten Wohnhöhle und übernachtet sogar dort.

Eigentlich verschläft er aber lieber den ganzen Tag, denn die Wombats werden erst gegen Abend munter. Die Nacht über geht jeder für sich auf Streifzug und sucht nach Gras, Blättern, Rinden und Wurzeln. Weil beim Zerbeißen und Zerkauen von harter Rinde und Wurzeln die Zähne schnell abgenutzt werden, wachsen bei den Wombats die meißelähnlichen Zähne ein Leben lang nach.

Man unterscheidet zwei Wombatarten: Der Nacktnasenwombat bevorzugt Buschgebiete und Wälder. Er wird etwa einen Meter lang und wiegt 30 Kilogramm. Sein Lebensraum ist Südaustralien und Tasmanien. Der Haarnasenwombat dagegen liebt die Grassteppe. Er frisst Gras wie die Schafe und Rinder der Farmer. Das war auch fast sein Verderben, denn die Viehzüchter haben ihn radikal verfolgt. Der Grund: Er riss Löcher in die Drahtzäune und die Pferde und Rinder brachen sich in den Ausgängen der Wombatbaue die Beine. Heute sind die Wombats deshalb sehr selten geworden.

Der Tasmanische Teufel

Endlich rührt sich etwas. Die ganze Nacht schon haben die Tierfilmer in ihrem Versteck gewartet. Und jetzt endlich lugt die hässliche Fratze eines Tasmanischen Teufels direkt in ihre Kamera. Er kommt aus dem Gebüsch, schnuppert aufgeregt in der Luft herum und fletscht seine ausgefranste Oberlippe.

Die Tierfilmer haben ihn mit einem toten Schaf angelockt, damit er in dieser Nacht vor ihre Linsen kommt. Schon drei Nächte lang hatten sie vergeblich versucht, das scheue und seltene Beuteltier anzulocken und zu filmen. Und jetzt, da sie ihn vor der Kamera haben, erschrecken sie richtig. Sie hatten nicht erwartet, dass der Tasmanische Teufel so hässlich ist.

Wie ein kleiner, zerlumpter Hund mit blutig geschlagener Schnauze sieht er aus und sein Verhalten ist unangenehm hektisch und nervös. Einmal reißt er ein Stück aus dem Schaf, dann lässt er das Stück sofort wieder fallen und läuft gereizt auf und ab. Kurz darauf frisst er einen Moment lang und schon wieder wirft er das Stück von sich und rennt aufgeregt umher.

Schließlich trifft einer seiner Artgenossen ein. Der will natürlich auch etwas von dem Schaf abhaben und es kommt zu einem heftigen Streit. Obwohl die Mahlzeit für beide reichen würde, beißen sie sich böse in die Schnauzen und fauchen sich wild an. Erst mit der Zeit fressen sie gemeinsam. Dabei neiden sie sich jeden Bissen und schnappen nach dem jeweiligen Happen des anderen.

Der Tasmanische Teufel ist ein hässliches kleines Beuteltier.

Die Tasmanischen Teufel fressen nicht nur tote Tiere, sondern sind auch gute Jäger. Sie gehören zu den Raubbeutlern, die vor allem kleinen Kängurus und Säugetieren sowie Vögeln nachstellen. Und früher waren sie selbst die Gejagten. Die australischen Wildhunde, die Dingos, haben die Tasmanischen Teufel vom Festland auf die Insel Tasmanien vertrieben.

Den nächtlichen Besuch der Tierfilmer konnten die Tasmanischen Teufel nicht besonders leiden. Nachdem sie das Opferschaf der Tierfilmer verspeist hatten, fingen sie an, die Kabel der elektrischen Kamera aufzubeißen. Daraufhin mussten die Filmleute alles zusammenpacken und sich schleunigst aus dem Staube machen.

Gleitbeutler segeln von Baum zu Baum.

Die Gleitbeutler

Das hörnchenartige Tier macht einen Satz vom höchsten Ast des Baumes, breitet die Arme und Beine aus und segelt im Gleitflug fast 100 Meter weit über die Lichtung. Mit dem langen Schwanz schlägt es hin und her und steuert damit seinen Flug. Kurz vor der Landung im gegenüberliegenden Gebüsch streckt es Arme und Beine nach vorne und klammert sich dann zielsicher an einen Ast. Es ist ein Gleitbeutler. Er hat zwischen Armen und Beinen eine dehnbare Haut, die er wie Flügel aufspannen kann. Das Beuteltier kann zwar nicht flattern oder gar wie ein Vogel fliegen. Es schafft aber immerhin einen brauchbaren Gleitflug von einem Baum zum anderen.

Die kleinen Gleitbeutler, wie das Beutelflughörnchen, segeln immerhin 50 Meter weit. Die großen, wie der Riesengleitbeutler mit fast einem Meter Länge, legen gut die doppelte Strecke in der Luft zurück. Die Gleitbeutler schlafen fast den ganzen Tag lang. Sie haben sich dazu gemütliche Nester in Baumhöhlen gebaut. In der Dämmerung geht es dann an die Futterbeschaffung. Die Gleitbeutler suchen Obst und Eukalyptusblätter und manchmal gelingt ihnen ein Fang in der Luft. Dicke Insekten, die ihre Flugbahn kreuzen, werden direkt in der Luft geschnappt.

Die Kiwi – der Kiwi

Die Kiwi und der Kiwi – beide kommen aus Neuseeland, den beiden großen Inseln östlich von Australien. Die Kiwi ist eine grüne und sehr vitaminreiche Frucht. Und der Kiwi? Das ist ein kleiner Laufvogel, der ziemlich merkwürdig aussieht.

Der Kiwi hat keine sichtbaren Flügel und auch keinen Schwanz. Die Flügel sind nur noch als winzige Stummelchen vorhanden. Damit kann der Vogel aber nicht fliegen. In der Dämmerung huscht er auf seinen kräftigen Beinen flink und lautlos durch das Unterholz der Wälder. Tagsüber schläft er in einer Mulde zwischen den Baumwurzeln.

Seine Nahrung spürt der Kiwi mit der Nase auf. Er hat einen ausgezeichneten Geruchssinn. Die Nasenlöcher sitzen dicht an der Spitze seines langen Schnabels. Damit schnüffelt er über den Boden. Aus Löchern und Ritzen holt er mit dem Schnabel Regenwürmer, Larven und Insekten hervor.

Die Kiwis waren früher recht zahlreich vorhanden. Sie sind sogar das Wappentier von Neuseeland. Im Ausland nennt man die Neuseeländer spaßeshalber manchmal „Kiwis".

Der drollige Kiwi ist ein flugunfähiger Vogel.

Mit dem Familiensinn ist es bei den Kiwiweibchen nicht weit her. Das kleinere Kiwimännchen brütet die ein bis zwei verhältnismäßig großen Eier alleine aus. Zehn Wochen sitzt es geduldig auf den Eiern in einem Nest aus Laub und Erde. Auch wenn die Jungen ausschlüpfen, kümmert sich die Mutter nicht weiter um sie. Der Vater zeigt den Kleinen, wie und wo sie ihre Nahrung finden können.

Der Wappenvogel Neuseelands ist heute selten geworden. Wildernde Hunde und Katzen haben unzählige Kiwis gerissen. Man weiß von einem einzigen Hund, der 500 Kiwis getötet hat. Diese Raubtiere gab es auf Neuseeland ursprünglich nicht, weshalb die Laufvögel auf diese Feinde auch nicht eingestellt waren. Holzfäller, Farmer, Trapper und Seeleute haben die Bestände zusätzlich vermindert, indem sie sich von den schmackhaften Laufvögeln ernährten.

Aber die neuseeländische Bevölkerung ist daran interessiert, ihren sonderbaren Vogel zu erhalten. Deshalb wurden die Kiwis unter strengen Naturschutz gestellt.

Kookaburra, der „Lachende Hans"

„Laughing Jackie" heißt auf deutsch „Lachender Hans". So nennen die Australier liebevoll ihren berühmtesten Vogel, weil sein Ruf wie ein fröhliches Gelächter klingt. Die australischen Ureinwohner tauften ihn Kookaburra, nach dem „kuuukkuuuk-kuuuk-ka-ka-ka-ka", das besonders morgens und abends durch die Wälder und Buschlandschaften schallt.

Gärtner haben einen besonderen Grund, sich zu freuen: Wo ein Kookaburra sein Revier hat, gibt es weniger schädliche Insekten, Mäuse und vor allem giftige Schlangen. Die vertilgen die Kookaburras – neben kleinen Reptilien und Fröschen – am liebsten. Und

Der Kookaburra sucht die Nähe des Menschen. Er lebt in Parks und Gärten.

das Schlangengift macht ihnen überhaupt nichts aus.

Kookaburras sind keine scheuen Vögel, sondern sie mögen die Nähe von Menschen. Deshalb nisten sie auch gerne in Parks und Gärten. Der Kookaburra ist etwa 45 Zentimeter lang und damit der größte aus der Familie der Eisvögel. Er ist aber nicht wie die anderen Familienmitglieder an die Nähe des Wassers gebunden.

Der Emukrieg

Noch vor 50 Jahren gab es im Nordwesten von Australien Feldzüge gegen Emus. Um die Ernte der Farmer zu schützen wurden sogar Soldaten eingesetzt. Oft konnten sich dann nur wenige Emus vor dem Kugelhagel retten, obwohl sie bis zu 50 Kilometer pro Stunde laufen können. Es gab auch Jahre, in denen Tausende von Emus den Maschinengewehren zum Opfer fielen. Einen Dollar Prämie brachte ein Emukopf.

So wurden die Emus in Australien fast ausgerottet. In den Gebieten, in denen sie überlebt haben, hat man heute eine einfachere Methode gefunden um die Emus von der Ernte fernzuhalten. Man verwendet keine Maschinengewehre mehr, sondern baut einen Zaun. Hunderte von Kilometern ist der Zaun lang und er schirmt das ganze Emugebiet ab.

Man nennt den Emu auch den Strauß Australiens, weil er praktisch eine kleinere Ausgabe des afrikanischen Straußes ist. Wie der Strauß hat auch der Emu zwei besonders kräftige Laufbeine. Damit kann er sehr hart zutreten. Ein Tierpfleger im Zoo von Sydney hat es einmal zu spüren bekommen. Der Emu brach ihm mit einem Tritt den Oberschenkel. Der Tierpfleger war überhaupt nicht auf den Angriff des Emus gefasst. Normalerweise sind Emus nämlich besonders leicht in Gefangenschaft zu halten, wo sie mit Körnern, Hackfleisch, gekochten Eiern und Salat ernährt werden können.

Nur die Männchen, die die 600 Gramm schweren Eier ausbrüten, können gefährlich werden. Und zwar immer dann, wenn die geschlüpften Küken gerade die ersten Steppenspaziergänge unternehmen. Bei solcher Gelegenheit kann auch ein zahmer Emu recht ungemütlich werden.

Bei den Emus brütet allein das Männchen und sorgt sich um die Aufzucht der Jungen.

Sind die Keas Schafmörder?

Keas sind rabengroße Papageien mit grünlichem Gefieder, die im unwirtlichen Hochgebirge Neuseelands zu Hause sind, nur wenige Meter von Eis und Schnee entfernt. Aber die Keas scheinen die raue Witterung zu mögen. Andernfalls könnten sie ja einfach hinunter ins warme und trockene Grasland fliegen.

Keas sind die munteren Papageien Neuseelands.

Seit Jahrzehnten hält sich unter den neuseeländischen Schafzüchtern das Gerücht, dass die munteren Papageien Schafe angriffen und töteten. Deshalb hatten sie für jeden getöteten Kea eine Prämie ausgesetzt. Daraufhin wurden die Keas zu Hunderttausenden abgeknallt. Die Wissenschaftler sind sich aber schon seit langem einig, dass die Keas keine Schafmörder sind. Sie picken vielleicht gelegentlich an der Fettschicht von einem toten Schaf. Dabei hat sie ein Viehzüchter wohl einmal erwischt und so ist das Gerücht entstanden. Die Hauptnahrung der Keas sind vielmehr nahrhafte Wurzeln, Grassamen, Knospen und Beeren, Insektenlarven, Käfer und Würmer.

Wenn das Wetter im Hochgebirge einmal nicht ganz so unwirtlich ist, haben die Keas viel Spaß miteinander. Verspielt balgen sie sich stundenlang im trockenen Gebirgsgras, kugeln nacheinander den Abhang hinunter und hecken allerlei Unfug aus. Stundenlang konnten zwei berühmte Tierfilmer ihren albernen Spielereien zusehen. Eingreifen mussten sie aber, als die Keas begannen voller Genuss die Bremsschläuche an ihrem Geländewagen durchzubeißen.

Wellensittiche sind nicht gerne allein

Nackt und blind sind die Wellensittiche, wenn sie auf die Welt kommen. Nach einer Woche öffnen sie die Augen und schon drei Wochen später sind sie flügge, das heißt, sie verlassen das Nest. Wenn sie ein Vierteljahr alt sind, können sie schon selbst brüten. Würde es bei den Wellensittichen länger dauern, bis fortpflanzungsfähige Junge heranwachsen, dann könnten sie in den australischen Steppen und Wüsten kaum überleben.

Wellensittiche leben in großen Familienverbänden.

Kommt dann endlich das ersehnte Nass vom Himmel, brüten die Wellensittiche gleich zwei- oder dreimal hintereinander. Denn schon bald ist es wieder viele Monate so trocken, dass kein Junges überleben würde. Die ausgewachsenen Wellensittiche haben dann selbst Mühe, sich am Leben zu erhalten. Angesichts dieser Umweltbedingungen müssen die Wellensittiche zähe Tiere sein. Deshalb eignen sie sich so gut als genügsames Haustier.

In ihrer Heimat treten die Wellensittiche immer in Schwärmen auf. Nicht einmal während der Paarungs- und Brutzeit trennen sich die Pärchen von ihren Kolonien. Die nur 18 Zentimeter langen Vögelchen sind nämlich außerordentlich gesellig. Und sie leiden sehr darunter, wenn sie tagein, tagaus alleine in ihrem Käfig sitzen müssen. Deshalb sollte man sich immer gleich zwei Wellensittiche auf einmal anschaffen.

Die gelben, blauen, weißen und gescheckten Wellensittiche sind reine Züchtungen. Sie können in freier Wildbahn nicht überleben, weil sie ihren Feinden zu sehr ins Auge fallen und schnell getötet werden. Die wilden Sittiche dagegen können sich mit ihrer grünen Tarnfarbe gut im Laub der Baumkronen verbergen.

Die kleinen Vögel ernähren sich vorwiegend von Grassamen. Das Männchen erkennt man an der blauen Wachshaut über dem Schnabel, das Weibchen an der braunen. Wellensittiche gehören zur großen Familie der Papageien.

Rosakakadus leben gefährlich

Rosakakadus sind in Australien so häufig wie bei uns die Stare oder die Amseln. „Eine richtige Landplage", schimpfen die

Nur auf der Suche nach Nahrung verlässt der Rosakakadu seine Heimat, den Eukalyptuswald.

Getreidebauern. Denn durch das Picken von Keimlingen und Getreidesamen richten die rosafarbenen Vögel in der Landwirtschaft großen Schaden an. Daneben verzehren sie Knospen, Früchte und kleine Kerbtiere.

Die eigentliche Heimat der Rosakakadus ist der Eukalyptuswald. Aber die riesigen kreischenden Schwärme von oft mehr als tausend Vögeln lassen sich überall dort nieder, wo sie Wasser finden. Das kann selbst in einem Park inmitten der tosenden Großstadt sein. Das Mindeste, was die Papageienvögel brauchen, ist eine Wasserstelle im Umkreis von zehn Kilometern und ein Schlafbaum, auf dem sie übernachten können.

Gleich nach dem Sonnenaufgang brechen die Rosakakadus auf um in den Wäldern und Getreidefeldern nach Futter zu suchen. Nachmittags versammeln sie sich dann an der Wasserstelle um ihren Durst zu stillen. Für ihre Verdauung brauchen die Rosakakadus Sand und kleine Steine, die sie von der Straße aufpicken.

Die Rosakakadus haben auch in der Tierwelt Feinde. Manche australischen Adlerarten füttern ihre Jungen nur mit Rosakakadus. Nicht selten kommt es vor, dass eine Riesenschlange auf einen Baum kriecht und sich die Kakadus aus ihren Nisthöhlen holt.

Der Rosakakadu kann bis zu 37 Zentimeter groß werden. Der Name Kakadu kommt übrigens von dem malaiischen Wort „kakatua", was soviel heißt wie „Kneifzange". Das bezieht sich auf den kräftigen Schnabel.

Die Kragenechse erschreckt uns

Die graubraune Kragenechse sieht uns kommen und sofort macht sie sich auf die Hinterbeine um davonzulaufen. Und zwar macht sie sich im wörtlichen Sinne „auf die Hinterbeine". Das eidechsenähnliche Tier hebt den Kopf, die Brust und die Vorderfüße hoch, stellt sich nur auf die Hinterbeine und rennt los. Eine Echse, die so aufgerichtet rennt,

sieht ganz eigentümlich aus. Sie erinnert an ihre urzeitlichen Vorfahren, die Dinosaurier.

Die Kragenechse, die wir aufgescheucht haben, ist nicht weit gekommen. Wir haben sie verfolgt und zwischen zwei Felsen eingekreist. In ihrer ausweglosen Lage macht die Kragenechse plötzlich etwas Unerwartetes: Mit einem Ruck spannt sie den ganzen Körper, entfaltet blitzartig einen großen, runden Kragen um ihren Hals und zischt uns laut an. Obwohl die Echse vom Kopf bis zum Schwanz nicht einmal einen Meter lang ist, sieht ihr weit aufgerissenes Maul inmitten des imposanten Kragens doch richtig erschreckend aus. Der Durchmesser des Kragens misst immerhin 30 Zentimeter. Und da sie so urplötzlich diese Drohhaltung eingenommen hat, sind wir alle einen Schritt zurückgewichen.

Die Kragenechse lebt nur in Australien und gehört zur Familie der Agamen. Sie jagt in Bäumen oder am Boden nach Insekten und anderen Kleintieren. Sie ist völlig harmlos.

Die wilden Dingos

Ein Rudel brauner Wildhunde trabt hechelnd durch die Steppe. Es sind Dingos, die ein versprengtes Schaf gewittert haben. Noch ein paar Sprünge, und die wolfsähnlichen Dingos werden bei dem Schaf angelangt sein. Doch plötzlich heult ein Motor auf, Bremsen quietschen und dann knallt ein Schuss. Der erste Dingo, der das Rudel angeführt hatte, sackt von einer Kugel getroffen zu Boden. Den Schuss hat ein australischer Farmer abgefeuert. Er hasst die Dingos und freut sich, dass er einen erwischt und sein Schaf gerettet hat.

Trotz allem haben die Dingos auch ihr Gutes für die Farmer. Die Dingos jagen neben Kängurus und Beuteltieren mit Vorliebe Kaninchen. Dafür sind die Farmer dann dankbar, weil die Kaninchen in Australien ja bekanntlich zu den schlimmsten Landplagen gehören. Der Dingo ist ein Einwanderer in Australien. Früher, vor etwa 8 000 Jahren, gab es hier noch keine Dingos. Da lebten die Hunde noch friedlich als Haushunde in Afrika und Asien. Vermutlich haben Urvölker, die vor Jahrtausenden in Australien einwanderten, die Dingos mitgebracht.

Die Dingos haben arg gewütet in der australischen Tierwelt. Den Tasmanischen Teufel haben sie vom Festland vertrieben. Den Wombats haben sie stark zugesetzt und sie haben dafür gesorgt, dass einige seltene Tiere in Australien ganz ausgestorben sind. Der Dingo ist ein Beispiel dafür, wie problematisch es ist, eine Tierart in eine andere Umgebung zu versetzen. Es kann verheerende Auswirkungen auf die ansässige Tierwelt haben. Neben dem Dingo sind in Australien noch weitere ehemalige Haustiere verwildert. Katzen, Schweine, Wasserbüffel und Esel haben sich verselbstständigt und leben heute als Wildtiere in den australischen Steppen und Wäldern.

Dingos sind verwilderte Haushunde, die manches seltene Tier in Australien ausgerottet haben.

Nordamerika

In Nordamerika sind alle Klima- und Vegetationszonen der Erde zu finden. Entsprechend vielfältig ist die Tier- und Pflanzenwelt auf diesem Kontinent.

Nordamerika – das bedeutet Hektik und Lärm in Millionenstädten wie New York, Los Angeles oder Chikago, aber auch Stille und Einsamkeit in den Gebirgstälern der Rocky Mountains. Nordamerika, das heißt tropische Hitze in Mexiko, Kalifornien und Florida und arktische Kälte in den verschneiten Wäldern von Nordkanada und Alaska.

Berge und Täler, Wälder und Sümpfe

In Kanada gibt es viele Seen, weitverzweigte Flüsse und riesige, wildreiche Wälder. Hier gingen einst die Pelzjäger ihrem Gewerbe nach. Auf der Suche nach den wertvollen Fellen von Waschbär, Zobel und Opossum durchstreiften sie oft monatelang die schier endlosen Fichten-, Misch- und Laubwälder. Keine Menschenseele wohnt hier weit und breit. Nur ab und zu trifft man auf Wapitihirsche und Elche, auf Schwarzbären und ganz oben im hohen Norden auf hungrige Wolfsrudel.

Die große Seenplatte im Osten trennt Kanada und die Vereinigten Staaten von Amerika. Beide Staaten haben im Westen Anteil am größten Gebirge Amerikas, den Rocky Mountains, die sich von Alaska im Norden bis nach New Mexico im Südwesten erstrecken. In Nordamerika finden wir alle Klima- und Vegetationszonen der Erde vor.

Für einen Großteil der USA charakteristisch sind mittelhohe Gebirgszüge mit waldigen Tälern, in denen sich Pelztiere, Bären, Nagetiere und Rotwild wohl fühlen. In den Feldregionen und lichten Gebirgswäldern lauert hier noch der Puma, der gefürchtete „Silberlöwe". Er mag das gemäßigte Klima mit heißen Sommern und kalten Wintern, das hier vorherrscht. Im Bundesstaat Florida im Südosten ist es dagegen subtropisch feuchtwarm. Hier liegen die Everglades, die berüchtigten Sümpfe, ein noch unberührtes Paradies für gefräßige Alligatoren, Schlangen sowie viele Vögel- und Insektenarten.

Wüsten, Canyons und Prärien

Auch an der Westküste Nordamerikas, im Süden Kaliforniens, ist das Klima tropisch warm. In riesigen Plantagen werden die Orangen und Zitronen angebaut, die wir im Winter in unseren Supermärkten kaufen können. Wer in Kalifornien morgens Lust

In den Everglades lauern gefräßige Alligatoren.

Die weiten Prärien sind ein ideales Weideland.

auf einen frisch gepressten Orangensaft verspürt, der geht einfach in sein Vorgärtchen und pflückt sich ein paar Apfelsinen oder Pampelmusen vom Baum. Bis zu fünfmal im Jahr werden in dem „Orangenland" auch Tomaten und Erdbeeren geerntet.

So fruchtbar ist das Land aber nur da, wo es künstlich bewässert wird. Im Landesinnern und weiter nach Oregon, Nevada und Arizona zu geht das Land in unwirtliche Sand-, Stein- und Halbwüsten über. Selbst in diesem lebensfeindlichen Wüstenklima leben aber Kojoten, kleine Füchse, Schlangen, Eidechsen und Krötenechsen, denen die Feuchtigkeit der kargen Wüstenpflanzen zum Überleben ausreicht.

Da, wo es in Nordamerika felsig wird, kommen auch die Talschluchten, die Canyons, vor. Ganz berühmt ist der Grand Canyon in Arizona, die größte Talschlucht der Erde mit 350 Kilometer Länge, sechs bis dreißig Kilometer Breite und 1600 Meter Tiefe. Die Schluchten hat der Colorado River in Jahrmillionen in das Plateau geschnitten. Die übereinander gelagerten Gesteinsschichten reichen altersmäßig von 600 Millionen

bis 280 Millionen Jahre vor unserer Zeitrechnung zurück.

Was wir aus Wildwestfilmen von Nordamerika am besten kennen, sind die weiten Grassteppen des Mittelwestens, die Prärien. In ihnen kann das Gras sogar mannshoch wachsen. Sie sind ein ideales Weideland für die Millionen von Bisons, die für die Prärieindianer früher lebensnotwendig waren. Diese nordamerikanischen Rinder gaben ihnen alles, was sie zum Leben brauchten: Fleisch, Milch, Leder, Horn und Knochen für ihre Pfeilspitzen. Das große Schlachten der Bisons begann übrigens, als die Weißen in den USA ihre Eisenbahnlinien bauten. Sie konnten einfach keine Rinderherden brauchen, die auf den Gleisen herumstanden und den Zugverkehr behinderten.

Im Süden von Nordamerika liegt Mexiko. Hier ist es trocken und heiß und es wachsen kaum Pflanzen außer anspruchslosen Kakteen und kargen Sträuchern. Die Tier- und Pflanzenwelt Mexikos ähnelt schon mehr derjenigen Mittel- und Südamerikas. Wie in den heißen Zonen der USA muss man auch hier auf Klapperschlangen gefasst sein.

Im Hochsprung Note 1 –
der Puma

Unhörbar taucht der silbergraue Puma unter dem schützenden Blätterdach hervor. Auf der untersten Astgabel des Ahornbaumes bleibt er leicht geduckt stehen. Sprungbereit wartet er ab, bis die Schafherde nahe genug heran ist. Dann, wie ein Blitz, schießt er aus zwölf Meter Höhe auf das Lamm herab, packt es noch im Sprung und ist, ehe sich der Schäfer versieht, mit ihm im Wald verschwunden.

Pumas sind immer in der Nähe von Wäldern anzutreffen. Oft leben sie in den Bergen, bis hinauf in beträchtliche Höhen. Sie sind hervorragende Springer, schaffen es, vom Boden auf einen sechs bis sieben Meter hohen Baum in einem Satz zu kommen. Akrobatisch balancieren sie dann in den Baumkronen von Ast zu Ast, immer bereit zum Absprung, wenn sie von ihrem erhöhten Standpunkt aus einen Hirsch oder kleinere Beutetiere wie Hasen, Wildkaninchen, Eichhörnchen oder Vögel ausgekundschaftet haben.

Pumas jagen auf dem ganzen amerikanischen Kontinent, von den Mischwäldern Kanadas im Norden bis zu den Regenwäldern Mittel- und Südamerikas. Sie sind schlank und anmutig, ähnlich wie die Löwenweibchen. Deshalb werden sie auch häufig „Silberlöwen" genannt. Sie sind vom Kopf bis zur Schwanzspitze etwa zwei Meter lang und werden bis zu 100 Kilogramm schwer. Menschen brauchen sich vor den Pumas nicht zu fürchten, denn sie sind eher scheue Tiere, die den Menschen aus dem Weg gehen.

Pumas sind Einzelgänger. Nur zur Paarungszeit wandern, jagen und schlafen Männchen und Weibchen gemeinsam und gehen sehr zärtlich miteinander um. Nach drei Monaten Tragzeit bringt das Weibchen in einer mit Moos und Laub ausgepolsterten Felsspalte oder Höhle ein bis fünf Junge zur Welt. Erst um den zehnten Lebenstag herum öffnen die Pumababys ihre Augen. Das Kinderkleid der jungen Pumas ist mit schwarzen Flecken übersät. Etwa ein Jahr, seltener zwei Jahre, bleiben die Jungen bei der Mutter, dann müssen sie sich ein eigenes Revier suchen. Wie bei den meisten Raubkatzen kümmert sich der Vater nicht um die Aufzucht der Jungen.

Ein prachtvoller Puma setzt zum Sprung auf die Beute an.

*Stinktiere verspritzen eine
übelriechende Flüssigkeit.*

Vorsicht Stinkbombe –
ein Skunk naht!

Als wir abends nach Hause gehen, sehen wir ein Stinktier, das sich kopfüber in eine Mülltonne gestürzt hat und lautstark darin herumwühlt. Es sucht nach Essensresten. Es ist mindestens einen halben Meter groß und sein gestreifter Schwanz wedelt hin und her. „Nichts wie weg!", brüllt meine Freundin Lilly. „Wenn es uns erwischt, dann stinken unsere Klamotten eine Woche lang."

Das Stinktier kann einen so übelriechenden Saft abspritzen, dass der Getroffene tagelang darunter zu leiden hat. Und das zottelige Tier tut das ganz gezielt. Bevor es seine stinkende Attacke ausführt, dreht es sein Hinterteil in Richtung Feind. Und dann gilt: Volle Deckung!

Kein Luchs, kein Bär und auch kein Hund vergreift sich deshalb an einem Skunk, und wenn doch, dann höchstens einmal. Nur Adler und andere Greifvögel jagen die Stinktiere. Die Raubvögel können nämlich fast nichts riechen.

Die Skunks gehören zu den Mardern. Sie bewohnen Höhlen und dunkle Felsspalten

und sie gehen nachts auf Raubzug. Wenn sie keine Abfälle finden, dann jagen sie Insekten und andere kleine Tiere, oder sie suchen nach Früchten und Beeren.

Lilly und ich schleichen uns also lieber auf einem Umweg ins Haus. Der Skunk poltert noch eine halbe Stunde lang in der Mülltonne herum und wühlt sämtliche Dosen, Fetzen und Tüten heraus.

Waschbären sind keine
Schmutzfinken

Der Waschbär steht inmitten des kleinen, reißenden Wildbaches. In seinen Pfoten hält er mit spitzen Krallen eine Tomate, die er soeben in einer Obstplantage stibitzt hat. Geschickt bückt er sich und taucht die rote Frucht in das kalte Wasser. Jetzt wäscht er die Tomate, taucht sie immer wieder ins

Waschbären tragen ihren Namen zu Recht.

Wasser, befingert sie und reibt sie mit den Pfoten sauber.

Die Angewohnheit des nordamerikanischen Waschbären, jede Beute erst sorgsam zu waschen, ehe sie verspeist wird, hat ihm zu seinem Namen verholfen. Die wissenschaftliche Erklärung für sein Verhalten ist umstritten. Manche Forscher glauben, dass Waschbären ihre Nahrung anfeuchten müssen um sie leichter schlucken zu können. Andere meinen, das „Waschen" sei eine krankhafte Verhaltensweise, die die Tiere nur an den Tag legen, wenn sie in Gefangenschaft leben. Das Rätsel des „Waschzwanges" konnte endgültig noch nicht geklärt werden.

Inzwischen waschen die Kleinbären mit dem buschigen, gestreiften Schwanz weiter: Vogeleier, Frösche, Fische und Krebstiere, Kartoffeln, Zuckerrohr und jungen Mais sowie Früchte und Beeren. Ob sie die Hühner, die sie aus Ställen geraubt haben, auch erst zur Tränke tragen, ist nicht gewiss.

Tagsüber ruhen sich die Räuber in hohlen Bäumen, Felsenhöhlen oder verlassenen Raubvogelnestern aus. Erst in der Dämmerung gehen sie auf Beutezug. Heimat des Waschbären sind die Misch- und Laubwälder der Vereinigten Staaten von Amerika. Und natürlich muss immer ein Fluss oder See in der Nähe sein.

Ein trauriges Kapitel: das Schlachten der Bisons

So weit das Auge reicht, Tausende, vielleicht Hunderttausende von Bisons. Bis zum Horizont der Prärie sind nichts als dunkelbraune, rotbraune und schwarze Bisons zu sehen, die behäbig Gras weiden. Ganz langsam zieht die unermesslich große Herde weiter. Ein tausendfaches Brummen und Muhen begleitet das Heer.

Die Bisons wurden das Opfer schießwütiger Soldaten und Jäger. Einst gab es viele Millionen – heute sind es nur noch wenige Tausend.

Doch das war einmal. Dann brach die Katastrophe über die Rinderherden herein. Das Abschlachten der Bisons vor 100 bis 200 Jahren in Nordamerika ist eines der traurigsten Kapitel zwischen Mensch und Tier. Siedler, Reisende, Jäger, Wilderer und sogar das Militär haben sich einen Spaß daraus gemacht, mit ihren Schießgewehren Hunderttausende von Bisons grausam abzuknallen. Und das, obwohl sie das Fleisch und die Häute meist gar nicht brauchten, wie früher die Indianer.

Als dann im Jahr 1830 mit dem großen Eisenbahnbau begonnen wurde, war es restlos um die Bisons geschehen. Sie blockierten die Geleise der „Union Pacific" oder anderer Eisenbahngesellschaften und wurden dafür fast bis auf das letzte Stück ausgerottet. Allein zwischen 1870 und 1875 wurden zweieinhalb Millionen Bisons mit Schnellfeuergewehren erlegt, zum Teil aus fahrenden Zügen heraus.

Erst 1889 war damit Schluss. Genau 1091 Bisons waren nur noch am Leben. Und mit den Bisons sind auch die Indianerstämme verschwunden. Sie hatten ihre wichtigsten Rohstofflieferanten verloren. Die Bisons hatten ihnen Fleisch, Häute, Horn, Knochen und Dung gegeben. Der Dung diente als Brennmaterial, die Knochen als Werkzeuge und Waffen, die Häute als Zeltwände. Seit 1902 schützt die amerikanische Regierung die Bisons und in den großen Nationalparks grasen jetzt wieder mehrere Herden.

Die Bisons sind keine Büffel, wie oft fälschlicherweise gesagt wird. Büffel, wie der Kaffernbüffel oder der Wasserbüffel, leben in Afrika und Asien. Die Bisons sind eine wildlebende Rinderart, Wiederkäuer mit massigem Leib und zwei kleinen Hörnern auf dem Kopf.

Die alten Bullen, die Kühe und Kälber der Bisons haben neben dem Fressen eine Lieblingsbeschäftigung. Sie legen sich gerne mit dem Rücken in Sandkuhlen und Grasmulden. Die Kolosse wälzen sich genüsslich am Boden und strampeln dabei mit den Beinen in der Luft. Wahrscheinlich reinigen sie ihr Fell von Insekten und kleinen Schmarotzern. Vielleicht entlasten sie auch nur ihre Beine für ein Weilchen. Immerhin müssen sie an die 1300 Kilogramm durch die Prärie tragen.

Die Paarungszeit der Bisons ist im Sommer. Wenn die Prärie in glühender Hitze brütet, suchen sich die Bullen eine Kuh aus. Sie betreiben keine Vielweiberei wie andere Horntiere, sondern begnügen sich mit einem Partner. Das Paar verlässt für einige Tage die Herde und ist zärtlich umeinander bemüht.

Die Tragzeit beträgt wie beim Menschen neun Monate und so kommen die jungen Bisonkälbchen im Frühling zur Welt.

Die verkannten Kojoten

Der Kampf der beiden Kojotenrüden ist beendet. Geschunden und zerbissen zieht der Verlierer den Schwanz ein und trollt sich. Aber, was für eine Überraschung! Das Weibchen, um das der blutige Kampf ging, entscheidet sich nicht für den Gewinner, sondern trottet mit dem Unterlegenen davon. Sie folgt ihm in seine Höhle, einen verlassenen unterirdischen Dachsbau. Künftig werden die beiden gemeinsam jagen und eine Familie gründen. Gemeinsam werden sie sich um die Aufzucht der Jungen kümmern. Vielleicht bleiben sie sogar ihr Leben lang zusammen.

Zwei Monate nach der Paarung bringt das Weibchen in einer Extrakammer am Höhlenende fünf bis sieben, manchmal sogar zehn Junge zur Welt. Kurz vor der Niederkunft schafft der werdende Vater dem Weibchen das Futter in die Höhle. Ist der Familienzuwachs erst da, verlässt der Vater das Heim und bezieht einen Bau ganz in der Nähe. Täglich bringt er dem Weibchen und den Jungen Kaninchen, Nagetiere und Aas in ihre Höhle. So lange, bis das Weibchen wieder selbst auf Nahrungssuche gehen kann. Kojoten sind nicht nur liebevolle Eltern, sondern auch sonst viel besser als ihr Ruf.

In manchen Staaten Amerikas zahlt man dagegen immer noch Abschussprämien für die angeblichen Viehräuber. In Wahrheit jedoch brechen Kojoten ganz selten in Haustierherden ein. Die hauptsächliche Nahrung der Wolfsverwandten besteht aus Kaninchen und Hasen. Und als Aasfresser sind die Kojoten eine Art „Gesundheitspolizei" und spielen eine wichtige Rolle in der Natur.

Kojoten sind sowohl im kalten Norden als auch im heißen Süden von Nordamerika anzutreffen.

Trotz vieler Versuche, die „Heulwölfe"
auszurotten, hat ihre Zahl in den letzten
Jahren in Nordamerika sogar noch zugenom-
men. Das ist der Beweis für die Zähigkeit der
Raubtiere. Denn außer den Menschen haben
die Kojoten noch andere gefährliche Feinde.
Selbst der Wolf, ihr nächster Verwandter,
macht Jagd auf sie. Ebenso Pumas und im
Süden von Amerika auch Jaguare.

Den Namen „Heulwolf" verdanken die
hundeähnlichen Tiere ihrem nächtlichen
Gesang, einem langgezogenen Heulton,
den man auch heute noch fast überall in der
amerikanischen Prärie vernehmen kann.

*Schon die kleinen Schwarzbären sind
geschickte Kletterer, die auf kleine
Bäume kraxeln können.*

Ein Jahr bei
den Schwarzbären

Es ist Mitte Januar. Das einsame Tal im Norden der Rocky Mountains liegt unter einer
dicken Schneedecke. In einer warmen Höhle
am Fuße einer knorrigen Eiche bekommt
eine Schwarzbärin gerade ihre Jungen.
Zwei kleine Bären bringt sie zur Welt und
das Erstaunliche dabei ist, dass die Bären-
mutter während der Geburt nicht aus ihrem
Winterschlaf erwacht. Die Bärenkinder sind
anfangs noch nackt und blind. Sie bleiben
in der Höhle, saugen an Mutters Zitzen und
wärmen sich an ihrem Pelz.

Erst Ende April, wenn der Winter den
ersten warmen Sonnenstrahlen weichen
muss, erwacht die Bärin aus ihrem tiefen
Schlaf. Ihre beiden Jungen haben jetzt schon
ein kuscheliges Fell und purzeln gleich hinter
der Bärin her, wenn die ihre ersten Erkun-
dungsgänge macht.

Die jungen Bären lernen schnell, was es alles zu fressen gibt. Sie sammeln Bienen, Beeren und Früchte und als besonderen Leckerbissen gibt es Ameisen. Die Bären fassen mit ihren Pranken mitten in einen Ameisenhaufen hinein und lecken die Insekten dann von ihren Pranken ab. Doch das sind alles recht kleine Portionen und so müssen die Bären ununterbrochen fressen, fast Tag und Nacht.

Bis zum Sommer sind aus den kleinen Bären schon gewandte Kletterer geworden. Die Bärin hält sich nämlich immer in der Nähe von verzweigten, alten Bäumen auf, die ihre Jungen leicht besteigen können. Kommt ein alter, hungriger Schwarzbär oder, noch schlimmer, ein Grizzlybär in ihr Revier, dann kraxeln die Jungen rasch auf die Bäume. Die Bärin stellt sich dem Eindringling schnaubend entgegen.

Im Sommer ist Paarungszeit für die Schwarzbären. Die Bärenmännchen wandern manchmal Hunderte von Kilometern weit um eine Bärin zu finden. Doch damit nicht genug. Meist dauert es Tage, bis die Bärin gewillt ist, einen Freier zu erhören. Bis dahin muss sich der Arme so manchen heftigen Prankenhieb gefallen lassen. Nach der Paarung trennen sich die Schwarzbären wieder und durchstreifen alleine die weiten Wälder.

Wenn der Herbst kommt, gilt es, einen dicken Winterspeck zu bekommen. Die Schwarzbären steigern sich dann in einen regelrechten Fressrausch hinein. Zwanzig Stunden am Tag fressen sie ununterbrochen. Die jungen Bären wiegen jetzt 25 Kilogramm und haben die letzte Gelegenheit, vor dem Winter vom Muttertier zu lernen. Schon im nächsten Jahr werden sie alleine auf Wanderschaft gehen und eigene Reviere besetzen. Nur jedes dritte Junge wird mehr als drei oder vier Jahre alt. Dann sind sie ausgewachsen und wiegen an die hundert Kilogramm.

Ein Graureiher legt eine Feder aufs Wasser um damit Fische zu ködern.

Floridas Graureiher, die Trickangler

Nur im Wasser stehen und warten, bis ein Fisch geschwommen kommt – das ist dem Graureiher zu langweilig. Da hat er bessere Anglertricks drauf. Mit seinem langen Schnabel schnappt er sich geschickt eine kleine Feder und lässt sie über die Wasseroberfläche gleiten. Von Zeit zu Zeit stupst er sie an und sie dreht sich wie ein Fliegenköder auf dem Wasser. Mehrmals hintereinander legt der Graureiher seine Köder aus, bis sich schließlich ein Fisch hat täuschen lassen. Als er nach dem Köder schnappt, stößt der Graureiher mit seinem Schnabel wie mit einem Degen zu und spießt den Fisch auf. Dann schluckt er ihn einfach hinunter.

Später stakst der Reiher Schritt für Schritt über die Uferwiese. Langsam schleicht er mit den Stelzbeinen im hohen Gras umher. Er späht mit wachen Augen nach Fröschen, Mäusen und Insekten. Seine beiden Jungreiher im Nest am Ufer sind schon hungrig.

Sein Nest ist nur eines von vielen Reihernestern hier in den Everglades. Dieses riesige Sumpfgebiet im Süden von Florida beherbergt 16 Reiherarten. Die Reiher brüten in Kolonien. Viele Uferbäume und Büsche mit starken, knorrigen Astgabeln sind ihre Nestbäume.

Die Graureiher müssen sich 30 Tage um ihre Jungen kümmern. Dann können sie fliegen und sich selbst versorgen. Aber es dauert seine Zeit, bis sie alle Anglertricks der Eltern beherrschen.

Die Klapperschlangen warnen uns

Die Klapperschlange erkennt genau, ob etwas als Beute in Frage kommt oder nicht. Ist ihr Gegenüber zu groß, dann ist sie so freundlich vor ihrem Biss zu warnen. S-förmig richtet sie den Vorderkörper auf und rasselt mit mehreren verhornten Hautringen am Schwanz laut und deutlich. Ältere Klapperschlangen – manche sollen an die 20 Jahre sein – haben eine längere Rassel am Schwanz als jüngere. Bei jeder Häutung, und das ist zweimal im Jahr, bildet sich nämlich ein weiterer Ring an der Rassel.

Woran erkennt eigentlich die Schlange, wer ihr gegenübersteht? Hören kann sie nichts, dafür aber sehr gut riechen. Mit ihrer gespaltenen Zunge nimmt sie feinste Duftstoffe auf und riecht dann mit einem Organ im Maul genau, wen sie vor sich hat. Darüber hinaus hat sie an der Stirn zwei Grübchen, mit denen sie Wärmestrahlung wahrnimmt. Selbst Unterschiede von einem zehntel Grad in ihrer Umgebung kann sie noch wahrnehmen.

Klapperschlangen sind verteufelt giftig. Früher, im Wilden Westen, haben die Cowboys und Siedler brutale Methoden angewendet um einem Gebissenen zu helfen. Sie streuten dick Schießpulver in die Bisswunde und entzündeten es, oder sie pressten gleich einen brennenden Holzscheit ins Fleisch. Und beides hat geholfen. Das Gift der Klapperschlange ist nämlich eine Art ätzender Verdauungssaft. Es braucht seine Zeit, bis es immer tiefer ins Fleisch und ins Blut eindringt. Wenn die Wunde ausgebrannt wurde, verbrannte auch meist das Gift. Heute spritzt der Arzt dem Gebissenen schnell ein Gegengift und zurück bleibt meist nur ein großer Schrecken.

In Texas werden alljährlich richtige Schlangenrodeos abgehalten. Da rasseln dann 20 oder 30 ausgewachsene Klapperschlangen in einer Arena und den ersten Preis bekommt der Mann, der in einer Minute die meisten Klapperschlangen in einen Sack stecken kann. Mit bloßen Händen, wohlgemerkt!

Warum die Klapperschlangen nicht davonkriechen bei so einem Spiel? Klapperschlangen sind sehr langsam. Sie können zwar rasend schnell zubeißen, aber nur ganz gemächlich davonkriechen. Darum brauchen sie auch ihr Gift. Eine Ratte, eine flinke Maus oder ein Kaninchen könnten sie nicht lange verfolgen. Entweder die Schlange lähmt die Tiere mit ihrem Gift oder die Beute ist weg. Und spätestens alle 14 Tage muss die Klapperschlange etwas zu fressen bekommen.

Die Klapperschlange rasselt laut mit dem Schwanzende.

Die Kanincheneule ist zu Gast bei den Präriehunden.

Im Spätsommer gebären die Klapperschlangen etwa zehn lebende Junge. Sie können schon beißen, aber noch nicht rasseln. Dazu müssen sie sich erst mehrmals häuten. Klapperschlangen sind sogenannte Grubenvipern und leben oft in dichten Knäueln in Erdhöhlen in den Steppen und Wüsten Amerikas.

Die Präriehunde haben ungebetene Gäste

Die Präriehunde leben in weitverzweigten Wohnsiedlungen unter der Erde. In Texas gab es früher eine unterirdische Riesenstadt, in der über 100 Millionen (!) Präriehunde lebten – auf einem Gebiet, das fast so groß ist wie Bayern.

Die Präriehunde sind keine Hunde, sondern niedliche, etwa 30 Zentimeter kleine Erdhörnchen. Ihren Namen gaben ihnen die kanadischen Fallensteller, weil sie kläffen wie Hunde, wenn der Sippe Gefahr droht. Auf aufgehäuften Sandwällen stehen stets einige Präriehunde vor den Schlupflöchern zum Bau Wache, während die anderen spielen oder fressen. Auf ihr Bellen hin verschwinden alle Erdhörnchen flugs im Bau.

Die Sandwälle haben übrigens die Funktion von Deichen. Sie dienen dazu, den Riesenbau mit Hunderten von Ausgängen, kilometerlangen Verbindungsstraßen und zahllosen Wohnkesseln vor Überschwemmungen zu schützen.

In der Zeit von April bis Mai bringen die Präriehundeweibchen ihre Jungen zur Welt. Nur selten bekommt ein Weibchen mehr als fünf Junge. Das ist für Nagetiere ausgesprochen wenig. Die Babys sind nackt und blind und öffnen erst nach fünf Wochen die Augen.

Im Präriehundebau halten sich übrigens häufig auch ungebetene Gäste auf. Nicht selten dient ein verlassener Höhleneingang der Kanincheneule als Behausung. Da hinein legt sie ihre Eier und brütet sie aus. Und manchmal verirren sich sogar Klapperschlangen zum Überwintern in das Höhlenlabyrinth. Beide Tiere sind im Freien erbitterte Feinde der Präriehunde. Im Bau besinnen sie sich auf ihre Pflichten als Untermieter und lassen ihre Gastgeber weitgehend in Ruhe.

Ein edles Wappentier – der Weißkopfseeadler

Wer weiß auf Anhieb, wie das Wappen der Vereinigten Staaten von Amerika aussieht? Es zeigt einen Weißkopfseeadler, der mit der linken Klaue ein Bündel Pfeile umkrallt und mit der rechten einen Olivenzweig.

Von den Aufwinden der Küste lässt er sich manchmal kilometerhoch in die Lüfte tragen und schwebt dann unerreichbar über allem Irdischen. Der Weißkopfseeadler hat keine natürlichen Feinde außer den Menschen, die immer größere Gebiete beanspruchen und

Der Weißkopfseeadler hat einen Fisch gesichtet.

enorme Mengen an Insektengiften versprühen. Trotzdem findet man manchmal Nester von Adlern an ganz ungewöhnlichen Stellen. So auf einem Strommasten in Kap Canaveral, dem amerikanischen Raumfahrtzentrum, oder auf einem Brückenpfeiler am Rande der Stadt New York.

Der Weißkopfseeadler ist genauso groß wie unser selten gewordener Steinadler. Seine Flügel haben eine Spannweite bis zu zweieinhalb Metern. Adler suchen sich immer hochgelegene Nistplätze aus. Von da können sie gut nach unten abgleiten und leicht Beute schlagen: fliegende Vögel, kleine bis mittelgroße Tiere am Boden oder Fische, die sich zu weit an die Wasseroberfläche gewagt haben.

Wie eine Wolke rauscht der dunkle Vogel mit dem weißen Kopf über den See, streckt seine Greifklauen aus und packt einen Fisch am Rücken. Dann schlägt er mehrmals kräftig mit den Schwingen, reißt den zappelnden Fisch aus dem Wasser und fliegt schwer beladen davon. Meist hat er zwei bis drei Küken im Horst zu versorgen.

Zum Glück vermehren sich die Adler in den USA wieder reichlich. Nachdem das Insektengift DDT verboten wurde und auch die Jagd nach den edlen Greifvögeln, haben sich die knappen Bestände gerade wieder vergrößert. Von Oktober bis Januar lässt sich jetzt wieder ein dramatisches Naturschauspiel beobachten. Mehrere tausend Adler kommen zum Chilkat-Fluß und machen sich über die Lachse her, die flussaufwärts zu ihren Laichgründen wandern. Die Lachse springen immer hoch aus dem Wasser, und die Adler haben ein leichtes Spiel sich einen dicken Winterspeck anzufressen.

Schon die Indianer haben Truthühner als Haustiere gehalten, weil ihnen das magere Fleisch schmeckte.

Truthühner
für den Thanksgiving Day

Das ganze Jahr über freuen sich die amerikanischen Kinder auf den Thanksgiving Day, der immer am letzten Donnerstag im November gefeiert wird. Das ist das gleiche wie unser Erntedankfest. Jede Hausfrau, die es sich leisten kann, bringt an diesem Feiertag gebratenen Truthahn auf den Tisch. Das ist in Nordamerika so Tradition.

Der Truthahn oder Puter ist ein großer Hühnervogel, der mit schönen grünen, gold-, kupfer- und bronzefarbenen Federn geschmückt ist. Der Hahn kann bis zu 18 Kilo schwer werden, das Huhn oder die Pute ist wesentlich kleiner. Leider sind Kopf und Hals der Truthähne und Truthühner völlig nackt und unbefiedert. Der Kopf ist bläulich und der Hals rot gefärbt. Die nackten Stellen sind mit Warzen und Hautfalten übersät, sodass sie keinen besonders hübschen Anblick bieten. Von der Gurgel hängt zudem ein schlaffer Hautsack herunter.

Wilde Truthühner lieben den Wald und die Gesellschaft. Tagsüber picken immer größere Gruppen am Waldboden nach Eicheln, Bucheckern, Kastanien, allen möglichen Nüssen, Wildkirschen oder Weintrauben. Sie mögen aber auch Insekten, Spinnen und Heuschrecken. Zum Schlafen ziehen sie sich gemeinschaftlich auf bestimmte Schlafbäume zurück.

Truthühner fliegen nur ungern und laufen lieber. Und sie rennen schnell und ausdauernd. Ein Wissenschaftler verfolgte einmal Wildtruthühner stundenlang auf einem Pferd und es gelang ihm nicht, sie zu überholen. Trotzdem können sich die gewichtigen Tiere auch in die Lüfte erheben, allerdings nicht über sehr lange Strecken.

Im Frühjahr wirbt der Hahn um die Hennen. So viele wie möglich versucht er durch seine Balz anzuziehen. Da spreizt er dann die Federn, was ihn noch größer und eindrucksvoller erscheinen lässt, und er plustert den Kopf und den Hals auf.

So stolziert er vor den Hennen auf und ab und stößt Laute aus, die so klingen wie „Gobbelobbel-obbel". Wegen dieser Balzlaute nennen ihn die Amerikaner scherzhaft auch den „Gobbler".

Der Rennkuckuck und die Klapperschlange

Er kann wirklich unglaublich schnell rennen. Sonst würde er es niemals mit einer jungen Klapperschlange aufnehmen. Aber ehe sich die Giftschlange aufrichten und zustoßen kann, ist der Rennkuckuck schon wieder außer Reichweite. Im nächsten Augenblick trippelt er geschwind von der anderen Seite auf die Schlange zu, versetzt ihr mit seinem starken Schnabel ein paar kräftige Hiebe auf den Kopf und rennt wieder weg. Das macht der Rennkuckuck so lange, bis die Schlange betäubt ist und der kleine Laufvogel sie töten kann. Rasch verzehrt der merkwürdige Kuckucksvogel seine Beute, ehe er auf dem felsigen Wüstenboden davonhüpft.

Die Sonne über der Steinwüste Nevadas steigt unerbittlich höher und schon bald ist es unerträglich heiß. Der Rennkuckuck, der sich morgens schon satt gefressen hat, zieht sich jetzt wie viele Wüstenbewohner in eine Felsenhöhle oder unter einen schattenspen-denden Strauch zurück. Dort verdöst er den Rest des Tages. Erst am Abend, wenn die Hitze nachlässt, wagt er sich wieder hervor und hält eifrig nach Eidechsen und Heuschrecken, Vögeln und Mäusen Ausschau.

Das Rennkuckucksweibchen legt übrigens seine Eier nicht in fremde Nester, wie das unser einheimischer Kuckuck macht. Es baut im Dickicht ein Nest und legt seine Eier hinein. Zwei bis drei Wochen lang brüten das Männchen und das Weibchen abwechselnd. Wenn dann die drei bis sechs Küken ausschlüpfen, sind sie schwarz und fast nackt.

Wie der Name schon sagt, geht der Rennkuckuck meistens zu Fuß. Mehr noch: Er läuft in seinem Revier mit ziemlicher Geschwindigkeit herum, hebt hier und dort ein Schlammstückchen auf und schaut nach, ob etwas Essbares darunter ist. Er bewegt sich dabei mit etwa 24 Kilometer pro Stunde fort. Wenn er aber verfolgt wird, etwa von einem Auto oder einem Hund, dann kann er leicht Tempo 40 erreichen – soviel wie

Die Klapperschlange bäumt sich zum Biss auf – der Rennkuckuck ist jedoch schneller.

183

ein Auto im Stadtverkehr. Und das ist eine ganz schöne Leistung für einen Vogel, der nicht mehr als etwa 65 Zentimeter lang ist. Dreht der Rennkuckuck mitten im Lauf seine steifen Schwanzfedern zur Seite, dann kann er urplötzlich die Richtung ändern oder auch im vollen Lauf stehen bleiben. Solche Tricks bringen jeden Verfolger ins Schwitzen.

Wenn es unbedingt sein muss, kann der Rennkuckuck sogar fliegen. Aber sein Flug ist plump und ungeschickt und geht meist nur über kurze Strecken. Rennkuckucke gibt es in allen nordamerikanischen Wüsten und in Mexiko.

Die Bären beim Lachsmenü

Der zottelige Grizzlybär steht bis zu den Knien im reißenden Wildbach. Er hebt die rechte Pranke, wartet einen Augenblick lang und schlägt dann kräftig ins glasklare Wasser. Es spritzt und schon hat er einen zappelnden Lachs in der Pfote.

Es ist schon der neunte Fisch, den Meister Petz heute aus dem Wasser geholt hat. Immerhin bis zu 15 Lachse kann so ein Bär an einem Tag verputzen. Weiter oben stehen noch andere Bären, die sich ebenfalls die Bäuche mit Lachsfleisch voll schlagen.

Jetzt im Herbst schwimmen die Lachse die Flüsse herauf. Selbst steile Stromschnellen überspringen sie flussaufwärts bei ihrer Wanderung vom Meer zu den Laichgründen.

Man hat schon Lachse gesehen, die über fünf Meter weit und drei Meter hoch gesprungen sind. Und wenn die Lachse durch seichtes Wasser kommen, haben die Bären ein leichtes Spiel. Das Angebot ist so reichhaltig, dass sich sogar die Schwarzbären, die Braunbären und die Grizzlys miteinander vertragen, die sonst ganz schnell aufeinander losgehen. Aber hier fressen sie sich einträchtig nebeneinander ihren Winterspeck an. Denn sie haben so viel Beute, dass sie manchen Fang einfach liegen lassen, über den sich dann die Vögel freuen.

Trotzdem schaffen es noch Abertausende von Lachsen, ihr Ziel zu erreichen. Ihre Laichgründe sind die Quellgebiete der Flüsse, zum Beispiel des Yukon im Norden von Kanada. Die Lachse schwimmen, bis sie in ganz seichtes Wasser kommen. Und dann spielt sich ein dramatisches Naturschauspiel ab: Alle Lachse, die dicht unter der Wasseroberfläche herumzappeln, geraten plötzlich in wilde Erregung. Die Weibchen legen in eine Laichgrube, die sie vorher gegraben haben, ihre Eier ab. Und die Männchen geben die Samen darüber. Dann sterben die meisten Lachse vor Erschöpfung. Sie haben nämlich die ganze Reise vom Meer bis zu den Laichgründen nichts gefressen. Die Flachwasser sind dann übersät von toten Lachsen.

Auch Grizzlybären sind Feinschmecker: Aus den Wildbächen der Rocky Mountains fischen sie bis zu fünfzehn Lachse täglich.

Der Quinnat ist der größte Lachs.

Aus den Eiern aber entstehen neue Lachse, die wie ihre Eltern die vielen tausend Kilometer bis zum Meer zurücklegen. Dort leben sie dann, bis sie geschlechtsreif geworden sind. Das kann, je nach Art, zwischen zwei und sieben Jahre dauern. Dann machen auch sie sich auf den beschwerlichen Weg flussaufwärts zu den Laichgründen, wo sie zur Welt gekommen sind.

Der Quinnat ist der größte der pazifischen Lachse. Ein ausgewachsenes Männchen wiegt bis zu 45 Kilogramm. Obwohl der Quinnat die weitesten Laichwanderungen macht, scheint ihm das nicht viel auszumachen. Man hat Quinnats gefangen und markiert. So konnte man feststellen, dass viele nach dem Ablaichen wieder zurück ins Meer trieben und dort noch eine Weile lebten. Manche Quinnats wandern den Yukon 4 000 Kilometer flussaufwärts – wahrlich eine beachtliche Leistung!

Das Opossum stellt sich tot

Die Opossums haben eine wirksame Methode der Verteidigung: Wenn sie sich bedroht fühlen, legen sie sich einfach hin und stellen sich tot. Sie bleiben so lange regungslos liegen, bis der Angreifer wieder abzieht. Egal, ob sie geschlagen oder sonst wie gepeinigt werden, sie rühren sich nicht von der Stelle.

Seit über 90 Millionen Jahren haben die Opossums damit Erfolg. So lange gibt es sie schon auf unserer Erde. Und weil sie in dieser unendlich langen Zeit weder ihr Aussehen noch ihr Verhalten verändert haben, bezeichnet man sie als „lebendes Fossil".

Das Opossum ist ein Allesfresser. Es vertilgt Eidechsen, kleine Säugetiere und Vögel ebenso wie Eier, Aas und sogar Abfälle. Es schlemmt aber auch gerne saftige Früchte. Und es scheut sich nicht davor, in einen Hühnerstall einzudringen.

Das Opossum gehört zu den Beutelratten.

Opossums vermehren sich sehr stark. Zweimal im Jahr bringt das Opossumweibchen bis zu 18 Junge zur Welt. Nackt und blind klettern die Neugeborenen, die nur so groß sind wie eine Biene, in den Beutel der Mutter. Drei Monate lang säugen sie an ihren Zitzen. Erst wenn sie größer sind, dürfen sie sich am Rücken der Mutter festkrallen und werden so durch die nordamerikanischen Wälder mitgeschleppt.

Opossums sind die einzigen Beuteltiere, die es heute in Nord- und Mittelamerika gibt. Sie sind vor Tausenden von Jahren aus Südamerika eingewandert. Beuteltiere gibt es sonst nur noch in Australien. Die Opossums zählen zur Familie der Beutelratten und sie sehen auch aus wie große Ratten. Mit ihrem langen Schwanz sind sie etwa 90 Zentimeter lang. Weil ihr Pelz sehr wertvoll ist, werden sie viel gejagt.

Die Alligatoren in den Sümpfen Floridas

Die Mississippi-Alligatoren leben im Südosten der USA, im Stromgebiet des Mississippi oder in den Everglades. Das sind die riesigen Sümpfe im US-Staat Florida. Hier ist es feucht und heiß, es wachsen tropische Bäume wie Palmen, Mahagonibäume und Zypressen. Es herrscht ein Klima, wie es den Alligatoren behagt. Ihre Lieblingsbeschäftigung ist nämlich das Sonnenbaden. Faul liegen sie auf den Uferböschungen und lassen sich die Sonne auf den Rücken brennen.

Die Alligatoren verschlingen vor allem Fische, Schlangen, Vögel und kleine Säugetiere wie Bisamratten oder Mäuse. Nur die ganz großen Alligatoren, die bis zu sechs Meter lang wurden, zogen gelegentlich einen Hirsch oder eine Kuh ins sumpfige Wasser. So große Exemplare gibt es aber heute nicht mehr. Selten sind die nordamerikanischen Alligatoren länger als drei Meter.

Wie ihre Vorfahren, die Dinosaurier, brauchen auch die Alligatoren die Sonne zum Leben. Sie sind wie alle Reptilien wechselwarm und verfallen bei Kälte oder nachts in eine Starre. Erst die Sonne lässt ihre Körpertemperatur wieder ansteigen. Wird es den Alligatoren jedoch zu heiß, dann sperren sie weit ihren Rachen auf. Nur so kann die überschüssige Wärme den Körper wieder verlassen. Alligatoren können nämlich nicht schwitzen wie wir Menschen. Sie können sich auch abkühlen, indem sie ins Wasser springen. Sie tauchen dann so weit unter, dass nur noch die Augen und die Nasenöffnungen an der Schnauzenspitze herausragen. Die liegen etwas erhöht, so dass der Alligator sehen, atmen und hören kann, auch wenn der übrige Körper unter Wasser ist.

Die Alligatoren gehören zur Familie der Krokodile. Sie sind etwas behäbiger als ihre afrikanischen Verwandten. Diese Krokodilfamilie lebt schon seit 200 Millionen Jahren auf unserer Erde und zählt damit zu den „lebenden Fossilien“.

In den Sümpfen Floridas leben die gefräßigen Mississippi-Alligatoren.

Mittel- und Südamerika

Die Landschaft Südamerikas wird von menschenleeren Hochgebirgen, Urwäldern und Savannen geprägt.

Die Landbrücke zwischen Nord- und Süd-amerika nennt man Mittelamerika. Es umfasst die Staaten Mexiko, Guatemala, El Salvador, Honduras, Nicaragua, Costa Rica und Panama. Hinzu kommen die Inselgruppen der Antillen und der Bahamas, also die Karibik. In Mittelamerika herrscht noch eine rege Vulkantätigkeit. Die Folge sind häufige Erdbeben. Die Pflanzen- und Tierwelt ist ähnlich wie im angrenzenden Südamerika.

Südamerika umfasst ungefähr zwölf Prozent der Landfläche der Erde. Hier leben aber nur 5,5 Prozent der Weltbevölkerung. Weite Teile des Kontinents sind also nur dünn besiedelt. Die Gebirge, Urwälder und Savannen sind sogar weitgehend menschenleer.

Im Westen des Kontinents erstreckt sich die längste und zweithöchste Bergkette der Welt, die Anden. In der Nordhälfte Südamerikas wuchert im Becken des Amazonas der weltgrößte tropische Regenwald. Daneben gibt es Wüsten, Halbwüsten und schließlich die Pampas, die riesigen Weidesteppen, in denen Millionen von Rindern grasen. Tausend Kilometer von Südamerika entfernt liegen im Pazifischen Ozean die Galapagosinseln. Hier hat sich eine einzigartige Tierwelt erhalten. Drachenähnliche Meerechsen liegen zu Tausenden auf den wasserumspülten Klippen. Elefantenschildkröten, die bis zu 300 Kilo schwer werden, laben sich an Kakteen. Und die zutraulichen Darwinfinken bevölkern das Gestrüpp.

Im Hochland der Anden

Lamas und Alpakas weiden auf den kargen Gebirgswiesen im Andenstaat Peru, umgeben von den schneebedeckten Gipfeln und ewigen Gletschern des Hochgebirges. Über 6 000 Meter hohe Berge gibt es hier, dick eingehüllt in ewiges Eis. Darüber leuchtet ein stahlblauer Himmel. Die Gebirgsluft ist kalt und klar. Lamas und Alpakas sind die Haustiere der Andenvölker. Sie liefern ihnen schon seit Jahrtausenden Wolle und Fleisch und schleppen schwere Lasten hoch hinauf in ihre Dörfer.

Etwa zehn Millionen Indianer leben noch in den Andenhochländern, vor allem in Bolivien, Ecuador und Peru. Das ganze Jahr über trotzen sie Wind und Wetter. Denn über die Graslandschaften in 4 000 Meter Höhe peitscht im Sommer wie im Winter ein kalter Wind. Die Temperaturen sinken nachts bis unter den Gefrierpunkt und die Luft ist dünn. Aber schon das Volk der Inkas betrieb hier Ackerbau und Viehzucht. Die Indios von heute folgen dieser Tradition.

Noch höher hinauf klettern die seltenen Vicunjas, das sind wilde, höckerlose Kamele. Sie liefern die beste und kostbarste Wolle der Welt. Im Inkareich durften sich nur die Könige in Kleider aus Vicunjawolle hüllen. Und über den zerklüfteten Felsen des Hochgebirges zieht der Kondor seine Kreise. Mit einer Flügelspannweite von über drei Metern ist er der größte Greifvogel der Welt. Geschickt nutzt er die Aufwinde und lässt sich von ihnen hoch emportragen ohne einen einzigen Flügelschlag zu tun.

Die höchsten Gipfel der Anden sind 7 000 Meter hoch.

Die Pampas
im Herzen Südamerikas

Ein wogendes Meer von Gräsern erstreckt sich bis zum Horizont. In den Pampas, den Grassteppen Argentiniens, verstellt kein Baum oder Berg den Blick. Der Pampashirsch findet im hohen Gras Schutz und Nahrung. Mit ihm gemeinsam äsen die Nandus, die südamerikanischen Riesenvögel, die nicht fliegen können, weil sie dazu viel zu schwer sind. Auch Nagetiere wie Opossums, Viscachas oder Meerschweinchen sind in dieser Steppenlandschaft daheim.

Die Pampas zählen zu den fruchtbarsten Regionen des Kontinents. Deshalb lassen die Viehzüchter hier ihre Rinder und Pferde weiden. Viele Wildtiere mussten ihnen inzwischen weichen.

Das Klima in den südamerikanischen Steppen ist warm. Aber die Niederschläge reichen für das Wachstum von Wäldern nicht aus. Es regnet nur ein- oder zweimal im Jahr. Dann erblüht das Grasland in frischem Grün.

Die grüne Hölle Amazoniens

Wo der Amazonas mit seinen zahllosen Nebenflüssen träge durch die südamerikanischen Urwälder fließt, befindet sich das größte tropische Regenwaldgebiet der Erde. Der Amazonas ist der zweitlängste Fluss der Welt. Von seinen vielen Nebenflüssen sind allein 17 länger als 1500 Kilometer. Das ganze Amazonasbecken umfasst etwa 6,5 Millionen Quadratkilometer und ist damit zwölfmal so groß wie Frankreich. Viele eingeborene Indianer haben hier ihr Zuhause und kommen in der menschenfeindlichen „grünen Hölle" Amazoniens gut zurecht.

Hier ragen Baumriesen bis zu 70 Meter himmelwärts. Darunter formen sich niedrigere Bäume zu einem geschlossenen Blätterdach. Teak-, Palisander-, Ebenholz- und Mahagonibäume sind Kostbarkeiten im Urwald. Viele der Urwaldriesen müssen fallen, damit ihr Holz nach Europa und Amerika verkauft werden kann. Ein Stockwerk tiefer bilden Farne und Sträucher, Büsche und kleine Bäume einen Wald für sich. Lianen ranken in dicken Strängen bis zum Boden herunter.

Die Luft ist feucht und stickig. Es ist brütend heiß und riecht nach Moder. Wolken von Moskitos und viele tausend andere stechende, beißende und saugende Insekten schwirren durch die Luft. Fleischfressende Pflanzen locken sie mit ihren leuchtenden Blüten und mit betörenden Düften an um sie zu verschlingen. Klatschend fällt eine reife Kokosnuss auf den morastigen Dschungelboden. Die Alligatoren heben bei dem Geräusch nicht einmal mehr den Kopf, so vertraut ist es ihnen. Behäbig lauern sie weiter am Rande des kleinen Sees auf ihre liebste Speise, die Wasserschweine.

Einige der schönsten und seltsamsten Tiere der Welt sind im südamerikanischen Regenwald zu Hause. Der Quetzal mit seinen langen tiefroten und schillernd grünen Federn ist so schön, dass man ihm den Beinamen „der Göttervogel" gegeben hat. Der Tukan hat einen riesengroßen, bunten Schnabel, der fast so groß ist wie sein ganzer Körper. Viele Papageienarten mit farbenfrohem Gefieder tragen mit ihrem Krächzen zum Urwaldkonzert bei. Und muntere Kolibris schwirren jagend durch das Blätterwerk. Manche Art ist nicht größer als eine Zündholzschachtel. Weil sie im Sonnenlicht so wunderhübsch funkeln, nennt man sie auch die „fliegenden Edelsteine".

Der Dschungel des Amazonasgebietes ist geheimnisvoll und undurchdringlich. Im größten Regenwald der Welt sind schöne und seltene Tiere zu Hause. Die „grüne Lunge" der Erde gerät durch den Menschen in Gefahr: Er rodet den Urwald um Weideflächen zu schaffen und Straßen zu bauen.

Anakonda, die größte Schlange der Welt

Der Mann verzerrt das Gesicht vor Schmerz. Schon dreimal hat sich der Leib der Riesenschlange um seine Brust gewunden. Mit beiden Händen umkrampft der Mann den Hals der Schlange und in einem Ringen auf Leben und Tod versucht er das aufgerissene Maul der Riesenschlange von sich zu halten. Wie ein Schraubstock umschlingt jetzt die Schlange den ganzen Leib des Mannes, enger und enger presst sie seinen Brustkorb zusammen. Es scheint um ihn geschehen, doch da ertönt ein lautes „Klappe, Schnitt, Kamera aus!".

Wir sind Zeuge bei den Dreharbeiten zu einem Abenteuerfilm im Amazonasdschungel. Und in diesem Film darf die Anakonda, die mächtigste Riesenschlange der Welt, natürlich nicht fehlen. Neun Meter kann sie lang werden und 150 Kilo schwer. Für den Film wurde nur ein kleineres Exemplar ausgewählt. Es ist nur vier Meter lang, noch träge von der letzten Fütterung und mit einer Spritze betäubt. Und der Schauspieler ist in Wahrheit ein Tierfänger, der sich die schlappe Anakonda selbst um die Brust geschlungen hat, damit es im Film wie ein echter Kampf aussieht.

In der freien Wildbahn wird so ein Kampf sicherlich nur ganz, ganz selten vorkommen. In erster Linie jagt die Anakonda nämlich kleine Wasserschweine, Vögel, junge Tapire oder andere kleine Säugetiere, aber keine Menschen. Trotzdem bestünde für einen Menschen möglicherweise Lebensgefahr, wenn er einer ausgehungerten Anakonda begegnen würde, nachdem etwa sein Boot in einem sumpfigen Nebenfluss des Amazonas gekentert ist und er durch das Mangrovendickicht an Land schwimmen müsste. Im sumpfigen Ufergebüsch und im schlammigen Wasser lauert die Anakonda nämlich am liebsten auf Beute. Sie erwürgt ihre Opfer durch Umschlingen und schluckt sie mit dem Kopf voraus im Ganzen hinunter. Dann ist das Riesentier für Wochen satt und es liegt dickbäuchig und zusammengerollt in einem Versteck.

Die Anakonda ist mit neun Meter Länge die größte Riesenschlange der Welt.

Das Wasserschwein ist ein Nagetier und sieht aus wie ein riesenhaftes Meerschweinchen.

Die Wasserschweine haben viele Feinde

Man stelle sich ein riesengroßes Meerschweinchen vor, 1,30 Meter lang und 65 Kilo schwer. So kann man sich das Wasserschwein vorstellen, das größte Nagetier der Erde.

Wasserschweine leben gesellig in kleinen Gruppen in den Urwäldern des Amazonas, aber auch in den unendlichen Grasebenen Südamerikas. Sie nagen die Rinde von jungen Bäumen ab, fressen Wasserpflanzen und Gras. Wie schon ihr Name sagt, halten sich die Wasserschweine gerne an Flüssen und Seen auf. Sie haben Schwimmhäute zwischen den Fingern und Zehen und sie sind ausgezeichnete Schwimmer. Bei Gefahr können sie bis zu zehn Minuten unter Wasser bleiben.

Wenn die Wasserschweine nicht gerade ein Sonnenbad am Flussufer nehmen, dann fressen oder ruhen sie im Wasser. Nur Kopf und Rücken ragen aus der von Algen überzogenen braunen Brühe. Blatthühnchen trippeln ungestört über ihren Buckel hinweg.

Lauert am Flussufer jedoch ein Alligator oder eine Anakonda, die gefährliche Riesenschlange, dann bedeutet das für die Wasserschweine höchste Gefahr. Denn sie sind die Lieblingsmahlzeit der Flussräuber. An Land müssen sich die Riesennager vor dem Puma und dem Jaguar, vor Waldfüchsen und vor Boas in Acht nehmen. Und natürlich vor dem Menschen, der das Nagetier wegen seines schmackhaften Fleisches sehr schätzt.

Pekaris, die Killer unter den Wildschweinen

Pekaris, die gefürchteten wilden Nabelschweine, sind gefährlicher als ein Jaguar, angriffslustiger, bösartiger und mutiger als ein Tiger. Hauptsächlich nachts durchstreifen sie in kleinen Trupps das Dschungeldickicht und die Flussufer nach Früchten und Wurzeln, Vogeleiern und Kleintieren. Mit ihren kräftigen Hufen bringen die Pekaris sogar Schlangen um. Der Biss einer Giftschlange kann ihnen nichts anhaben. Sie sind mit ihrem Borstenkleid und einer dicken Fettschicht gut geschützt.

Pekaris sind angriffslustige Nabelschweine.

Die Pekaris sind schweineähnliche Tiere. Sie heißen auch Nabelschweine, weil sie auf dem Rücken eine Duftdrüse haben, die wie ein Nabel aussieht. Die Drüse verströmt einen starken Geruch. Sie dient vermutlich der Kenntlichmachung des Reviers und hat auch eine Bedeutung beim Zusammenfinden von Männchen und Weibchen. Tagsüber halten sich die Nabelschweine gerne in der Nähe des Wassers auf. Sie schwimmen gut und suhlen sich genüsslich im Schlamm. Das Halsbandpekari ist etwa einen Meter lang und bis zu den Schultern 60 Zentimeter hoch. Es wiegt nur an die 30 Kilogramm. Um den Hals hat das braunschwarze Tier einen hellen Farbstreifen, der wie ein Halsband aussieht. Das Weißbartpekari (oder Bisamschwein) ist etwas größer und hat einen leuchtendweißen Fleck seitlich von der Schnauze.

Beide Pekariarten haben dolchähnliche Eckzähne, die wie bei den Raubtieren nach unten gerichtet sind. Damit kann eine Pekariherde einen Marder oder Kojoten leicht in Stücke reißen. Selbst vor einem Menschen macht die aggressive Meute nicht halt, wenn er ihren Weg kreuzt.

Die Vicunjas liefern die feinste Wolle

Im Reich der Inkas war es Gesetz, dass ein Indio, der unerlaubt ein Vicunja tötete, dafür mit dem Leben bezahlen musste. Nur alle paar Jahre hat man die wilden Vicunjas zum Scheren zusammengetrieben. Viele tausend Indios bildeten eine Treiberkette und sammelten so die scheuen Tiere in riesigen Gehegen. Hier wurden sie geschoren. Und einige wenige Tiere, zumeist Junghengste, durften die Jäger auch töten um ihr Fleisch zu verzehren. Die restlichen Tiere entließen die Indios wieder in die Freiheit. Auf diese Weise blieben die Vicunjabestände in den Andenhochländern jahrtausendelang in etwa gleich.

Erst als die spanischen Eroberer im 17. Jahrhundert in die rauen Hochebenen eindrangen, begann die unkontrollierte Jagd mit Gewehren auf die anmutigen Verwandten der Kamele. Die seidigweiche Wolle und Vicunjafelle brachten in Europa viel Geld. Deshalb wüteten die Jäger rücksichtslos unter den Vicunjas. Sie erlegten zuerst den Leithengst einer Vicunjaherde. Denn sie wussten, dass die führerlosen Stuten und ihre Jungen nun nicht mehr wegrannten, sondern sich eng aneinander pressten und verängstigt stehen blieben. Ohne Gegenwehr zu leisten, ließen sie sich von den Jägern abknallen.

Das Vicunja ist ein kleines, höckerloses Kamel, das in den Hochebenen der Anden lebt.

Bedenkenlos jagte man die Vicunjas bis in unser Jahrhundert hinein. Erst als sich die Bestände so bedrohlich verringerten, dass die totale Ausrottung bevorstand, wurden endlich Schutzmaßnahmen ergriffen. Heute gibt es Nationalparks und Reservate, in denen das kostbare Andenwild ungestört grasen kann.

Vicunjas leben in den windgepeitschten Hochebenen der Anden, in 3 500 bis 6 000 Meter Höhe, am Rande des ewigen Eises. In diesen Höhen wachsen nur noch einige harte Gräser. Damit sie diese Kost beißen können, wachsen bei den Vicunjas – ähnlich wie bei den Nagetieren – die unteren Schneidezähne ein Leben lang nach.

Das Lama wünscht eine pflegliche Behandlung

Lamas sind sanfte und nützliche Haustiere, die schon seit Jahrtausenden den Indianern in den Hochanden gute Dienste leisten – allerdings nur, wenn sie anständig behandelt werden. Ein Lamahengst schleppt Lasten bis zu 50 Kilogramm selbst über steile Gebirgsstraßen und Geröllfelder. Seine Tagesleistung wird 25 Kilometer selten überschreiten. Dann will er ausgiebig weiden – Gräser, Kräuter und Moose – und sich ausruhen. Wenn man die Lasttiere richtig behandelt, dann kann selbst ein kleiner Junge eine Lamakarawane lenken. Wenn nicht, dann sind die Haustiere störrisch und widerborstig, dann beißen, spucken und treten sie sogar.

Lamas gehören zur Familie der Kamele. Sie haben allerdings keine Höcker wie ihre afrikanischen Verwandten und sind auch nur halb so groß. Mit 75 Kilo Gewicht ist das Lama die größte Kleinkamelart. Es stammt vom Guanako, einem wildlebenden Kleinkamel, ab und erreicht eine Schulterhöhe von 1,20 Metern. Es gibt weiße, braune, graue und auch gescheckte Lamas. Überall da, wo in den Anden Indianer leben, wird man auf die Lamas stoßen. Sie sind nicht nur unentbehrlich als Lasttiere. Man kann auch ihr Fleisch essen. Die grobe Lamawolle verarbeiten die Indianer zu Decken und warmen Umhängen. Aus den Häuten machen sie Sandalen, aus dem Fett Kerzen. Und noch der Lamadung ergibt ein wertvolles Brennmaterial. Denn in den Hochländern Perus und Boliviens fällt auch im Sommer das Thermometer nachts meistens unter null Grad.

Wie das Lama, so ist auch das Alpaka ein Kleinkamel. Es liefert die wertvolle und

seidenweiche Wolle, die man auch bei uns kaufen kann. Weil man die Alpakas und die Lamas schert wie Schafe, hat man sie früher auch „Schafkamele" genannt. Sie sind mit den Schafen aber nicht verwandt.

Lamas und Alpakas sind in den südamerikanischen Mittel- und Hochgebirgen bis hinauf zur Schneegrenze beheimatet. Erstaunlich ist, dass sie trotzdem ungewöhnlich gute Schwimmer sind.

Das Fest des Kondors

Die Indios grölen vor Vergnügen. Mit Stöcken treiben sie den schnaubenden Stier die Dorfstraße hinunter. Das massige Tier stößt mit den Hörnern um sich, aber die Indios springen nur lachend zur Seite. Der Grund für ihre Heiterkeit ist der Anblick des Stieres. Auf seinem Rücken haben die Indios nämlich einen riesigen Kondor festgebunden. Die Füße des stattlichen Greifvogels sind mit Lederriemen am Stier befestigt. Um nicht das Gleichgewicht zu verlieren breitet der Kondor seine mächtigen Flügel aus, die fast dreieinhalb Meter Spannweite haben. Und so sieht es aus, als habe der Stier Flügel.

Dieser „Stier mit Kondorflügeln" ist für die Indios ein Symbol. Der Kondor symbolisiert

die Freiheit der Indios, weil er sein stolzes
Leben über den höchsten Gipfeln der Anden
verbringt. Der Stier dagegen symbolisiert die
Herrschaft der Spanier. Und da der Kondor
den Stier beim „Fest des Kondors" reitet,
stellt das Ganze den Sieg der Freiheit über
die Herrschaft der Spanier dar.

Am Ende des Festes wird der Stier
geschlachtet und der Kondor wird auf einen
hohen Berg getragen. Von dort kann er gut
im Gleitflug nach unten starten. Wenn er
dann seine Schwingen ausbreitet und
losschwebt, freuen sich die Indios schon
darauf, ihn vielleicht nächstes Jahr wieder
einzufangen.

Normalerweise ist es indessen kaum
möglich, einen Kondor zu fangen. Er baut
in den höchsten Gipfeln versteckt sein Nest
und zieht kilometerhoch in den Lüften seine
Kreise. Aber die Indios stellen ihm eine
schlaue Falle.

Der Kondor ist nämlich ein Geier, der fast
ausschließlich tote Tiere frisst. Die Indios
legen ihm in einem Bergtal, das von steilen
Felswänden umgeben ist, einige tote Schafe
hin. Der Kondor freut sich über die unerwar-
tet reiche Beute und frisst sich bis obenhin
voll. Dabei bekommt er Gewichtsprobleme.

*Der Kondor reitet auf dem Stier. Beim alljährlichen
„Fest des Kondors" der Indios ist dies der Höhe-
punkt.*

*Das Reich des Kondors ist über den höchsten
Gipfeln der Anden.*

Denn nach dem Mahl ist er viel zu schwer um noch nach oben starten zu können. Der Riesenvogel muss nun zu Fuß versuchen einen Abhang zu erreichen, von dem aus er nach unten abgleiten kann. Bis dahin aber haben die Indios den maßlosen Fresser längst eingeholt und überwältigt.

Der Andenkondor ist der größte flugfähige Vogel der Welt. Und wenn er zu seinen zwölf Kilo Gewicht noch ein ganzes Schaf im Bauch hat, dann muss er damit rechnen, recht unsanft zum Fest des Kondors eingeladen zu werden.

Kolibris, die fliegenden Edelsteine

Pepe, der kleine Mexikaner, erschrickt gewaltig. Wie ein Pfeil saust plötzlich ein winziger Vogel direkt auf seinen Kopf zu. Dabei zielt der lange, dünne Schnabel des Vögelchens wie ein gestrecktes Florett genau auf Pepes Auge. Dann, nur Zentimeter vor Pepes Gesicht, schlägt das Vögelchen in der Luft auf einmal einen Haken, schwirrt wie eine Hummel hin und her, jagt zweimal um den Kopf von Pepe und dreht schließlich brummend wieder ab.

Der Angriff des kleinen Flugkünstlers hat keine drei Sekunden gedauert und Pepe steht noch ganz verwirrt da. Er hatte nicht bemerkt, dass der kleine Vogel hier in den Büschen sein Nest hat. Es ist das Nest eines Kolibris, des kleinsten Vogels der Welt. Es ist nur so groß wie ein Eierbecher und trotzdem finden drei piepsende Junge und das brütende Weibchen darin Platz. Und wenn sich ein Feind dem Nest nähert, dann gehen die mutigen Kolibris wütend zum Luftangriff über. Selbst Menschen oder große Raubvögel greifen die kleinen Sturzflieger mit gestrecktem Schnabel an.

Dabei zeigen sie soviel Luftakrobatik wie kein anderer Vogel der Welt: Rückwärtsflug, Sturzflug, Schnellbremse, Flug auf der Stelle, Senkrechtstart – das alles beherrschen sie perfekt. Bei den Kolibris sind nämlich die Flügel anders angewachsen als bei anderen Vögeln. Die können nämlich nur auf und ab mit den Flügeln schlagen. Die Kolibris hingegen können die Flügel in fast jede Richtung drehen und so die tollsten Luftmanöver durchführen. Hinzu kommt, dass manche Kolibris fast 200 Flügelschläge in einer einzigen Sekunde machen. Solche Schlagzahlen erreichen sonst nur Insekten. Und viele Menschen, die erstmals einen der ganz kleinen Kolibris fliegen sehen, meinen, es sei nur eine dicke Hummel.

Die Kolibris sind nicht nur Meister im Schwirrflug, es gibt auch einige Langstreckenflieger unter ihnen. 5 000 Kilometer legen sie im Herbst und im Frühjahr zurück, wenn sie von Alaska bis Mexiko fliegen.

Der Kolibri steht im Schwirrflug vor einer Blüte und trinkt ihren Nektar.

Aber die größte Leistung vollbringt das kleine Herz eines Kolibris. Über 1 000 Schläge in einer Minute schafft diese winzige Miniaturpumpe. Sie ist ein technisches Wunderwerk der Natur. Zum Vergleich: Das Herz eines Menschen schlägt nur etwa 60- bis 80mal in der Minute. Der „Motor" der Kolibris braucht bei solcher Höchstleistung natürlich viel „Brennstoff". Alle zehn Minuten muss ein Kolibri fressen. Dazu fliegt er täglich ein- bis zweitausend Blüten an. Er bleibt vor der Blüte im Schwirrflug stehen, senkt seinen langen Schnabel tief in den Blütenkelch und saugt mit seiner Zunge den Blütennektar hoch.

Den Namen „fliegende Edelsteine" verdanken die Kolibris ihrem Gefieder. Feine, hohle Hornplättchen in den Federn brechen die Lichtstrahlen der Sonne so, dass es glitzert und funkelt wie bei einem Edelstein. Und zwar immer nur in dem Moment, wenn die Lichtstrahlen in einem ganz bestimmten Winkel auf die Hornplättchen treffen. Fallen die Lichtstrahlen in einem anderen Winkel ein, dann erscheint der Vogel schlicht grau oder schwarz.

Es gibt ungefähr 390 Kolibriarten. Sie leben in ganz Süd- und Mittelamerika. Bei den Indianern waren die Kolibris heilig. Deshalb hängen in Mittelamerika noch heute viele Einheimische bunte Futterröhrchen mit Zuckerwasser aus um die Glücksbringer an das Haus zu locken.

Aras, die schönen Papageien

Die Sonne steigt langsam hinter dem dampfenden Tropendschungel auf. Mit lautem Krächzen erhebt sich ein Schwarm farbenfroher Aras von seinen Ruheplätzen und schwingt sich in den weit ausladenden Mahagonibaum. Hier wärmen sich die Papageien mit dem rot-blauen und grün-gelben Federkleid erst einmal auf, ehe sie sich aufmachen zur Nahrungssuche. Samen, Nüsse und allerlei Früchte finden sie genug in den feucht-tropischen Urwäldern. Auch härteste Nüsse knacken sie mit ihren gelenkigen Krummschnäbeln. Mit der fleischigen Zunge holen sie die Kerne hervor. Und wenn es sich ergibt, schnappen sie auch nach Insekten und Käfern.

In der Mittagshitze sammeln sich die Aras wieder im Schatten. Jetzt ist es zu heiß für die Futtersuche. Als hübscher Farbklecks verschönern die Papageien dann die grauen

Aras sind die schönsten und größten Papageien. Es gibt sie in vielen bunten Farben.

Blau-gelber Ara

Felsenhänge oder hellen das Grau des tropischen Unterholzes auf. Erst wenn die Sonnenstrahlen ihre sengende Kraft verlieren, suchen sie weiter nach Nahrung. Ehe die Nacht hereinbricht, kommt der Schwarm in den Baumwipfeln noch einmal zusammen. Vielleicht wird jetzt über die Ereignisse des Tages geschwätzt. Dann ziehen sich die Vögel wieder auf ihre Schlafplätze zurück.

Nur zur Brutzeit leben die Pärchen zurückgezogen in Erdlöchern oder in hohlen Bäumen. Hier legt das Weibchen zwei bis drei Eier und nach einer Brutzeit von etwa vier Wochen schlüpfen die jungen Aras.

Hyazinthara

Hellroter Ara

Die Nestlinge sind anfangs noch nackt und blind. Mit zehn Wochen haben sie ihr buntes Gefieder und mit drei Monaten verlassen sie das häusliche Nest.

Aras sind die schönsten und die größten unter den Papageien. Bunte Arafedern haben schon die Indios im Inkareich als Schmuck getragen. Auch heute noch jagen die Indianer im Amazonasregenwald mit Blasrohren und Pfeilen nach Aras.

Der Hyazinthara mit dem kräftig kobaltblauen Gefieder ist die größte Papageienart. Er misst vom Schnabel bis zur Schwanzspitze knapp einen Meter. Der Hellrote Ara ist insgesamt 90 Zentimeter lang. Davon entfallen zwei Drittel auf den farbenprächtigen Schwanz. Der Blau-gelbe Ara ist nur wenig kleiner. Er hat einen schwarzen Schnabel und einen großen schwarzen Fleck auf der Kehle. Bis vor kurzem gab es noch 25 Ara-Arten. Eine war schöner als die andere. Acht davon sind durch unkontrollierten Abschuss, durch Fang und durch Waldrodung im Amazonasbecken bereits ausgestorben.

Der Quetzal, die gefiederte Schlange

Wie eine Schlange sieht der Quetzal aus, wenn er waagrecht durch die Luft saust. Der Grund für diesen merkwürdigen Anblick sind die Schwanzfedern des Vogels. Es sind bis zu einem Meter lange, blaue Schleppen. Und beim Flug schlängeln sie sich wie eine Schlange durch die Luft. Der Vogel selbst ist nur 20 bis 30 Zentimeter lang. Der Quetzal war der Göttervogel der Azteken und Mayas. Die beiden Völker waren die Urindianer von Mittelamerika, die schon vor Jahrtausenden eine sehr hohe Kultur entwickelt hatten. Und sie huldigten einem Gott, dem Quetzalcoatl, der die Gestalt einer gefiederten Schlange hatte. Diese gefiederte Schlange war ihre oberste Gottheit.

Als sie im Blattgewirr ihrer Urwälder den Quetzal entdeckten, sprachen sie den Vogel heilig. Im waagrechten Flug sah er nämlich wie ihre Gottheit aus und zudem hatte er wunderschöne grüne, blaue und rote Federn. Nur den Herrschern bei den Azteken und Mayas war es vorbehalten, solche Federn als Schmuck zu tragen. Nicht einmal mit Gold konnte man sie bezahlen und mit dem Leben bezahlte, wer einen Quetzal tötete.

Im Dickicht des Regenwaldes lebt einer der schönsten Vögel der Welt, der Quetzal.

Das Zuhause dieses Göttervogels ist der dichte Nebelwald in Mittelamerika von Mexiko bis Kolumbien. Im Nebelwald ist es so feucht, dass ständig dicke Nebelschwaden über dem Blätterdach liegen. Und die Feuchtigkeit lässt den üppigsten Pflanzenwuchs der ganzen Welt gedeihen: Farne, Rhododendren, zahlreiche Orchideen, dicke Moospolster, Flechten, Lianen und ein Millionengewirr von Blättern.

Im Halbdunkel dieses Dickichts kann man den Quetzal bei seinen rasanten Flugvorführungen beobachten. Wenn ein Quetzalmännchen um ein Weibchen wirbt, dann zeigt es eine spektakuläre Luftakrobatik. Es lässt sich von den höchsten Bäumen herunterfallen, ohne einen einzigen Flügelschlag. So trudelt es fast bis zum Boden. Erst im letzten Moment zieht es die Notbremse, breitet die Flügel weit aus und schwingt sich wieder empor. Dieses rasante Auf und Ab überzeugt das Weibchen schließlich und die beiden beziehen eine Art Spechthöhle um Hochzeit zu feiern. Dabei bevorzugen sie morsche Bäume und bei starkem Wind brechen die alten Stämme manchmal gerade da, wo sich die Quetzals eingenistet haben.

Die Jungen werden vier Wochen lang emsig von ihren Eltern gefüttert. Die Quetzals sausen dann raketengleich durch das Blätterlabyrinth und jagen nach Insekten, vor allem nach fliegenden Goldkäfern. Sie schnappen ihre Beute gleich im Flug. Wenn ihre Schwanzschleppen dabei wie Luftschlangen hinter ihnen herflattern, dann sind sie wieder die Göttervögel, die gefiederten Schlangen.

Noch heute wird der leider selten gewordene Quetzal in Mittelamerika verehrt. Guatemala trägt ihn auf der Staatsflagge und Costa Rica im Wappen. Trotzdem wird auch in diesen Staaten viel Urwald gerodet und so muss der Göttervogel im Nebelwald immer mehr um sein Zuhause bangen.

Der Tukan gehört zu den Spechtvögeln.

Frisst der Tukan Pfeffer?

Der südamerikanische Tukan heißt zwar auch „Pfefferfresser", er frisst aber gar keinen Pfeffer. Manche meinen, der Name komme daher, weil der Tukanschnabel die Form einer Pfefferschote habe. Tukane haben riesengroße Schnäbel mit farbenfrohen Musterungen darauf. An den Rändern sind sie sägezahnförmig eingekerbt. Ihr Gefieder ist meist schwarz und mit knallbunten Farbflecken versehen. Besonders farbenprächtig ist der Regenbogentukan, dessen Schnabel in den fünf Farben des Regenbogens erstrahlt. Der Riesentukan misst vom Kopf bis zur Schwanzspitze 65 Zentimeter und ist damit der größte aller Tukane. Sein Schnabel ist noch einmal etwa 23 Zentimeter lang. Bei einem so gewaltigen Schnabel müsste der Vogel eigentlich vornüberkippen. Der Schnabel ist jedoch mit luftgefüllten Hohlräumen durchsetzt und deshalb leichter, als er aussieht.

Tukane leben in den Regenwäldern Süd- und Mittelamerikas. Sie picken in den Baumkronen nach Beeren und Früchten und schnappen auch kleine Wirbeltiere oder Vögel.

Man kann Tukane gut in Gefangenschaft halten. Allerdings brauchen sie eine größere Voliere, die im Freien stehen muss. Bei der Wahl der Käfiggenossen muss man sehr behutsam vorgehen. Denn die „Pfefferfresser" setzen kleineren Vögeln mit ihren Schnäbeln kräftig zu. Die Tropenvögel sind aber nicht nur hübsch, sondern auch klug. Sie erkennen schon bald ihren Pfleger, der ihnen täglich das Futter bringt.

Ein Piranha kommt selten allein

Das Wasser brodelt, sprudelt und zischt. Die Flossen von mindestens 30 Piranhas schlagen so wild hin und her, dass das Wasser zu kochen scheint. Piranhas haben sich über ein Schwein hergemacht, das den schlammigen Urwaldfluss durchqueren wollte. Es stapfte mitten durch den Fluss, bis zum Bauch im Wasser. Sofort sind die gierigen Raubfische herbeigeschwommen und beißen dem Schwein große Fleischstücke aus dem Leib. Innerhalb von nur einer Minute verputzt schließlich der Fischschwarm das ganze Schwein. Nichts als das blanke Skelett bleibt davon übrig.

Die Indianer im Amazonasurwald kennen die Gefährlichkeit der Piranhas. Diese Süßwasserfische haben Mäuler mit langen,

Piranhas sind gefräßige Raubfische.

dreieckigen Zähnen, die genauso scharf sind wie Rasierklingen. Ihr Kaumuskel ist im Verhältnis zum übrigen Körper besonders groß und kräftig. Hinzu kommt, dass die Piranhas niemals einzeln, sondern immer in ganzen Schwärmen jagen. Meist sind die Opfer eines solchen gefräßigen Schwarmes andere Fische. Wenn aber ein Säugetier oder ein Mensch ins Wasser geht, dann beißen die Fressmaschinen genauso zu.

Wenn die Indianer die Furt eines Urwaldflusses durchwaten wollen, dann sind sie auf die Angriffe der Piranhas gefasst. Sie werfen ein Schwein in den Fluss und schon kommen alle Piranhas angeschwommen und stürzen sich auf den Leckerbissen. Diesen Moment nutzen die Indianer und überqueren den Fluss ein paar Meter weiter oben. Die Piranhas verschonen die Indios natürlich, solange sie mit dem Schwein beschäftigt sind. Die Indios haben deshalb den Spruch „jemandem ein Schwein ins Wasser legen" und meinen damit, dass sie einen Feind mit einem Opfer täuschen wollen. Bei aller Gefahr, die die Piranhas darstellen, haben sie trotzdem ihr Gutes. Sie verhindern, dass sich Fischseuchen ausbreiten, weil kranke Fische rascher ihre Opfer werden als gesunde.

Die meisten Piranhas sind 20 bis 30 Zentimeter lang. Im Osten Brasiliens lebt der Serrasalmus piraya, eine Piranha-Art, die über einen halben Meter lang wird und besonders gefährlich ist.

Wie viele Beine hat der Tausendfüßer?

Der Tausendfüßer hat … keine tausend Beine! Trotzdem kommt sein Name nicht von ungefähr: Am modrigen Waldboden des Amazonasgebietes gibt es Tausendfüßer, die immerhin auf 240 Beinpaaren dahertrippeln. Sie können einen Viertelmeter lang werden

und fast so dick wie der Arm eines Kindes sein. Solche tropischen Riesenformen dieser vielfüßigen Bodenbewohner sind aber selten. Die meisten Tausendfüßerarten begnügen sich mit acht bis hundert Beinpaaren. Die Anzahl der Beinpaare hängt von der Größe des Tieres ab. Der Tausendfüßer setzt sich nämlich aus vielen Ringen zusammen, die aneinander gewachsen sind und so den Körper des Tieres bilden. An jedem dieser Ringe sind ein oder zwei Beinpaare angewachsen: je mehr Ringe – um so mehr Beine.

Tropische Tausendfüßer können bis zu 25 Zentimeter lang werden.

Der Tausendfüßer „läuft", indem er seine vielen, vielen Beine in einer Art Wellenbewegung in Gang hält. Er setzt immer einen Fuß hinter dem anderen auf den Boden. Wenn es aber ganz schnell gehen muss, dann kommt der Tausendfüßer ins Stolpern. Bei Gefahr schlängelt er sich lieber auf dem Bauch vorwärts ohne die Beine zu gebrauchen. Und hat er keine Zeit mehr davonzukommen, dann rollt er sich zusammen und bleibt wie eine Spirale liegen.

Trotzdem ist er keine angenehme Beute. Viele Tausendfüßler sind nämlich giftig. Die Ureinwohner von Mexiko hatten das schnell erkannt und zerstampften die Tausendfüßer zu einem Brei, den sie als Pfeilgift verwendeten. Ein Tierkundler hatte einmal viele Tausendfüßer gesammelt und in einen Plastiksack gesteckt. Schon nach ein paar Stunden waren alle tot. Sie waren an ihren eigenen Giftausscheidungen gestorben. Und wie sich herausstellte, handelte es sich um hochgiftige Blausäure, die die Tiere aus Drüsen an den Körperseiten abgaben.

Der Jaguar – Herrscher im Regenwald

Leise raschelt es im Schilf. Die kräftigen grünen Halme werden von einer mächtigen, gefleckten Pranke auseinandergeschoben. Erst dann folgt der Kopf und schließlich der Körper des Jaguars. „El Tigre" wird er hochachtungsvoll von den Eingeborenen Amazoniens genannt. Die Indianer fürchten und achten dieses größte Raubtier im südamerikanischen Urwald.

Im Moment möchte „El Tigre" ein Bad nehmen. Einfach im Wasser liegen und dösen, das ist die beste Vorbeugung gegen Insektenstiche. Der Jaguar ist nämlich nicht wasserscheu wie die meisten Großkatzen. Er liebt das kühle Nass und hält sich gerne in flussnahen Wäldern von Flüssen oder im Schilfdickicht auf. Er ist ein guter Schwimmer und ein geschickter Fischer.

Zum Fluss kommen auch Wasserschweine und Tapire, Sumpfhirsche und Faultiere um zu trinken. Zwischen den Ufergräsern verborgen, lauert ihnen die Großkatze auf. Geduldig verharrt sie stundenlang, bis der richtige Moment gekommen ist. Dann setzt sie zum Sprung an und tötet ihr Opfer mit einem einzigen Prankenhieb ins Genick.

Der Jaguar ist behäbiger und plumper als sein afrikanischer Verwandter, der Leopard. Er wiegt etwa zweieinhalb Zentner und ist einschließlich Schwanz zweieinhalb Meter lang. Der Jaguar jagt deshalb lieber am Boden. Er ist kein besonders guter Kletterer.

Der Jaguar ist das größte Raubtier Südamerikas. Im Gegensatz zu anderen Katzen kann er gut schwimmen.

Trotzdem müssen die Affen auf den Baumkronen vor ihm auf der Hut sein. Denn es kommt vor, dass ein Jaguar die schlafenden Affen auf den Bäumen überrascht.

Wie der Leopard hat auch der Jaguar ein geflecktes Fell. Wenn man genau hinsieht, erkennt man, dass die Flecken auf dem Jaguarfell größer sind und in der Mitte einen schwarzen Punkt haben. Es gibt auch einen Jaguar, der ganz schwarz ist und ganz tief im dichtesten Dschungel lebt. Die Menschen greift der Jaguar nur an, wenn er verletzt oder in die Enge getrieben wird.

Ozelots dürfen heute nicht mehr gejagt werden.

Wegen seines schön gezeichneten Felles wurde der Jaguar viel gejagt. Deshalb ist er heute von der Ausrottung bedroht. Nicht besser erging es dem Ozelot, einer kleineren Raubkatze, die ebenfalls im südamerikanischen Dschungel zu Hause ist.

Das behäbige Faultier

Es ist Nacht im Walde und der Himmel hat seine Schleusen geöffnet. Es gießt in Strömen. Der Sturmwind peitscht durch die Äste, auf denen sich die Faultiere festgekrallt haben um zu schlafen. Aber an Schlaf ist nicht zu denken. Die Mütter bibbern vor Kälte und die Kinder weinen leise vor sich hin. Da fasst ein Faultiervater den Entschluss: Morgen wollen wir uns ein Nest bauen. Die übrigen Männer stimmen entschlossen zu.

Am nächsten Tag stärken sich die Faultiere erst einmal ausgiebig mit Blättern und Trieben. Dann lassen sie sich von der Sonne richtig schön aufwärmen. Und schließlich schlafen sie ein paar Stunden – um Kräfte zu sammeln. Und als der Tag zu Ende geht, denkt niemand mehr ans Nestbauen. So lange, bis es das nächste Mal fürchterlich regnet.

Dieses Märchen der Karajá-Indianer erzählt uns eine ganze Menge über die Faultiere, die Ais. Den Kosenamen Ai haben sie bekommen, weil sie in ganz seltenen Fällen ein leises Seufzen von sich geben, das wie ein langgezogenes „A - iii" klingt.

Die Ais sind rechte Schlafmützen. 15 Stunden des Tages schlummern sie zusammengekauert in einer Astgabel. Ein Arm mit den gewaltigen Kletterkrallen bleibt sicherheitshalber in einem Ast verankert, damit sie nicht im Schlaf zu Boden stürzen. Die restliche Zeit geben sich die Ais dem Genuss des Fressens hin. Und zwischendurch schlafen sie immer mal wieder ein, denn Fressen ist ja so anstrengend.

Verdrießlich schaut ein Zweifinger-Faultier in den Regen.

Mit dem Kopf nach unten hangeln sich die Faultiere mit ihren sichelförmigen Krallen die Äste entlang. Alles im Zeitlupentempo, versteht sich. Denn die Faultiere tragen ihren Namen zu Recht. Wozu sollten sie es auch eilig haben. Die Blätter und Triebe, Blüten und Früchte wachsen ihnen ja buchstäblich in den breiten, freundlichen Mund.

Für seine hängende Lebensweise ist das Ai hervorragend geeignet. Der Scheitel seines dichten graubraunen Pelzkleides verläuft nicht entlang der Wirbelsäule, sondern am Bauch. So kann das Regenwasser leichter abfließen. Die starken, gebogenen Sichelkrallen benutzt es auch zur Verteidigung. Allerdings ist es auch da nicht besonders schnell. Langsam hebt es einen Arm vom Ast, holt weit aus und schnauft erst einmal gottserbärmlich. Dann sticht es mit seinen Klauen nach dem Angreifer. Meist ist es leider schon zu spät. Feinde des Faultiers sind der Jaguar, die Riesenschlange Anakonda und die Harpyie, der mächtige südamerikanische Adler.

Sogar ihr Junges bekommt das Faultierweibchen, während es im Baum hängt. Manchmal scharen sich andere Weibchen um die werdende Mutter, damit das Neugeborene nicht auf den Boden fällt. Das Baby hält sich sofort mit seinen kleinen Krallen im Bauchfell der Mutter fest. Monatelang wird es von ihr mitgeschleppt. Erst im Alter von neun Monaten können die Kleinen an ihren eigenen Krallen hängen.

Das Faultier muss nicht trinken. Ihm reicht die Flüssigkeit, die es mit den saftigen Blättern aufnimmt. Manchmal leckt es auch die Tautropfen von den Bäumen. Bietet ein Baum nicht mehr genug Futter, dann hangelt sich das Faultier zum nächsten – ganz langsam und ohne den Boden zu berühren. Auf der Erde macht das Ai nämlich eine recht klägliche Figur. Es kann nicht laufen,

Die Faultiere machen ihrem Namen alle Ehre; sie haben es nie besonders eilig.

sondern nur kriechen. Weit streckt es die Arme dabei von sich und presst die Krallen auf die Erde um sich so mühselig auf dem Bauch vorwärts zu schieben.

Man unterscheidet zwei Gattungen von Faultieren nach der Zahl der Finger: das Zweifinger- und das Dreifinger-Faultier. Beide Arten sind etwa 50 bis 70 Zentimeter lang und wiegen um die sieben Kilogramm. Sie leben in den süd- und mittelamerikanischen Tropenwäldern.

Morphofalter, die Himmels-
falter der Indianer

Ein übergroßer Schmetterling mit violettblau
glänzenden Flügeln taumelt heran. Majestätisch langsam bewegt er seine Flügel auf und
ab. Es ist ein Morphofalter, genau gesagt ein
„Morpho anaxibia". Die Flügel des Männchens schimmern in leuchtendem Blau mit
einem zarten violetten Schimmer. Beim Weibchen sind die Flügelränder mit einem rötlich-
gelben Saum geschmückt. Die Unterseiten
sind schlicht braun mit nur wenigen hellen
Flecken. So fällt der Falter im Dämmerlicht
des Unterholzes nur wenig auf.

Die Männchen der Morphofalter haben blaue Flügel.

In Südamerika gibt es 50 bekannte Arten des
Morphofalters. Die Männchen schillern alle
in wunderhübschen Blautönen. Sie haben
eine Flügelspannweite bis zu 20 Zentimetern. Wegen ihrer überirdischen Schönheit
nennen sie die Indianer Himmelsfalter. Meist
umflattern die Himmelsfalter in schwindel-
erregenden Höhen die Urwaldriesen und
lassen sich nur selten zur Erde herab. Dort
laben sie sich höchstens an einer Urwald-
pfütze oder naschen von zu Boden gefallenen
Früchten.

Die Morphofalter sind die schönsten unter
den 150 000 Schmetterlingsarten, die es
auf der Erde gibt.

*Der Ameisenbär zieht mit seiner klebrigen Zunge
die Beute in sein Maul zurück.*

Der Ameisenbär,
das Schleckermaul

Der Ameisenbär bohrt seine scharfen Krallen
in den Termitenhügel und reißt einen Brocken
Erde heraus. Er hat einen Gang ins Innere
des Termitenhügels freigelegt, in den er
seine lange, rohrförmige Schnauze sofort
hineinbohrt. An der Spitze seiner Schnauze
hat er nur ein kleines Loch und kein Maul.
Durch dieses Loch lässt er seine enorm lange
Zunge herausschnellen, die sich tief in die
unterirdischen Gänge des Termitenhügels
bohrt. Einen halben Meter lang ist diese
Zunge und sie ist so klebrig, dass alle Termiten an ihr hängen bleiben. Der Ameisenbär
zieht jetzt die „belegte Zunge" zurück in sein
Maul und schon hat er einen kräftigen Amei-
senhappen oder ein Termitenmahl. Beiden
Tieren stellt er in den südamerikanischen
Pampas nach. Sein Jagdrevier sind trockene
Gegenden, wo Termiten und Ameisen ihre
Bauten und Hügel errichten.

Wenn der Ameisenbär keine Lust zum Graben hat, dann wartet er an einer Ameisenstraße, bis die Insekten anmarschiert kommen. Er leckt sie dann kolonnenweise vom Boden auf und es dauert seine Zeit, bis die Ameisen merken, dass sie besser einen anderen Weg benutzen.

In Mittel- und Südamerika leben drei Arten von Ameisenbären: der Große Ameisenbär mit fast zwei Metern Länge, der Tamandua, der nur halb so groß ist, und der Zwergameisenbär, der kaum größer als eine Ratte wird.

Der Ameisenbär ist übrigens kein Bär. Er gehört zu einer Tiergruppe, zu der nur noch zwei andere südamerikanische Tiere gehören, das Faultier und das Gürteltier. Alle drei zusammen nennt man die Nebengelenktiere, weil sie ganz besonders ausgebildete Brust- und Lendenwirbel haben, die sonst keine Tiere auf der Welt vorweisen können.

Von Zwergen und Riesen: die Gürteltiere

Der junge Brasilianer steht am Straßenrand und hält mit der rechten Hand ein Tier in die Luft. Er hat es gefesselt und möchte es verkaufen. Es ist ein Gürteltier, das von vielen Einheimischen als schmackhafte Abwechslung auf dem Speiseplan geschätzt wird. Ein Wagen heult heran und stoppt. Doch zum Unglück des jungen Verkäufers ist der Fahrer ein Beamter der Naturschutzbehörde. Der hält dem Burschen eine gehörige Standpauke, denn in Südamerika stehen die Gürteltiere unter Naturschutz. Man darf sie nicht fangen und nicht töten. Dann nimmt der Beamte dem verängstigten Tier die Fesseln ab und lässt es die Böschung hinunterlaufen.

Ähnlich wie die Schildkröten haben die Gürteltiere am Rücken einen Knochenpan-

Die Gürteltiere stehen in Mittel- und Südamerika unter Naturschutz.

zer. Dieser Panzer besteht nicht aus einem Stück, sondern wird durch mehrere Hautfalten unterbrochen, die wie Gürtel aussehen. Dadurch hat das Tier mehr Bewegungsfreiheit. Dieser Besonderheit verdankt das Gürteltier auch seinen Namen.

Der Knochenschild ist bereits ein guter Schutz gegen Feinde. Die „Kugelgürteltiere" können sich obendrein wie ein Igel blitzschnell einrollen. Auch dem Jaguar gelingt es nicht, so eine gepanzerte Kugel zu öffnen.

Die Gürteltiere haben kräftige Krallen, mit denen sie ihre Wohnhöhlen graben und Insekten, Weichtiere und Würmer aus dem Boden holen. Manche Arten können sich in Windeseile in den Boden einbuddeln. Das geht so schnell, dass es aussieht, als würden sie in der Erde versinken. Der Verfolger hat dann das Nachsehen.

In Südamerika gibt es zwanzig Arten von Gürteltieren. Der kleine Gürtelmull ist nur zwölf Zentimeter lang und wiegt 100 Gramm. Das Neunbinden-Gürteltier kommt auch in Mittelamerika und im Süden der USA vor. In Florida wurde es extra von den Menschen angesiedelt, weil es viele schädliche Insekten vertilgt. Das Riesengürteltier ist mit einem Meter Länge und 55 Kilogramm Gewicht das größte Gürteltier auf der Welt. Aber das ist noch gar nichts. Vor zwei Millionen Jahren lebte in Südamerika Doedicurus, ein Riesengürteltier. Es war so lang wie ein Kleinwagen, nämlich über dreieinhalb Meter. Auf der Schwanzspitze hatte es eine gefährliche Knochenkeule mit spitzen Stacheln, mit der es jeden Angreifer übel verletzen konnte.

Die Darwinfinken beschworen eine Sensation herauf

Alle Tiere sind ebenso seit dem ersten Schöpfungstag auf der Erde wie die Menschen. Das war für Jahrhunderte die offizielle Lehrmeinung der Wissenschaft und der christlichen Kirche. Bis Charles Darwin 1835 auf den Galapagosinseln eine sensationelle Entdeckung machte: Er fand heraus, dass auf den 24 Vulkaninseln insgesamt 14 verschiedene Finkenarten lebten. Besonders auffällig waren die Veränderungen an den Schnäbeln. Je nachdem, welches Futter die Finken auf den einzelnen Inseln vorfanden, hatten sich die Schnäbel der Ernährungsweise angepasst.

Manche Finken schnappten nach Insekten, andere pickten Körner oder zerhackten harte Schalen. Und eine besonders intelligente Art, der Spechtfink, stocherte sogar mit Hilfe eines Kaktusstachels fette Insektenlarven unter der Baumrinde hervor. Je nach dem Nahrungsangebot auf den verschiedenen Inseln bildeten die Finkenarten spitze, gebogene, dicke oder dünne, kurze oder lange Schnäbel aus.

Was aber war das sensationelle an dieser Entdeckung? Aus der Tatsache, dass sich die Finken auf den einzelnen Inseln dem jeweiligen Nahrungsangebot angepasst hatten, zog der Naturforscher Darwin folgende entscheidende Erkenntnis: Alle Lebewesen waren nicht von Beginn der Schöpfung an unveränderlich vorhanden. Es haben sich vielmehr aus frühen Lebensformen immer neue Formen und Arten entwickelt. Durch Anpassung an die jeweilige Umwelt sind dann die unterschiedlichen Tiere entstanden.

Mit dieser neuen „Lehre von der Abstammung der Arten" stieß Charles Darwin auf heftigen Widerstand. Dagegen wehrte sich vor allem natürlich die christliche Kirche, die an der Schöpfungstheorie, wie sie in der Bibel steht, weiterhin festhielt. Die Wissenschaft aber hat sich der Meinung von Darwin angeschlossen, dass sich durch veränderte Umwelteinflüsse immer neue Arten bilden.

Vor Millionen von Jahren hatte es die Finken vom südamerikanischen Festland auf die Galapagosinseln verschlagen. Vielleicht war es nur ein einziges Pärchen, das vom Sturmwind über den Pazifik getragen worden war. Auf der Insel, auf der die Finken gelandet waren, vermehrten sie sich aber so rasch, dass schon bald die gewohnte Nahrung nicht mehr ausreichte.

Viele Finken mussten auf andere Inseln ausweichen. Da aber das Futter auf den anderen Inseln nicht das gewohnte war, mussten sich die Finken auf das neue Futter umstellen. Aus der ursprünglichen Finkenart entstanden schließlich 14 verschiedene Finkenarten, die sich besonders durch die Form des Schnabels unterscheiden: Fliegenschnäpper, Kernbeißer, Weichfutterfresser, Samenpicker, Larvenjäger, Laubfresser und Stocherfinken. Sie heißen Großer Kaktusgrundfink, Galapagos-Sängerfink, Mangrovenbaumfink, Blätterbaumfink, Spitzschnabelgrundfink oder Kokosinselfink. Und alle Galapagosfinken zusammen nennt man zu Ehren des großen Forschers Darwinfinken.

Die Darwinfinken tragen ihren Namen zu Ehren des Wissenschaftlers Charles Darwin.

Meerechsen, die grimmigen Pflanzenfresser

Die Sonne brennt heiß auf die zerklüfteten Lavafelsen. Weit und breit ist kein Baum oder Strauch zu sehen. Nur graue Einöde und blaues Meer. Aber da bewegt sich etwas auf den Klippen. Erst beim genauen Hinsehen erkennen wir, dass die unwegsamen Felsen übersät sind mit drachenähnlichen Geschöpfen, die in der Sonne braten.

Dicht an dicht liegen die Meerechsen bewegungslos auf den meerumbrandeten Klippen. Von Zeit zu Zeit löst sich eine aus der Menge, schlängelt geschickt über die kantigen Felsen und springt durch die donnernde Brandung in den blaugrünen Ozean. Die Echse taucht hinab bis auf den Grund und weidet dort salzigen Tang und Algen. Bis zu einer Viertelstunde kann sie unter Wasser bleiben. Dann muss sie wieder auftauchen um nach Luft zu schnappen.

Das ist ein für Echsen ganz ungewöhnliches Verhalten. Denn normalerweise suchen sie ihr Futter an Land. Dort grasen sie das frische Laub von den Tropenbäumen. Die Meerechsen auf den Galapagosinseln sind die einzigen Echsen, die ihre Nahrung aus dem Wasser holen. Sie trinken sogar Meerwasser. Die Menschen und die meisten Tiere müssten sterben, wenn sie nur Salzwasser trinken würden. Die Meerechsen aber scheiden mit Hilfe von Salzdrüsen an den Augenhöhlen und der Nasenöffnung das überflüssige Salz wieder aus. Das sieht dann ganz seltsam aus, so als würden sie niesen oder spucken.

Die Meerechsen sind an das Leben auf den kargen Galapagosinseln hervorragend angepasst. Sie haben aber nicht immer dort gelebt. Vor Hunderttausenden von Jahren kamen Echsen vom südamerikanischen Festland auf die 1 000 Kilometer entfernten Galapagosinseln. Sie wurden auf Baumstämmen abgetrieben oder trieben auf Flößen aus kräftigen Blättern. Nun gab es auf den Vulkaninseln aber kein Grünfutter wie im tropischen Regenwald Ecuadors, sondern nur stachelige Kakteen, dichtes Dorngestrüpp und eben die Meerespflanzen.

Die Echsen gewöhnten sich ganz allmählich an die salzhaltige Nahrung aus dem Ozean. Sie lernten zu tauchen und bildeten die Salzdrüsen aus. So wurden im Verlauf von vielen, vielen tausend Jahren aus den Echsen die Meerechsen. Die Meerechsen können bis zu 1,70 Meter lang werden. Ihre Normalgröße ist jedoch knapp ein Meter. Sie sind, obwohl sie recht grimmig aussehen, harmlose Pflanzenfresser. Ihre ärgsten Feinde sind die Haifische und verwilderte Hunde, die auf den Inseln massenweise herumlaufen.

Die Meerechsen der Galapagosinseln können sogar salzhaltiges Meerwasser trinken.

Elefantenschildkröten nahmen die Seefahrer früher als lebenden Proviant mit an Bord.

Elefantenschildkröten auf Galapagos

Der Dreimaster steuert direkt auf eine Galapagosinsel zu. Am Masttop flattert eine rote Flagge mit einem schwarzen Totenkopf. Es ist ein Piratenschiff. Auf der Insel San Cristóbal nehmen die Seeräuber eine wertvolle Ladung an Bord: Elefantenschildkröten. Die Panzertiere kommen als „lebender Proviant" mit auf große Fahrt.

In früheren Jahrhunderten waren die Riesenschildkröten auf den Galapagosinseln so zahlreich, dass man sogar das Archipel nach ihnen benannte. Denn „Galapagos" ist das spanische Wort für Schildkröten. Das zarte, schmackhafte Fleisch der Riesenschildkröten wurde zu ihrem Verhängnis. In den vergangenen Jahrhunderten füllten nicht nur Piraten, sondern auch Walfänger und Entdeckerschiffe ihre Vorratskammern auf den Galapagosinseln auf.

Erst die Schutzgesetze in unserer Zeit vermochten dem wahllosen Schlachten Einhalt zu gebieten. So konnte das Aussterben der Urtiere gerade noch gestoppt werden. Elefantenschildkröten gehören mit zu den ältesten Tieren unserer Erde. Ihre Vorfahren lebten schon vor 200 Millionen Jahren, als die unförmigen Dinosaurier noch die Welt beherrschten.

Weil sie so dicke, plumpe Klumpfüße wie die Elefanten haben, nennt man die Giganten auch Elefantenschildkröten. Sie können bis zu 300 Kilo schwer werden und erreichen ein Lebensalter von über 100 Jahren. Man weiß von keinem anderen Tier, das länger lebt.

Der dicke Hornpanzer schützt die Kriechtiere nicht ausreichend vor ihren Feinden. Außer den Menschen haben es auch wilde Hunde und Schweine sowie Raubkatzen auf sie abgesehen. Mit einer Höchstgeschwindigkeit von nur 300 Metern in einer Stunde können sie sich nicht schnell in Sicherheit bringen. Nachts verbergen sich die Riesentiere deshalb im unzugänglichen Dornendickicht.

Tagsüber äsen sie Gras, Blätter und Zweige in lichten Wäldern und auf Wiesen. Wie alle Schildkröten haben sie statt Zähnen dicke, hornige Kiefern, mit denen sie ihre Nahrung zermahlen. Nur zur Fortpflanzungszeit wandern die Weibchen an die Meeresküste um im Sandstrand etwa 10 bis 15 Eier zu vergraben. Die Eier werden von der Wärme des Bodens ausgebrütet. Wenn die kleinen Schildkröten ausschlüpfen, sind sie sofort selbstständig.

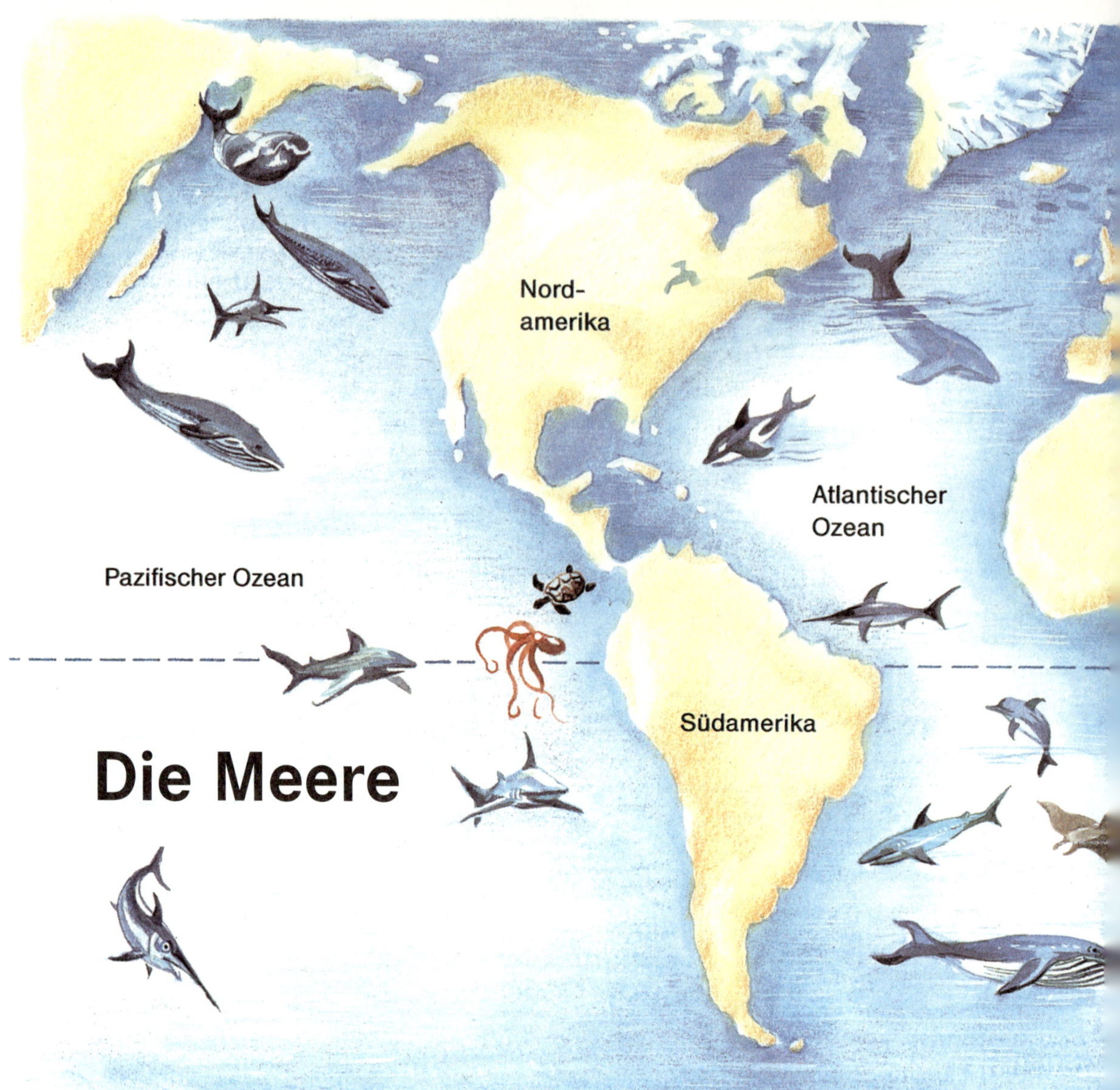

Die Meere

Über 70 Prozent der Erdoberfläche bestehen aus nichts als Wasser. Unsere Kontinente liegen eigentlich wie Inseln in einem
einzigen, riesigen Weltmeer. Denn alle fünf
großen Ozeane sind miteinander verbunden:
der Atlantik, der Pazifik oder Stille Ozean,
der Indische Ozean, das Nordpolarmeer und
das Südpolarmeer.

Die europäischen Meere heißen Mittelmeer, Schwarzes Meer, Nordsee und Ost-
see. Gerade diese kleineren Meere stehen
im Zeichen schrecklicher Umweltprobleme.
Unmengen von Gift, Müll und Algen drohen
die Gewässer zu ersticken. Algen sind Unter-
wasserpflanzen. Das können mikroskopisch
kleine Einzeller sein oder gewaltige, 50 Meter
lange Tangstränge. Sie wuchern am besten
in verschmutztem Wasser und ersticken
dann die Fische und die meisten anderen
Wasserlebewesen.

Trotz dieser gefährlichen Störungen sind
in den unendlichen Meeren immer noch die
wunderbarsten und vielfältigsten Lebensformen zu finden. Schließlich bezeichnet man
das Meer als die Mutter allen Lebens.

Die allerersten Lebensspuren auf unserem Planeten sind 3,7 Milliarden Jahre alt
und stammen aus dem Meer. Es waren die

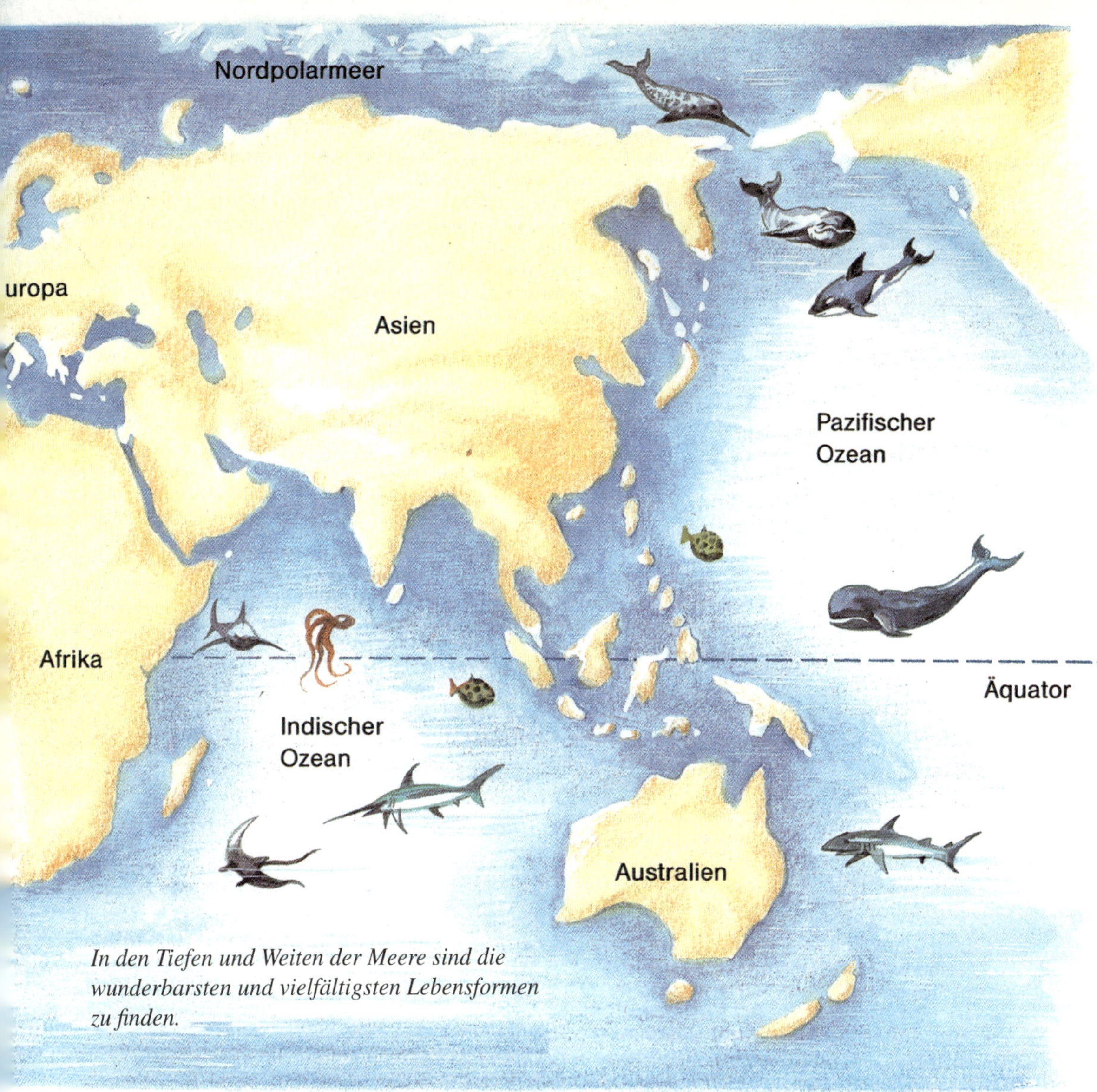

In den Tiefen und Weiten der Meere sind die wunderbarsten und vielfältigsten Lebensformen zu finden.

Einzeller, aus denen sich alle Lebewesen auf Erden entwickelten. Anfangs herrschte nur im Meer reges Leben, bis dann vor etwa 400 Millionen Jahren die ersten Pflanzen auch an Land zu sprießen begannen. 50 Millionen Jahre später folgten ihnen die Tiere auf festen Boden.

An den Meeresküsten

In ewig gleichmäßigem Rhythmus spielen die Brandungswellen an das Ufer. Es ist Flut. Bei Ebbe sinkt der Meeresspiegel und das Wasser bleibt weiter draußen. Alle sechs Stunden wechseln Ebbe und Flut. Die Gründe für dieses ewige Auf und Ab des Meeresspiegels sind die Drehung der Erde und die Anziehungskräfte von Erde, Mond und Sonne.

Den bis 30 Kilometer breiten Saum des Meeresbodens, der bei Ebbe ganz oder teilweise trocken liegt, bei Flut aber überschwemmt wird, nennt man Watt. In dem sumpfigen Schlick leben Muscheln und Schnecken, Krebse und Fische.

Die sandigen Meeresküsten sind die Heimat der Krabben und Würmer. An den unzugänglichen Felsküsten nisten Tausende und Abertausende von kreischenden Meeresvögeln.

In den flachen Gewässern an den Meeresküsten leben die meisten Tiere und Pflanzen: Seesterne und Tintenfische, Seepferdchen, Napfschnecken und viele, viele Fische. Als Flachwasser bezeichnet man Tiefen bis zu 240 Meter Tiefe. Bis hierher dringen die Sonnenstrahlen durch, die das Meerwasser erhellen und erwärmen. Die Küstenzone endet da, wo die Ausläufer der Kontinente steil in die Tiefe abfallen, meist bis auf 2 000 oder 3 000 Meter.

In der Wunderwelt des Korallenriffs

In den tropischen Meeren, wo die Wassertemperatur nur selten und nur kurze Zeit unter 21 Grad Celsius sinkt, sind die Koralleninseln und Korallenriffe zu finden.

Korallen sind nicht, wie man früher geglaubt hat, Pflanzen, sondern kleine Polypen, die nur etwa zehn Millimeter lang sind. Ihr Körper steckt in einem Mantel aus Kalk. Bei Dunkelheit strecken die Korallen ihre Fangarme aus, die wie die Blüten von Pflanzen in den wunderbarsten Farben leuchten. Mit ihren Fangarmen erbeuten die Korallentierchen ihre Nahrung, das Plankton.

Die Polypen vermehren sich rasend schnell. So entstehen ganze Kolonien von Milliarden von Einzeltieren. Ihre Kalkskelette sind miteinander verbunden und bilden die Korallenstöcke, die aussehen wie sonderbar geformte Steine. Im Verlauf von Tausenden von Jahren wuchsen die Stöcke zu den Riffen heran, die dicht unter der Wasseroberfläche liegen. Die Riffbasis besteht aus den Skeletten von abgestorbenen Korallen, die Oberfläche aus lebenden Korallenkolonien.

Das größte Korallenriff der Erde ist 2 000 Kilometer lang und liegt zwischen 55 und 180 Metern unter dem Meeresspiegel. Es liegt vor der australischen Ostküste und heißt „Großes Barrier-Riff".

Viele Schiffe sind früher auf Korallenriffe aufgelaufen und schließlich gesunken. In den versunkenen Schiffswracks tummelt sich jetzt die bunte Tierwelt, die typisch ist für die Korallenriffe.

Korallen gibt es in vielen Formen und Farben.

Auf hoher See

In den Tiefen der Ozeane hört die Herrschaft des Menschen auf. Hier, in ewiger Dunkelheit und Kälte, leben vielleicht Tiere, die wir nie zu Gesicht bekommen werden.

Tiefseetaucher haben in mehreren tausend Meter Tiefe riesige Kraken mit zehn Fangarmen und leuchtende Fische ausgemacht. Die Fische senden Lichtsignale aus, damit sie ihre Beute überhaupt finden. Wahrscheinlich aber leben in den großen Tiefen der Ozeane nicht mehr allzu viele Tiere, weil dort die Nahrung knapp wird.

Die Hauptnahrung im Meer ist ja das Plankton. Viele Fische und andere Wasserbewohner, ja sogar die ganz großen Wale leben ausschließlich davon. Das Plankton besteht aus winzigsten Kleinstlebewesen. Das sind Einzeller, Laich und kleine Larven von Meerestieren. Das sind auch winzig kleine Krebstierchen und Wasserpflanzen wie die Kieselalgen.

Sie alle bilden Wolken von Schwebeteilchen im Meerwasser und gedeihen am besten in den oberen Wasserschichten. Dort durchdringt das Sonnenlicht das Wasser und erwärmt es so, dass sich alle diese Kleinstlebewesen gut vermehren können.

Hier oben tummeln sich auf dem offenen Meer riesige Schwärme von Sardellen und Heringen, auf die die Hochseefischer Jagd machen. Auch Tunfische, die ausgezeichnete Schwimmer sind, gehen ihnen ins Netz. Ebenso die fliegenden Fische, die manchmal versehentlich gleich an Deck landen. Und zuweilen sehen die Fischer den gewaltigen Buckel eines grauen Wals wie einen Berg aus dem Wasser gleiten. Der Walfang ist jedoch mittlerweile weltweit verboten.

Wie auf dem Festland, so türmen sich auch auf dem Boden des Meeres riesige Gebirge auf, die oft Tausende von Kilometern lang sind. Dazwischen liegen gewaltige Schluchten, die Tiefseegräben.

Von Heringen und Ölsardinen

Über zwanzig Millionen Tonnen Heringe pro Jahr haben die Hochseefischer noch vor Jahren mit Schleppnetzen aus den Meeren geholt. Diese Menge entsprach einem Drittel des gesamten Fischfangs auf Erden. Doch der Mensch hat die Ausbeute übertrieben. Die Bestände wurden „überfischt" und so gibt es heute kaum mehr die Hälfte pro Jahr zu fangen.

Heringe lassen sich leicht fangen, weil sie in Schwärmen leben. Die Schwärme setzen sich immer aus gleich großen und gleichaltrigen Heringen zusammen. Die Fischer kreisen die Schwärme mit ihren langen Schleppnetzen ein und betreiben auf hoher See regelrechte Fischfabriken, wo die Heringe gleich auf dem Schiff zu Fischmehl oder Fischöl weiterverarbeitet werden. Und abends, wenn die Fischer unter Deck sitzen und mit ihren schwimmenden Fabriken heimtuckern, dann gibt es natürlich Brathering mit Kartoffelsalat.

Der Hering ist einer der bekanntesten Speisefische.

Auch die weltweit geschätzten „Ölsardinen" gehören zu der großen Fischgruppe der Heringe. Pilchard heißt die „Ölsardine" mit richtigem Namen. Der Pilchard wird bis zu 30 Zentimeter lang. In die Konservendosen kommen aber nur die ganz jungen Fische mit nur wenigen Zentimetern Länge. Die einzelnen Pilchardschwärme laichen zu ganz unterschiedlichen Zeiten. Deswegen spricht

Das grausame Maul des Weißen Hais ist gespickt mit vielen messerscharfen Zähnen.

man beispielsweise von Frühlingsheringen oder Herbstheringen. Die meisten Heringsarten legen ihre Eier beim Laichen auf den Meeresgrund, höchstens in 100 Meter Tiefe. Obwohl ein einzelnes Ei nur etwa einen Millimeter dick ist, bedecken die Eier manchmal teppichartig in mehreren Lagen Flächen von Tausenden von Quadratmetern. Bedenkt man aber, dass ein Heringsweibchen zeit seines Lebens an die 30 Millionen Eier legt, dann wird die Größe eines solchen Laichteppichs verständlich.

Drei Wochen nach der Eiablage schlüpfen die Larven der Heringe. Die Larven sind fast durchsichtig. Wenn sie einige Zentimeter lang sind, dann erkennt man den Hering mit Rücken- und Schwanzflosse. Erst nach drei oder vier Jahren sind aus den kleinen Jungfischen geschlechtsreife Fische geworden.

Für den Menschen und für viele Raubfische sind die Heringe eine bedeutende Nahrungsquelle. Auf der ganzen Welt essen die Menschen Heringe. Sie werden gebraten, geräuchert, gedünstet, gesalzen, in Öl gelegt oder zu Fischmehl oder Fischöl verarbeitet.

Der Weiße Hai

Der „Menschenfresser", wie der Weiße Hai genannt wird, macht auf alles und jedes Jagd, was nach Futter aussieht. Selbst dem Abfall von großen Schiffen taucht er hinterher. Man hat in den Mägen von Weißen Haien schon die sonderbarsten Gegenstände gefunden: Kohlen, Briketts, Autonummernschilder, Holzscheite. Und ein Hai, den man vor der australischen Küste gefangen hatte, hatte sogar ein großes Hackebeil in seinem Bauch. Vielleicht hat ihm ein Fischer als letzte Waffe das Beil in den Rachen geschleudert und so sein Leben gerettet.

Immer wieder kommt es vor, dass Badende, Surfer oder Fischer mit kleinen Booten vor der australischen Küste von Haien angegriffen werden. Ganze Bücher zeugen von den grausigen Geschehnissen. Ein vier Meter langer Weißer Hai kann einen ausgewachsenen Mann in zwei Stücke zerbeißen und die ganz großen Weißen Haie mit sieben oder acht Metern Länge können einen Menschen glatt verschlucken.

Das Schlimmste am Weißen Hai ist sein Maul. Messerscharfe Dreieckszähne mit gezackten Rändern stehen in zwei oder drei Reihen hintereinander. Wenn ein großer Zahn aus der vorderen Reihe bricht, dann wächst der kleinere dahinter sofort nach. So verfügt der Hai über eine Beißmaschine, die sich immer wieder erneuert.

Der Weiße Hai ist übrigens nicht ganz weiß. Besonders bei den älteren Tieren ist der Rücken braun, grau oder dunkelblau. Der Weiße Hai lebt in allen Meeren der Erde, auch im Mittelmeer. Und man hat ihn in 1300 Meter Tiefe genauso entdeckt wie an der Wasseroberfläche. Das schrecklichste Exemplar, das je gefunden wurde, war zwölf Meter lang und über drei Tonnen schwer.

Von den 250 Haiarten, die es gibt, sind bei weitem nicht alle gefräßige Raubfische. Der riesige Walhai beispielsweise ist ein harmloser Plankton- und Kleintierfresser. Oft steht er mit dem Kopf nach oben senkrecht im Wasser und spült sich die nährstoffreiche Flut nur durchs Maul ohne sich dabei zu rühren. Taucher können sich den Tieren bedenkenlos nähern.

Auch die meisten kleineren Haie, wie die Katzenhaie, sind keine großen Fischräuber. Sie fangen lieber Schnecken, Würmer oder Krebse am Meeresgrund. Sie werden nur etwa einen Meter lang.

Der Katzenhai (oben) ist völlig harmlos. Blauhaie sind dagegen ziemlich gefährlich.

Für ihren unermüdlichen Appetit und für ihre Gefährlichkeit sind der Grauhai, der Blauhai und der Weiße Hai berühmt. Ein einziger Tropfen Blut auf Tausende von Litern Meerwasser genügt schon um die Raubfische herbeizulocken. Sie nehmen das Blut selbst in so hohen Verdünnungen noch wahr. Zudem sind diese Meeresräuber fast immer unterwegs, auch wenn sie schlafen. Die Haie haben nämlich keine luftgefüllte Schwimmblase wie die anderen Fische, die ihnen Auftrieb gibt. Sie müssen ständig in Bewegung sein um nicht auf den Meeresgrund zu sinken. Wenn sie schlafen, dann blasen sie das Wasser so heftig durch ihre Kiemen, dass sie mit dem entstehenden Rückstoß durchs Meer gleiten.

Schon die Berührung mit seiner Haut kann Verletzungen hervorrufen. Viele Haie haben nämlich winzig kleine Zähne auf ihrer schuppigen Haut, die sich dadurch wie ein Reibeisen anfühlt. Und diese „Hautzähne" sind nicht etwa harte Schuppen, sondern echte kleine Zähne mit Zahnschmelz und Zahnwurzeln.

Viele Haie gebären lebende Junge unter Wasser. Und schon die Jungen im Mutterleib zeigen uns, dass die Haie zu den schrecklichsten Tieren gehören, die wir Menschen uns vorstellen können. Beim Sandhai verspeisen die ersten Jungfische noch im Bauch der Mutter die anderen Geschwister und die nachwachsenden Eier. Übrig bleiben die stärksten Haifischbabys.

Die wabbeligen Quallen

Quallen haben keinerlei Skelett und nur einfache Muskeln. Deswegen bewegen sie sich sehr langsam. Sie gehören wie die Polypen zur Gruppe der Hohltiere. Ihr Körper besteht aus einer Außen- und einer Innenhaut. Dazwischen befindet sich eine gallertartige Stützmasse. Im Körper ist nur ein einziger Hohlraum vorhanden, wo die Verdauung stattfindet.

Am Quallenkörper, dem Schirm, hängen lange Fangfäden, die Tentakel genannt werden. In den Tentakeln sitzen die Nesselkapseln, die eine giftige Flüssigkeit enthalten. Mit Hilfe dieses Gifts tötet die Qualle kleine Meerestiere, zieht sie dann mit den Fangfäden in ihren Körper und verdaut sie. Kommt das Gift von Quallen auf die Haut des Menschen, so brennt und juckt es, die betroffene Stelle wird rot und schwillt an und kleine Pusteln bilden sich. Im schlimmsten Fall bekommt man Fieber und Muskelkrämpfe, was beim Schwimmen sehr gefährlich sein kann.

Wie durchsichtige Glasglocken schweben die Quallen im Wasser und lassen sich von der Strömung treiben. Schwimmer können sie beim Baden im Meer oft kaum erkennen. Aber sie können sich auch aus eigener Kraft fortbewegen. Die Qualle saugt Wasser ein und presst es wieder aus. Durch den so erzeugten Rückstoß kommt sie im Wasser vorwärts.

Quallen lassen sich mit ihrem glockenförmigen Körper im Wasser treiben.

Die Quallen heißen auch Medusen. Es gibt 250 Arten. Die größte ist die Arktische Riesenqualle. Ihr Schirm hat einen Durchmesser von über zwei Metern. Sie kann ihre Tentakel auf über 40 Meter Länge ausstrecken. Am gefährlichsten von allen Quallen sind die Würfel- oder Feuerquallen. Sie heißen so, weil ihr Körper wie ein Würfel geformt ist. Würfelquallen kommen nur in den warmen tropischen Meeren vor. Eine Berührung selbst von abgerissenen Tentakelstücken kann zu schweren Verätzungen und Verbrennungen führen.

Die Seewespe, eine gefürchtete Würfelquallenart, kommt nur an den Küsten Nordaustraliens und am Barrier-Riff vor. Das Gift dieser Würfelqualle ist so gefährlich, dass es einen erwachsenen Mann binnen fünf Minuten töten kann. Die Seewespe ist gefährlicher als die vielen Haie, die an der australischen Küste herumschwimmen.

Schwertfische, Raubritter der Meere

Wenn der Schwertfisch auf Raubzug einsam die Meere durchstreift, dann trägt er sein großes Schwert vor sich her wie ein kampfbereiter Ritter. Sein Schwert, ein übermäßig verlängerter Oberkiefer, macht fast ein Drittel der ganzen Länge des Fisches aus. Wenn ein Schwertfisch viereinhalb Meter mißt, dann ist sein Schwert also eineinhalb Meter lang.

Wozu der prächtige Fisch diesen Riesensporn am Maul trägt, ist niemandem ganz klar. Die einen vermuten, er spießte damit Beutefische auf. Taucher hingegen haben beobachtet, wie er mitten in einen Herings- oder Makrelenschwarm hineingeschlagen hat und mit seinem Schwert viele Fische zerstückelte. Anschließend verspeiste er die im Meer treibenden Beutestücke.

Fest steht auf jeden Fall, dass der Schwertfisch mutig mit seiner Waffe umgeht. Denn abgebrochene Schwerter von ihm hat man schon in den Flanken von Walen, Haifischen und sogar in Bootsrümpfen stecken sehen.

Besonders in der Karibik ist die Jagd auf Schwertfische ein Sport. Auch Fächerfische oder ein großer Marlin sind begehrte Trophäen. Diese schönen Fische haben ebenfalls ein Schwert und sind die nächsten Verwandten der Schwertfische. Der Fächerfisch trägt zudem eine sehr hohe, fast segelartige Rückenflosse. Der Marlin schwimmt und springt wie kaum ein anderes Meerestier. Die großen, mit einem Gewicht von über 600 Kilo, schaffen 80 Kilometer pro Stunde unter Wasser und Weitsprünge über 40 Meter, wenn sie hoch aus dem Wasser herausschnellen.

Das Gift der Kugelfische

Ein japanischer Samurai muss großes Vertrauen in seinen Koch haben. Denn immer, wenn der Koch ihm Fugu, eine Köstlichkeit aus verschiedenen Kugelfischen, anrichtet, könnte er seinen Herrn vergiften. Die Zubereitung von Kugelfischen ist eine hohe Kunst, denn sie sind giftig. Und besonders giftig sind sie im Winter, dann nämlich, wenn ihr Fleisch am besten schmeckt. Deshalb hat jeder Küchenmeister des Samurai ein Fugu-Kochdiplom. Darauf steht, dass der Koch in einer Kochschule gelernt hat, wie man Fugu richtig zubereitet.

Grüner Kugelfisch

Der Koch muss wissen, welche Teile des Fisches genießbar sind und welche nicht. Darüber hinaus muss er sehr schnell sein. Sofort nach dem Fang muss er den Fisch zerlegen. Liegt der Fisch nämlich zu lange in der Küche, dann breitet sich das Gift auch auf die genießbaren Teile aus. Trotzdem sterben in Japan noch heute in jedem Jahr eine Reihe von Menschen nach dem Genuss von vergiftetem Kugelfisch.

Die Heimat der Kugelfische sind die warmen tropischen Meere. Ihren Namen verdanken sie einer ganz besonderen Fähigkeit: Sie können ihren Körper wie eine Kugel aufblasen. Dadurch wirken sie viel größer und imposanter und sie lehren so manchem Feind das Fürchten. Durch die Anspannung der Hautmuskulatur' treten zusätzlich Stacheln aus ihren Poren, richten sich auf und stehen bedrohlich vom aufgeblähten Körper ab. Das schreckt sogar die hartnäckigsten Verfolger.

Die Kugelfischfamilie ist groß. Sie enthält etwa 70 Arten. Manche Familienmitglieder sind nur sechs Zentimeter lang und wenige Gramm leicht. Die „Brummer" in der Familie messen knapp einen Meter und wiegen sechseinhalb Kilogramm.

Die klugen Delfine

Mit einem Satz springen drei stattliche Delfine aus dem Wasser. Elegant schwingen sich die grauen Tiere in drei Meter Höhe und überspringen eine bunte Latte. Dann tauchen sie wieder platschend ins Wasserbecken zurück. Anschließend führen die drei Delfine eine Tanznummer auf. Sie tauchen senkrecht aus dem Wasser auf und bleiben aufrecht stehen. Nur mit ihren Schwanzflossen, die heftig hin und her schlagen, halten sie sich über Wasser. Dabei stoßen sie Laute aus, die fast wie ein Kichern klingen.

Viele lustige Kunststücke hat man den Delfinen im Wasserzirkus beigebracht. Sie sind äußerst gelehrig und sind wohl die intelligentesten Tiere auf der Erde.

Die Intelligenz der Delfine ist noch längst nicht vollständig erforscht. Schon die alten Griechen berichteten von Delfinen, die Menschen in Seenot sicher auf den Rücken genommen haben und zur rettenden Küste transportierten. Für so ein Rettungsunternehmen benötigt man ein mitfühlendes Herz und Verstand.

Früher dachte man noch, die Delfine seien große Fische. Heute weiß man, dass Delfine Säugetiere sind und zu den großen Meeressäugetieren, den Walen, gehören. Wie die Wale gebären die Delfine lebende Junge und säugen sie unter Wasser. Die Delfine können nicht unter Wasser atmen und müssen deshalb zum Luftholen kurz auftauchen.

Die neuesten Erkenntnisse der Forscher besagen, dass Delfine sogar miteinander sprechen. Damit sind nicht die Schnatterlaute gemeint, die sie im Wasserzirkus von sich geben. Dort versuchen sie nur, menschliche Laute nachzuahmen. Wenn sie richtig miteinander sprechen, dann senden sie unter Wasser Schallwellen aus, die die anderen Delfine empfangen.

Die Delfinforscher haben natürlich versucht, möglichst viel über Delfine in Gefangenschaft, in den großen Meerwasseraquarien, zu erfahren. Doch leider hat sich herausgestellt, dass manche der freiheitsliebenden Delfine dort mit der Zeit regelrecht verrückt werden. Sie begehen Selbstmord oder sie werden unnatürlich boshaft oder träge. So gibt es heute richtige Wassersanatorien um gestresste Delfine wieder zu kurieren.

Warnung vor dem Steinfisch

Er sieht wirklich aus wie ein mit Moos bewachsener Stein: Grünlichgrau oder rötlichgrau gefärbt, mit unregelmäßigen Umrissen liegt der Steinfisch regungslos am Boden des Korallenriffs. Er lauert auf Beute, kleinere Fische und Meerestiere. Tritt ein Taucher mit leichten Gummischlappen versehentlich auf ihn, dann bohrt ihm der Steinfisch seine giftigen Rückenstacheln in den Fuß. Das Gift des „Lebenden Steins" ist das stärkste Gift eines Fisches, das man heute kennt. Schon zwei Stunden nach der

Der Steinfisch ist gut getarnt und am Grund des Meeres kaum auszumachen.

Verletzung kann der Taucher daran sterben. Vor dem Stich des heimtückischen, nur 30 Zentimeter langen Steinfisches kann man sich nur mit Schuhen mit dicken Sohlen schützen. Der Steinfisch kommt nur in den warmen tropischen Meeren vor, im Indischen Ozean und im Westteil des Stillen Ozeans.

Schwämme sind uralte Lebewesen. Schon vor über 500 Millionen Jahren lebten sie auf der Erde.

Badeschwämme sind steinalt

Hättet ihr gewusst, dass der Badeschwamm ein Tier ist? Wenn nicht, ist es auch nicht so schlimm. Sogar die Wissenschaftler waren sich bis ins 19. Jahrhundert nicht darüber im klaren, ob die Schwämme Tiere oder Pflanzen sind.

Heute weiß man, dass die Schwämme Tiere sind, obwohl sie sich wie die Pflanzen nicht von der Stelle rühren. Sie haften ihr Leben lang an derselben Stelle am Meeresgrund.

Badeschwämme hatte man schon vor über 2 000 Jahren im alten Griechenland benutzt. Man wusch sich damit den Körper, stillte blutende Wunden und hielt sie sich, getränkt mit einem geheimnisvollen Elixier, als Schutz vor ansteckenden Krankheiten vor die Nase.

Den echten Badeschwamm hat im Bad der billigere Kunststoffschwamm verdrängt. Die echten Badeschwämme sind teurer, weil die Schwammfischerei eine mühselige und harte Handarbeit ist. Erst müssen die Schwämme abgeschnitten werden. Der Fachmann sagt, die Schwämme werden „gestochen". Dann werden sie gereinigt, getrocknet, sortiert und verladen.

Bis ein kleines Schwämmchen zu einem Badeschwamm von handlicher Größe herangewachsen ist, dauert es ganze sieben Jahre. Die Schwammgründe im östlichen Mittelmeer und in der Karibischen See sind heute schon ziemlich leer gefischt.

Der Mensch benutzt zum Reinigen, Polieren oder Anstreichen nur das tote Hornskelett des Schwammes. Das ist so elastisch und reich an Hohlräumen, dass es das 20- bis 35fache seines Gewichtes an Wasser aufsaugen kann. Beim lebenden Schwamm sind die Zwischenräume mit gelblichem Gewebe aufgefüllt.

Mit Flimmerhärchen spült ein tennisballgroßer Schwamm täglich etwa fünf Liter Wasser durch sich hindurch. Aus dem Wasser zieht der Schwamm den Sauerstoff und die Nahrung, Bakterien sowie kleinste pflanzliche und tierische Teilchen. Schwämme stehen im Tierreich auf einer der untersten Stufen. Sie haben keine Muskel- und Nervenzellen, sie können weder sehen noch hören.

Muränen, eine giftige Gefahr

Die beiden Taucher wissen, wie gefährlich ihr Vorhaben ist. In dem verwahrlosten Schiffswrack auf dem Meeresgrund können sich im trüben Wasser Muränen versteckt halten. Die schlangenähnlichen Fische ringeln sich tagsüber mit ihrem ganzen Körper in Spalten und Ritzen hinein und schauen höchstens mit dem Kopf heraus. Man übersieht sie leicht und der Biss von manchen giftigen Muränen kann tödlich sein.

Trotzdem wagen die Taucher die Eroberung des alten, vermoderten Wracks und tauchen bis in seinen Schiffsrumpf hinab. Plötzlich zuckt einer der beiden vor Schreck zusammen. Eine Muräne ringelt sich wie eine Schlange aus einem Loch im morschen Bretterboden und schwimmt genau auf ihn zu.

Eine grüne Muräne lauert zwischen den vermoderten Planken eines Schiffswracks.

Später haben sie oft davon erzählt, wie er diese Riesenmuräne mit einem einzigen Schuss mit der Harpune erledigt hat. Wenn er nicht getroffen hätte, wäre er heute vielleicht nicht mehr am Leben. Die Muräne hätte ihm die Luftschläuche zerbeißen können oder ihn selber so zugerichtet, dass er nicht mehr hätte auftauchen können. Sie hat ein besonders scharfes Gebiss und ist überaus angriffslustig, wenn sie sich bedroht fühlt. Diese große Muränenart heißt Pampan und gehört zu den typischen Riffbewohnern. Manchmal schwimmt Pampan aber auch bis in Flussmündungen hinein oder erkundet Unterwasserruinen und Schiffswracks.

Die meisten Muränenarten sind kleiner als dieses Riesenexemplar, nur etwa einen Meter lang. Sie leben in allen warmen tropischen Meeren. Wenn sie nachts ihre Schlupflöcher verlassen, machen sie Jagd auf kleine Fische, Krabben und andere Meerestiere. Im Dunkel der Nacht können die Muränen natürlich nichts sehen. Dafür aber haben sie einen vorzüglichen Geruchssinn. Die Muränen riechen förmlich ihre Beute.

Die Muränen gehören zu den Aalfischen und werden besonders im Mittelmeerraum als schmackhafte Speisefische geschätzt – natürlich ohne Kopf, falls eine mit Giftdrüsen in den Kiefern darunter ist.

Bei den Seepferdchen sind die Väter die Mütter

Die beiden Seepferdchen sind zwischen dem braunen Meerestang kaum zu erkennen. Sie haben ihre langen Greifschwänze ineinander verhakt und drehen sich schon seit Stunden im Kreis. Es ist ihr Hochzeitstanz. Schließlich legt das Weibchen mehrere hundert Eier in die Brusttasche des Männchens, die wie bei einem Beuteltier unten am Bauch sitzt. Damit

Seepferdchen sind aufrecht schwimmende Fische.

ist die Hochzeit zu Ende. Aufgabe des Männchens ist es nun, die Eier auszubrüten.

Nach vier bis fünf Wochen schlüpfen die jungen Seepferdchen. Sie sind nur wenige Millimeter groß und fast durchsichtig. Sonst sehen sie schon genauso aus wie ihre Eltern.

Es ist kaum zu glauben, dass die Seepferdchen Fische sind. Sie schwimmen aufrecht im Wasser und nicht waagrecht wie die meisten anderen Fische. Ihr Kopf mit der langgestreckten Schnauze ähnelt wirklich dem eines kleinen Pferdes. Sie tragen also ihren Namen zu Recht. Mit der Röhrenschnauze saugen die Seepferdchen kleine Krebse, Wasserflöhe, winzige Fische und Pflanzenteilchen auf.

Es sieht so aus, als würden die possierlichen Seepferdchen im Wasser schweben. Das tun sie auch oft. Sie klammern sich mit ihrem Greifschwanz an einer Wasserpflanze fest und lassen sich von der Strömung treiben. Die Seepferdchen kommen aber auch durch schnelles Schlagen ihrer Rückenflosse recht zügig voran.

Es gibt etwa 20 Arten von Seepferdchen. Manche sind schlicht braun oder grau mit weißen Sprenkeln, andere sind auffällig bunt gefärbt. Je nach Art schwankt ihre Größe zwischen zwei und dreißig Zentimetern. Sie fühlen sich am wohlsten in den Seegraswiesen und Algenfeldern der tropischen Meere.

Die gemeinen Seesterne

Seesterne sind in allen Meeren der Welt in großer Zahl vorhanden. Es gibt immerhin 1500 Arten. Seesterne leben am liebsten in der Nähe der Küsten. Sie sind aber auch schon in 7 000 oder 8 000 Metern Tiefe entdeckt worden.

Die meisten Seesterne haben fünf Arme, die wie die Zacken eines Sternes aussehen. Es gibt aber auch einige Arten mit mehr Armen. An ihrer Unterseite haben alle Seesterne eine Mundöffnung, die direkt in den Magen geht. Und diesen Magen können die Seesterne nach außen stülpen, wenn sie ein kleines Beutetierchen mit den Armen festgehalten haben. Hierbei helfen den Seesternen viele Saugstutzen unter den Armen.

Besonders geschickt gehen die Seesterne mit Muscheln um. Mit allen Armen umschließt ein Seestern das Muschelge-

Der Rote Kammstern – eine von 1500 Seesternarten

häuse, heftet seine Saugstutzen fest auf die Muschelschale und zerrt die Muschel mit aller Kraft auseinander. Sobald die Muschel gesprengt ist, stülpt der Seestern seinen Magen heraus und gibt einen ätzenden Verdauungssaft über das Muschelfleisch. Der Saft zersetzt das Fleisch und anschließend kann es der Seestern verzehren.

Wird ein Seestern angegriffen, hat er zwei Möglichkeiten zur Verteidigung. Entweder versucht er zu fliehen: Mit seinen Saugstutzen zieht er sich über den Meeresboden und manche Seesterne kommen so recht flott voran. Oder aber er wirft einfach einen seiner Arme ab. Der Angreifer ist möglicherweise mit diesem „Opfer" zufrieden und dem Seestern wächst der Arm später wieder vollständig nach.

Es gibt in den geheimnisvollen Tiefen der Ozeane Seesterne, die fast einen Meter Durchmesser haben und über zehn Jahre alt werden. Die Seesterne in den europäischen Meeren messen nur 10, 20 oder 30 Zentimeter. Sie heißen „Gemeine Seesterne" und sind die häufigste Seesternart.

Die miesen Muscheln

„Diese miesen Muscheln", schimpft der Bootsbesitzer. Schon wieder muss er seine teure Mittelmeeryacht an Land schaffen lassen. Denn der ganze Rumpf ist mit zahllosen Miesmuscheln überwachsen. So kann das Schiff nicht mehr schnell durchs Wasser gleiten. Deshalb müssen die Schiffsrümpfe in bestimmten Abständen von allen Muscheln gereinigt werden.

Manche Holzbohrmuscheln können sogar die Schiffsböden und ganze Hafenanlagen zerstören. Schon die Larven bohren sich ins Holz hinein und auch die ausgewachsenen Muscheln verbringen ihr ganzes Leben darin. Sie ernähren sich nur von Holz.

Von wahren „Muschelbänken" sind diese Holz-pfähle überwuchert.

Muscheln sind Weichtiere, die von zwei Schalen geschützt werden. Eine Art Scharnier hält die beiden Schalen zusammen. Mit Hilfe von kräftigen Schließmuskeln können die Schalen geöffnet und geschlossen werden. Im Gehäuse sitzt dann das eigentliche Muscheltier.

Mit Hilfe von klebrigen Haftfäden, die von einer Drüse an der Fußwurzel abgesondert werden, heftet sich die Miesmuschel auf Felsen, Kaimauern, Steinen und Schiffsrümpfen fest. Zumeist hängt eine Muschel ganz dicht neben der anderen. Abertausende von Muscheln bilden so eine „Muschelbank".

Die Miesmuscheln ernähren sich von Kleinstlebewesen, die sie aus dem Wasser filtern. Mit dem Atemstrom saugen sie Kieselalgen und andere Mikroteilchen ein und beim Ausatmen scheiden sie die Abfälle wieder aus.

Es gibt männliche und weibliche Muscheln. Die weiblichen Ei- und die männlichen Samenzellen fallen einfach ins Wasser und die Befruchtung erfolgt zufällig, wenn sie zusammentreffen. Ein Ei ist nur 0,1 Millimeter groß, aber ein einziges Weibchen kann zehn und sogar 20 Millionen Eier ausstoßen. Fünf Stunden nach der Befruchtung bildet sich die Larve, die sich mit Hilfe von Wimpern im Wasser fortbewegt. Zwei Tage später entwickeln sich schon gelbliche Schalen. Später wird die Schale der Miesmuscheln dunkelblau oder schwarz.

Miesmuscheln gibt es nahezu an allen Küsten der Erde. Sie kommen bis zu einer Wassertiefe von zehn Metern vor. Sie werden etwa fünf bis zwölf Zentimeter lang. Man schätzt die Miesmuscheln in aller Welt, weil sie so gut schmecken und auch sehr gesund sind.

Der Tunfisch ist einer der beliebtesten Speisefische.

Der Große Barrakuda ist ein gefährlicher Räuber.

Tunfisch,
der leckere Speisefisch

Tunfisch in Öl gibt es als Konserve in jedem Supermarkt zu kaufen. Wer die kleine runde Dose aus dem Regal nimmt, denkt kaum daran, wie groß so ein lebender Tunfisch im offenen Meer ist.

Der Gemeine oder Rote Tunfisch wird bis zu fünf Meter lang und bis zu 600 Kilo schwer. Er ist damit einer der größten Barschfische. Der Rücken seines spindelförmigen Körpers ist blau, die Seiten und der Bauch sind weiß mit silbrigen Flecken. Tunfische kommen im Atlantik und im Mittelmeer vor und sie leben in großen Tiefen. Sie sind sehr gute Schwimmer, die sich vorwiegend von Sardinen, jungen Heringen und Makrelen ernähren.

Auf ihren Laichwanderungen kommen die Tunfische in großen Schwärmen in die Nähe der Küsten von Portugal, Spanien, Frankreich, Italien, Marokko und Norwegen. Früher fing man die Speisefische mit Speeren und Harpunen oder mit Haken und Köder. Das war ein sehr mühsames Unterfangen. Heute spannt man sehr lange Netze auf um ganze Schwärme einzufangen. Für viele Bewohner der Mittelmeerländer bildet der Tunfischfang die Lebensgrundlage schlechthin.

Der gefürchtete Barrakuda

Der Große Barrakuda mit fast vier Metern Länge wird von manchen noch mehr gefürchtet als der Hai. Leider sind eine ganze Reihe von Angriffen gemeldet worden, bei denen Barrakudas Badende verletzten. Besonders in der Karibik gehört der Barrakuda zu den gefürchtetsten Tieren überhaupt.

Es gibt vermutlich mehrere Gründe für diese Attacken auf Menschen. Im seichten und trüben Wasser an den Küsten kann der Barrakuda nicht genau erkennen, wie groß ein im Wasser stehender Mensch ist. Er „irrt sich" und greift aus Versehen an. Er hielt sein Opfer für viel kleiner. Zum zweiten ist erwiesen, dass diese Raubfische äußerst neugierig sind. Ausgiebig erkunden sie alles, was in ihren Gesichtskreis gelangt. Und so kann es vorkommen, dass sie von schillernden Gegenständen, von Geplansche oder Tauchern angelockt werden.

Die Großen Barrakudas leben vor allem in den warmen tropischen Meeren. Mit ihrem vorstehenden Unterkiefer sehen sie fast aus wie Hechte. Ihre Zähne sind dermaßen scharf, dass die karibischen Fischer kaum das Maul eines Barrakudas anzufassen wagen, selbst wenn sie ihn gefangen haben und er längst tot ist.

Die Winkerkrabben winken
zum Liebesspiel

Das bunte Krabbenmännchen hebt seine riesige, rosafarbene Schere und schwenkt sie ruckartig auf und nieder. Es sieht so aus, als würde es dem Weibchen winken. Das unscheinbare Krabbenfräulein im braungesprenkelten Kleid folgt gebannt den

Die Männchen der Winkerkrabben haben eine mächtige Schere, die sie schwenken können.

einladenden Bewegungen des verliebten Männchens. Noch hält es den schicklichen Abstand ein. Aber als das Winken des Brautwerbers immer fordernder und drängender wird, vergisst es jegliche scheue Zurückhaltung und folgt dem glühenden Verehrer in sein Schlupfloch.

Dieser einzigartigen Form der Brautwerbung verdanken die Winkerkrabben ihren Namen. Jede Winkerkrabbenart hat ihren eigenen Werbungstanz. Die Langbeinigen Winkerkrabben winken mit ihren rosa Scheren. Die kleinen, weißen Jitterburg-Winker vollführen zusätzlich Hochsprünge auf der Stelle. Und die grünschillernden Smaragdschild-Winker heben stolz ihre acht Beine und geben als Zugabe noch eine besondere Tanzeinlage. Sie drehen sich im Kreis, so

dass die Angebetete ihre Vorzüge auch von allen Seiten bestaunen kann.

Sogar nachts hört das unermüdliche Werben nicht auf. Und weil es in der Nacht dunkel ist und man das Tanzen, Winken und Beineheben nicht sehen kann, verlegen sich die männlichen Krabben aufs Klopfen. Das Männchen hämmert mit der Winkschere spezielle Rhythmen auf die Erde, die bei jeder Art etwas anders klingen. So finden immer die Männchen und die Weibchen von der gleichen Art zueinander.

Die Krabben zählen zu den Krebstieren. Auf dem Rücken haben sie einen harten Panzer. Sie gehen auf zehn Beinen. Das erste Beinpaar ist zu Scheren umgewandelt, die sie zur Nahrungsaufnahme, zur Verteidigung des Reviers und für den Balztanz benötigen. Die meisten Krabben leben in den Meeren, einige auch im Süßwasser und nur ganz wenige sind Landbewohner.

Die Winkerkrabben leben im Schlamm und Schlick der warmen Meere, da, wo sich Ebbe und Flut abwechseln. Die Weibchen haben statt einer Winkschere zwei gleich große Essscheren, mit deren Hilfe sie aus dem Schlick die Nahrung aufnehmen und die ungenießbaren Teile sorgfältig aussortieren. Das Männchen hat nur eine Essschere und eine übergroße Winkschere, die manchmal die Hälfte des gesamten Körpergewichts erreichen kann.

Zitterrochen, Stachelrochen und Riesenmanta (von unten nach oben) sind die drei bekanntesten Rochenarten.

Die Rochen, stachlig und zittrig

Jörg läuft zum Strand und blickt auf das herrlich blaue Meer. „Schnell in die Badehose", denkt er, „und hinein in die warmen Fluten." Er tapst ins Meer und gleich steht ihm das Wasser bis zum Bauch. Doch was ist das? Plötzlich bewegt sich der Meeresgrund unter Jörgs Füßen. Er schreckt zurück und da, wo er hingetreten war, startet ein riesiger Rochen mit seinen flachen Flügeln, wirbelt den Sand am Meeresboden auf und schwebt wie ein großer Vogel davon.

Jörg ist mit dem Schrecken davongekommen und Glück hatte er auch. Der Fisch, der so platt wie eine Scheibe auf dem Meeresboden lag, war ein Rochen. Bei diesen Fischen sind die Flossen zu großen, flügelartigen Flächen ausgewachsen. Wenn die Rochen auf dem Meeresgrund liegen und ihre Flügelflächen mit Sand bedecken, dann kann man sie kaum noch erkennen.

Und Glück hatte Jörg wegen dem Stachel des Rochens. Viele Rochenarten haben einen langen, dünnen Schwanz mit einem Stachel daran. Man nennt sie deshalb Stachelrochen. In seinem Stachel hat der Fisch gefährliche Giftdrüsen. Wer den Stachel berührt, kann für Monate erkranken. Viele Stachelrochen leben gerne im flachen Wasser, in Lagunen

229

und im Brackwasser. Kaum findet man sie unter 50 Metern Tiefe. Auch im Mittelmeer gibt es Stachelrochen, jedoch nur ganz selten an der Adriaküste.

Am beeindruckendsten von allen Rochen ist der Riesenmanta. Gemächlich schlägt er seine gewaltigen Flügel auf und ab und gleitet elegant durchs Wasser. Sieben Meter kann seine Flügel- bzw. Flossenspannweite betragen. Trotz seiner Größe ist er ein harmloser Pflanzenfresser. Wenn er durchs Wasser schwebt, dann hält er das Maul weit offen und strudelt sich die Kleinsttierchen des Planktons in den Rachen.

Als Jörg den Rochen unter Wasser übersehen hatte, da hätte ihn auch förmlich der Schlag treffen können. Und zwar dann, wenn der Rochen am Meeresgrund ein Zitterrochen gewesen wäre. 200 Volt und 2 000 Watt stark sind die Stromschläge der Zitterrochen. Bestimmte Muskeln im Rücken reiben bei diesen Fischen wie Platten aneinander und erzeugen dadurch elektrischen Strom. Wenn sie einem angreifenden Raubfisch einen Schlag versetzen, dann verliert er schnell die Lust, den Zitterrochen noch länger zu behelligen.

Das größte Tier der Welt: der Blauwal

„Wal voraus!", ruft der Mann in dem kleinen Schlauchboot und seine Mitfahrer machen sich fertig zum Schuss. Aber ihre Waffen sind nicht wie früher die Harpunen, sondern heute sind es Filmkameras und Fotoapparate. Die Schlauchbootfahrer sind gewissermaßen auf Walsafari. Jeden Frühling kommen Touristen hierher ins arktische Eismeer um bei der Ankunft der Wale mit dabei zu sein.

Viele Walarten kommen im April aus dem Süden und verbringen den Sommer in den kalten Polargewässern. Und es scheint fast,

als hätten die Wale ihren Spaß an den neugierigen Menschen in ihrer leuchtendgelben Schutzkleidung. Die Wale schwimmen oft dicht an die Boote heran und winken beim Abtauchen mit ihren gewaltigen Schwanzflossen. Manchmal tauchen sie auch unter einem Boot hindurch. Aber bisher ist noch kein Unfall gemeldet worden. Ein erfahrener „Waltourist" sagte einmal: „Man hat manchmal den Eindruck, als wollten die Wale mit uns sprechen."

Möglich wäre das schon, denn die Wale gehören zu den Tieren mit dem am höchsten entwickelten Gehirn. Untereinander verständigen sie sich mit eigentümlich pfeifenden und knatternden Geräuschen. Dazu stoßen sie Ultraschalltöne aus, die wir Menschen nicht hören, sondern nur mit Hilfe von hochkomplizierten Geräten messen können. Das Echo dieser „Hochtöne" ist für die Wale eine

Das größte Tier der Welt frisst die kleinsten Lebewesen: Der Blauwal ernährt sich von winzigen Krebstierchen und Plankton.

wichtige Orientierungshilfe und ein Verständigungsmittel in den unermesslichen Weiten des Ozeans.

Erst im Herbst schwimmen die Wale von den polaren Meeren wieder in wärmere Gewässer zurück. Unter den vielen Meeresriesen, die die Wasserwüsten durchpflügen, ist auch der Blauwal.

Der Blauwal ist nicht nur das größte Tier im Meer, sondern das größte Tier auf der ganzen Welt, ja das größte Tier, das je gelebt hat. Nicht einmal die gigantischen Dinosaurier der Urzeit erreichten seine Ausmaße. 34 Meter lang und fast 140 Tonnen schwer war der gewaltigste Blauwal, den man je vermessen hat. Er wog damit genauso viel wie eine ganze Herde von 25 ausgewachsenen Elefanten. Mit diesem Körpergewicht könnte das Tier niemals an Land leben. Es wäre viel zu

schwer, denn nur das Wasser kann diesen Riesenleib tragen.

Zum Luftholen müssen die Wale immer an die Wasseroberfläche. Sie sind Säugetiere und haben keine Kiemen wie die Fische, sondern Lungen. Wenn sie ausatmen, dann stoßen sie in wenigen Sekunden ihre ganze Atemluft durch ein kleines Loch im Nacken heraus. Meterhohe Fontänen sieht man in diesem Moment an der Wasseroberfläche herausspritzen. Man nennt diese Fontänen „Blast".

Die Wale gebären wie alle Säugetiere lebende Junge. Allerdings kommt das Walbaby unter Wasser zur Welt. Gleich nach der Geburt wird es von mehreren Familienmitgliedern an die Wasseroberfläche befördert, damit es seinen ersten Atemzug machen kann. Es wiegt jetzt schon zwei Tonnen. Anschließend wird das Waljunge unter Wasser gesäugt.

Erstaunlich an den riesenhaften Blauwalen ist, dass sie sich von den allerkleinsten Pflanzen und Tieren im Meer ernähren. Sie verdrücken eine Unmenge von den Kleinstlebewesen. Die Blauwale filtern täglich an die 4 000 Kilogramm Plankton, Krill, Krebstierchen und Fischlarven aus dem Meerwasser. Badewannenweise nehmen sie das Wasser auf und pressen es durch lange, hornige Fransen im Maul wieder aus. Sie haben nämlich keine Zähne, sondern nur die rechenartigen Barten. Sie dienen als eine Art Sieb um die Nahrung aus dem Wasser zu filtern. Die Blauwale gehören deshalb zu den Bartenwalen. Die anderen Wale haben richtige Zähne und werden Zahnwale genannt.

Nachdem bis auf Japan alle Staaten auf der Welt den Walfang eingestellt haben, soll es wieder an die 1 000 Blauwale in den Meeren geben. Diese einmaligen Meeresriesen waren fast schon ausgerottet. Man stellte aus Walöl Margarine und Lebertran, Lampenöl, Seife und Petroleum her. Das Walfleisch verarbeitete man zu Hunde- und Viehfutter. Aus den Knochen machte man Leim und Dünger und aus den Gewebefasern fabrizierte man sogar Saiten für Tennisschläger.

Orka, der Killerwal

Es ist Nacht und der Mann starrt auf das dunkle Meer hinaus. Er sitzt auf dem Hafensteg und denkt an den Orka. Vor drei Tagen hat er diesen Wal draußen auf See gerammt mit seinem Boot. Und angeblich haben Orkas wie alle Wale ein langes Gedächtnis. Ob er wieder hinausfahren

Um den Killerwal ranken sich viele Geschichten.

kann mit seinem Boot, denkt der Mann, ohne dass der Orka ihn angreift, aus Rache vielleicht.

In diesem Moment ertönt ein schrilles Pfeifen, das Wasser in der Nähe des Stegs schäumt auf und die schwarzweiße Schnauze eines Orkas tritt mit einem Schlag an die Wasseroberfläche. Der Mann ist so erschrocken, dass er kaum aufstehen kann. Doch wie er sieht, dass der Orka mit aufgerissenem Maul auf den Steg zuschwimmt, rennt der Mann los und rettet sich ans Ufer. Der Orka streift mit seiner Schwanzflosse den Steg, lässt das Wasser ans Ufer spritzen und taucht wieder hinab ins dunkle Meer. Und der Mann weiß jetzt, dass ihn der Orka verfolgt und bedroht hat. Er beschließt daraufhin, für eine Weile nicht mehr rauszufahren mit dem Boot auf die See.

Viele solcher Geschichten und merkwürdiger Begebenheiten werden von den Orkas berichtet. Die Orkas gehören zu den Walen, genauer gesagt zu den Delfinen. Und die Intelligenz dieser Tiere ist unumstritten. Doch anders als ihre Verwandten, die Delfine, sind die Orkas gefährliche Meeresräuber. Mit ihren scharfen Zähnen verfolgen sie Pinguine, Seehunde, Seelöwen und alle Arten kleinerer Wale und Delfine. Deshalb nennen die Hochseefischer den Orka auch Killerwal. Der wissenschaftliche Name für den Orka ist Schwertwal. Er hat nämlich eine Rückenflosse wie ein Schwert, und die ragt bedrohlich aus dem Wasser, wenn der Orka herangeschwommen kommt.

Obwohl die Orkas gefürchtete Meeresräuber sind, kann man sie gut zähmen und dressieren. Intelligent, wie sie sind, führen sie mit anderen Delfinen in den großen Schauaquarien tolle Kunststücke auf. Und es platscht gewaltig, wenn die tonnenschweren Tiere nach einer gekonnten Luftschraube zurück ins Wasser tauchen.

Kraken und Riesenkalmare

Die Matrosen schlagen mit Äxten und Schiffshaken um sich und kämpfen um ihr Leben. Von allen Seiten greifen die mörderischen Fangarme eines Riesenkraken zu. Die Tentakel mit den Saugnäpfen umringeln das Heck, die Masten und die Taue des Segelbootes und jetzt umklammern sie auch die Beine der Matrosen. Schließlich stülpt der Riesenkrake seinen massigen Leib langsam über die Bordwand des Schiffes, kippt den Zweimaster um und zieht ihn mit Mann und Maus in die Tiefe des Meeres.

So ähnlich hören sich viele Sagen über die vielarmigen Meeresriesen an. Im Volksmund werden die Ungeheuer als Kraken bezeichnet. In Wahrheit aber handelt es sich um Riesenkalmare. Das sind besonders große Kopffüßer und damit Verwandte der Kraken, die auch zu den Kopffüßern gehören.

1933 ist der größte Riesenkalmar, den man je gefunden hat, an den Strand von Neuseeland gespült worden. Er war ganze 22 Meter lang; die Fangarme maßen etwa 14 Meter und der Körper acht Meter. Seine Augen hatten einen Durchmesser von 40 Zentimetern. Das waren die größten Tieraugen, die man je gesehen hat. Die Saugnäpfe an seinen Fangarmen waren so groß wie Suppenteller.

Ein solches Riesentier mit über drei Tonnen Gewicht könnte einem Segelboot echt gefährlich werden. Und manche Forscher vermuten, dass Riesenkalmare vielleicht aus Versehen schon mal ein Schiff angegriffen haben. Die ärgsten Feinde der Riesenkalmare sind nämlich die Pottwale und einen Bootsrumpf könnten die Tiere von unten schon mit einem Pottwal verwechseln. Auf der anderen Seite sind Riesenkalmare mit 20 Metern Länge sicher seltene Ausnahmen. Die

Art, die im Nordatlantik lebt, wird höchstens vier oder fünf Meter lang, einschließlich der Fangarme. So ein Tier kann einem Boot kaum großen Schaden zufügen.

Die echten Kraken sind viel kleiner als die Riesenkalmare, meistens nur ein bis zwei Meter lang. Wie die Riesenkalmare sind sie Weichtiere, haben also keinerlei Skelett. Da sie nur aus Muskeln, Haut und Fleisch bestehen, können sie am Strand leicht austrocknen. Deshalb scheuen die Kranken hohen Seegang, wo sie von den Wellen leicht an Land gespült würden. Sie leben lieber am Meeresgrund und verstecken sich in Spalten und Ritzen.

Die Kraken haben acht Fangarme, an denen sich in Reihen angeordnet Saug-näpfe befinden. Damit können sie Beutetiere festhalten und sich über den Meeresboden ziehen. Sie können aber auch recht gut schwimmen, indem sie mit ihrem sackförmigen Körper Wasser einsaugen und ruckartig wieder ausstoßen. Der Wasserstoß treibt das Tier voran.

Wenn sie einem Verfolger, einem Delfin oder Hai, nicht schnell genug entkommen können, dann stoßen die Kraken einen Schwall schwarzer Flüssigkeit aus und versuchen, in dieser Wolke wegzutauchen. Diese Fluchttechnik ist sonst von den Tintenfischen her bekannt, die keine echten Fische, sondern Verwandte der Kraken sind.

Riesenkalmare leben in den Tiefen der Meere.

Register

Die halbfetten Seitenangaben verweisen auf Abbildungen.

Die Autorin

Margot Hellmiß stammt aus Rosenheim,
ging dort zur Schule und machte 1973 das Abitur.
Anschließend studierte sie Deutsch, Geschichte und
Sozialkunde für das Lehramt an Gymnasien
an der Münchner Universität. Nach ihrem Referendariat
widmete sie sich ganz dem Schreiben. Sie arbeitet
heute als freie Journalistin für verschiedene Tageszeitungen
und Illustrierte. Seit 1989 verfasst sie auch Sachbücher
und Erzählungen für Kinder und Jugendliche.
Margot Hellmiß lebt und arbeitet in München.

Der Illustrator

Hermut K. Geipel studierte Malerei und Freie Grafik an der
Akademie der Bildenden Künste in Nürnberg.
Studienaufenthalte führten den gebürtigen Erzgebirgler
anschließend nach Stuttgart und Rom.
Er entwarf zahlreiche Bühnenbilder für Film, Fernsehen und
Theater. Seine Illustrationen sind in zahlreichen
wissenschaftlichen Büchern und Zeitschriften, aber auch in vielen
Kinder- und Jugendbüchern zu finden. Mit seinen
Werken beteiligte er sich erfolgreich an vielen Ausstellungen
im In- und Ausland. Hermut K. Geipel lebt und arbeitet
seit 1960 in München.